Passions et Vertu
정념과 덕

토미즘소책 03

정념과 덕

세르베 핑케어스 지음
이재룡 옮김

한국성토마스연구소

Servais Pinckaers, OP, *Passions et Vertu*
Copyright ⓒ 2009 Parole et Silence ISBN 978-2-84573-719-8

Korean Copyright ⓒ The St. Thomas Institute in Korea
이 책의 한국어판 저작권은 '알맹2' 에이전시를 통한
Parole et Silence와의 독점계약으로 ⓒ '한국성토마스연구소'에 있습니다.
저작권법의 보호를 받는 저작물이므로 무단전재와 무단복제를 금합니다.

Passions et Vertu
정념과 덕

교회인가 2023년 3월 31일(원주교구)
제1판 제1쇄 펴낸날 2023년 5월 18일

지은이 | 세르베 핑케어스
옮긴이 | 이재룡
펴낸이 | 이재룡
펴낸곳 | 한국성토마스연구소

우편주소 | 25244 강원도 횡성군 우천면 경강로산전7길 28-53
전화번호 | 82-33-344-1238
전자우편 | stik2019@naver.com
홈페이지 | http://www.stik.or.kr
출판등록 | 2018년 6월 19일 (2018-000003호)
인쇄제작 | 오엘북스

ⓒ 한국성토마스연구소

보급 | 한국출판협동조합
전화 | 02) 716-5616

값 17,000원

ISBN 979-11-981560-2-0 03100

차 례

머리말(마이클 셔륀, OP) … 9
서론 … 10

1. 덕과 정념 13
   1.1. 성 토마스의 모범 … 14
   1.2. 정념과 도덕적 진보 … 16
   1.3. 성 토마스 이후 … 17

2. 정념의 목록 21
   2.1. 성 토마스와 그의 원천들 … 21
   2.2. 정념의 목록 … 24
   2.3. 성찰 … 25

3. 사랑과 미움 27
   3.1. 정념들 가운데 사랑의 우위 … 27
   3.2. 사랑하는 일의 어려움 … 29
   3.3. 사랑의 폭군 … 30
   3.4. 그리스도의 사랑 … 32
   3.5. 미움 … 33

4. 자비와 동정심 35
   4.1. 성경의 가르침 … 36
   4.2. 신약성경 … 38
   4.3. 신학에서의 자비 … 41
   4.4. 자비에 관한 성찰 … 42

5. 욕망과 희망 45
   5.1. 갈망의 등급 … 46
   5.2. 육체적 갈망과 영적 갈망 사이의 선택 … 48
   5.3. 희망의 덕 … 50

5.4. 시련으로서의 희망 … 52

6. 쾌락과 즐거움과 기쁨 … 55
6.1. 성 토마스에 따른 쾌락 … 56
6.2. 즐거움과 기쁨 … 58
6.3. 도덕생활의 척도인 기쁨 … 60
6.4. 덕의 경험 … 62

7. 고통과 슬픔 … 65
7.1. 성 아우구스티누스와 스토아학파 … 66
7.2. 성 토마스와 고통 … 67
7.3. 성찰 … 71

8. 유머의 덕 … 77
8.1. 에우트라펠리아 또는 재치 … 78
8.2. 덕에서의 지성의 역할 … 79
8.3. 유머의 원천 … 79
8.4. 유머와 덕 … 80
8.5. 유머와 미소 … 81

9. 침묵의 덕 … 83
9.1. 침묵에 관한 성찰 … 84
9.2. 내적 침묵 … 85
9.3. 침묵의 덕 … 88
9.4. 성경 안에서의 침묵 … 89
9.5. 영성신학 전통에서의 침묵 … 91

10. 분노와 덕 … 95
10.1. 아리스토텔레스와 세네카 … 97
10.2. 성 토마스 아퀴나스 … 101
10.3. 성 프란치스코 살레시오 … 106
10.4. 하느님의 분노 … 107

11. 경건 … 113
11.1. 경건의 의미 … 115
11.2. 성경 … 115
11.3. 성 토마스 아퀴나스 … 117

11.4. 성 프란치스코 살레시오 ··· 120
11.5. 『가톨릭교회 교리서』 ··· 121
11.6. 성찰 ··· 121

12. 일과 덕 ·· 127
12.1. 일의 정의와 형식들 ··· 128
12.2. 도덕적 일 ··· 130
12.3. 영적인 일 ··· 133

13. 휴식과 여가 ··· 137
13.1. 육체적 휴식 ··· 138
13.2. 지적 휴식 ··· 139
13.3. 도덕적 휴식 ··· 140
13.4. 영적 휴식 ··· 142

14. 덕과 스포츠 ··· 145

15. 심리학과 덕 ··· 151
15.1. 심리학에서의 덕의 생략 ··· 152
15.2. 의지와 덕 ··· 154

16. 쓸모없는 종의 쓸모에 관하여 ···················· 157
16.1. 사랑의 영향 ··· 158
16.2. 하느님께 기도드리기 ··· 159
16.3. 기도의 힘 ··· 161

부록: 세르베 핑케어스와
    가톨릭 윤리신학의 쇄신(크랙 S. 티터스) ·············· 165

참고문헌 ··· 205
인명색인 ··· 208
사항색인 ··· 212
역자후기 ··· 237

| 머리말 |

세르베 핑케어스 신부는 건강 때문에 여러 해 동안 무기력하게 지내던 끝에 새로운 활력을 경험하게 되었는데, 그 첫 번째 결실이 『덕에 대한 변론』(*Plaidoyer pour la vertu*, Parole et Silence, 2007)이었다. 실로 덕에 관한 '교과서'(vademecum)와도 같은 이 작품에서 독자가 놀라는 것은 정독(精讀)을 요하는 재기발랄함과 차분한 문체로서, 개방적이지만 그윽한 눈길을 주문하고 있다는 점이다. 이 책을 거의 끝마쳐 갈 무렵 핑케어스 신부는 침착하게 정념과 덕스러운 삶에 관한 연구에 착수하였다. 『덕에 대한 변론』의 속편으로 의도된 본 작품은 그리스도교적 생활 속에 감정을 통합하려 애쓴 자신의 오랜 경험을 나눠주는 한 스승의 마지막 작품이다. 생을 마감하기 두 달 전에 끝마친 이 책은 도덕 신학의 쇄신을 위해 일생을 바친 한 생애의 화관(花冠)이라 할 수 있다. 세르베 핑케어스는 그의 모든 저술을 통해서, 이 세상에서 삶의 일부를 이루기도 하는 시련과 고통을 받아들이면서도, 그리스도교적 삶의 원천에 자리 잡고 있는 기쁨을 표현하려고 노력하였다. 이 기쁨이 이제 지상순례(地上巡禮)를 마친 그에게 충만히 채워지기를!

-스위스 프리부르의 〈핑케어스 문서고〉 책임자
마이클 셔륀 신부, OP.

| 서론 |

우리는 다양한 생각과 말들 속에서 자신을 표현하는 지성(知性)을 통해서 생각한다. 그리고 우리가 수행하는 행위의 단일성 속으로 육체와 영혼을 함께 데려오는 우리의 의지(意志)를 통해서 행동한다. 그러므로 우리로 하여금 행동하게 만드는 덕(德)은 우리의 감각과 심지어 우리 육체의 참여가 없이는 우리 안에 존재할 수 없다. 그렇기 때문에 덕을 공부한 다음에 다시 한 번 더 우리의 지성과 의지가 어떻게 우리의 정념(情念)들과 느낌들과 조화를 이루는지를 살펴보아야 한다. 우리는 덕을 획득하기 위해서 우리의 감각들과 전투를 벌여야 하는가? 아니면 느낌들이 덕에 어떤 기여를 하고 감각들은 우리의 느낌들을 강화할 수 있다는 생각에 지지를 보내야 하는가?

우리는 덕과 넓은 의미에서의 정념들 사이의 관계를 검토할 것이다. 사랑(amor), 갈망(desiderium), 쾌락(delectatio), 분노(ira) 같은 고전적 정념들에 더해 또한 마찬가지로 참된 정념들의 주체일 수 있는 유머(humor)와 침묵(silentium), 경건(pietas)과 일(labor)에 대해서도 살펴볼 것이다. 그리고 모든 사람이 덕들과 그것들에 반대되는 [악습들]에 대해 말하고 있는데, 정작 심리학자들은 왜 덕에 관심을 기울이지 않는지도 물을 것이다.

이어지는 논의가 완벽하다고 자만할 생각은 없다. 이토록 풍부하고 무궁무진한 주제에 대해서 그 누가 완전을 자부할 수 있단 말인가? 독자들이, 소크라테스(Socrates)가 철학의 목적이자 인간적 지혜의 심장이라고 제시한 '자기이해'(自己理解, *Gnoti se auton!*)를 증진시키는 데 도움이 된다면, 그것으로 충분하다.

1. 덕과 정념

우리는 먼저 용어 문제를 다루어야 한다. '정념'(passio)이라는 단어는 때때로 부정적인 의미로 사용되기도 하는 그 현대의 용법과 관련해서 어려움을 야기한다. 어떤 사전은 정념을 "강렬하고 몰아치거나 압도하는 느낌"이라고 정의한다. 그러나 르네 데카르트(René Descartes)에 따르면 정념은 "정서적 상태 또는 현상"이다. 토마스 아퀴나스(Thomas Aquinas)가 이해한 것이 바로 그런 의미이다. 그렇게 이해되는 '정념'이라는 용어는 대체로 '감정'(sentiment)이나 '정서'(emotion) 또는 지속되는 정서적 상태에 상응한다. 우리는 바로 이런 의미로 그 단어들을 사용할 것이다.

실상 이 용어 문제 뒤에 가려져 있는 것은 도덕성(道德性, moralitas)의 의미에 관한 좀 더 기초적인 문제이다. 도덕적 생활에서 감각, 정념, 느낌들의 역할은 무엇인가? 우리 시대에 도덕성이란 우리의 자유재량에 부과되는 법적 의무, 본분, 합리적 명령들을 가리킨다. 반면에 정념은 이성과 법에 위배되지 않기 위해서 그에 맞서 싸워야 하는 비의도적인 감각 충동들로 간주된다. 이리하여 정념의 특징은 그것이 이끌어가는 지나침(excess), 또는 사전이 말하는 것처럼 억제하기 힘든(overmastering) 느낌이다.

그러나 도덕성[1]은 느낌에 반대되고 그것을 경계하기 때문에,

---

1. [*역자주] 원문에는 주어가 '정념'(passion)으로 되어 있으나, 문맥상 '도덕성'

도덕적 의지와 그에 상응하는 덕(德, virtus)은 건조하고 느낌이 없는 것이 되고 만다. 이것은 심지어 사랑과 자발성에 대해서조차도 불신하게 만들 수 있다. 그렇게 되면 덕은 느낌이 없을수록 공로가 더 커지게 되는 의도적인 법 준수와 동의어가 된다. 이것은 스토아주의(Stoicism)의 현대적 형식에 다름 아니다.
우리의 목적은 느낌과 정념과 감각들이 어떻게 덕의 획득의 일부가 되고 또 그렇게 되어야 하는지를 보여주는 것이다. 우리에게는 "덕에 집중된 도덕성(value-centered morality)이 정확히 유덕한 사람 안에 느낌들을 통합하는 데에서 성립된다."는 것이 합리적인 것으로 보인다. 이것은 단적으로 질료형상설(質料形相說, hylomorphism)을 도덕적 질서에 적용하는 일이라 할 수 있다. 덕은 정념들을 교정하지만, 또한 그것들을 받아들이고 바로 세우기도 한다.

1.1. 성 토마스의 모범

이 영역에서 성 토마스 아퀴나스는 우리에게 모범이 된다. 정념들에 관한 논고, 곧 '정념론'을 창안한 것이 바로 그이다. 그는 『명제집 주해』(*Commentarium in quattuor libros Sententiarum*)에서는 성 보나벤투라(Bonaventura)와 마찬가지로 그리스도께서 인간 본성의 나약함들, 특히 슬픔, 분노, 두려움, 육체적 고통 등을 꼭 취하셔야 했느냐는 문제에 관한 페트루스 롬바르두스(Petrus Lombardus)의 견해를 해설하는 것으로 한정한다.[2] 『진리론』(*De veritate*)에서는 정념과 정서적 기관들, 특히 감각들을 연계시킨

(morality)이어야 할 것으로 판단되어 '도덕성'이라고 바꿔 옮긴다.
2. *In Sent.*, III, d.15.

다.³ 그런데 『신학대전』(*Summa Theologiae*)에서는 정념들에 관한 연구가 27개 문제들로 구성된 당당한 하나의 논고가 된다.⁴ 정념들 일반을 분석한 다음에 그는 사랑, 욕망 또는 갈망, 쾌락, 슬픔과 고통 등 욕정적 정념들을 살펴본다.⁵ 다음으로 희망, 두려움, 용맹함, 분노 등 분노적(기개적) 정념들을 검토한다.⁶ 여기서 그의 주요 원천들은 성경과 아리스토텔레스(Aristoteles)와 아우구스티누스(Augustinus)이다.

성 토마스가 이 논고를, 도덕적 활동에 기여하는 요인들에 대한 해명의 첫 자리에, 심지어 나중에 덕들에 관한 세부 논고들 안에서 만나게 될 습성, 덕, 선물들, 참행복, 성령의 열매들보다도 앞자리에 두고 있다는 점은 주목할 만한 가치가 있다. 그 이유는, 우리가 보기에 무엇보다도 우리의 인식이 감각지각(感覺知覺)에 기원을 두고 있어서, 정념들에 대해 사용되는 용어들이 나중에 사랑, 갈망, 두려움 등과 같은 영혼의 움직임들을 지칭(표시)하는 데 비슷하게 사용될 것이기 때문인 것으로 보인다. 토마스는 덕에 관한 탐구에서 규칙적으로 하나하나의 덕마다 상응하는 정념을 되짚게 될 것이다. 문제를 바라보는 이런 방식은 그가 정념들을 덕들과 연계된 긍정적인 요인들로 간주하였다는 것을 알려준다. 어휘 차원에서의 유비(類比, analogia)는 활동(행위)에서의 병행을 반영하고 있다.

---

3. *De veritate*, q.26.
4. *ST*, I-II, qq.22-48. (*이하에서 『신학대전』의 전거는 그 제목(ST)이 생략된 채 제시될 것이다.)
5. I-II, qq.22-25, 26-39.
6. I-II, qq.40-48.

1.2. 정념과 도덕적 진보

정념에 관한 논고는 토마스가 참사랑(caritas)에 관한 그의 논고에서 펼쳐보이고 있는 도덕적 삶의 단계들에 대한 개진으로 보완되어야 한다.[7] 참으로 정념과 덕 사이의 관계는 덕 전체를 한데 모으고 함께 지탱하는 참사랑의 질서에서 각자의 성숙도에 따라 달라진다.

토마스는 도덕적 삶을 인생의 단계들에 비교하여 초심자, 진급자, 완성자의 세 단계로 구별한다. 이 단계들은 유아기, 청년기, 장년기에 상응한다. 각 단계는 '공부'(studium), 주요 관심, 원리적 과제에 의해서 특징지어진다. 초심자의 최초 관심은 죄를 피하고 욕망, 곧 참사랑과 덕들에 반대되는 저 갈망들에 저항하는 것이다. 이 수준에서 정념들은 그 과도함에 맞서 투쟁해야 하는 경향들, 정복하고 복속시켜야 하는 적들로, 또는 성 베르나르두스가 지적하듯이 "우리 영혼의 원수들"(inimici nostrae animae)로 제시된다.[8]

초심자의 도덕적 노력은 정념들에 대한 그의 관계를 변화시키는 데로 나아간다. 이성과 참사랑이 감각들에 대한 어떤 지배력을 갖추게 되었을 때, 선을 행하고 덕을 획득하는 데 있어서 진보하는 것이 그의 주요 관심사가 된다. 좀 더 적극적으로 정향된 이 시기 동안에 그가 정념들을 바라보는 방식은 바뀐다. 그는 이제 감각들이 덕스러운 활동에 기여할 수 있는 몫에 관심을 기울인다. 이제 정념들은 덕이 가르치는 훈육에 복종하는, 덕의 시종(侍從)들로 간주된다. 예컨대 사랑의 정념이 참사랑[의 덕]에,

---

7. II-II, q.24, a.9.
8. Bernardus, *Treatise on the Love of God*, ch.8.

그리고 인간적 희망이 주입된 희망의 덕에 복종하는 것이다.

이 단계의 끝인 장년기에, 도덕적 설계는 성 토마스에 따르면, 사람이 하느님께 밀착하여 참사랑의 고유 대상이자 모든 덕들의 목적인 그분 안에서 기뻐하는 것을 자신의 주요 목표로 삼는 것이다. 이 지향성은 그 인격 전체와 그의 감각, 그리고 심지어 그의 육체까지를 포함하고 있다. 하느님의 사랑에 사로잡히고 덕들에 의해 변형되어 사람들은 그때 친구들처럼 된다. 참사랑은 감각들이 자라나 완성에 이르게 하는데, 성령과 (성 토마스가 '성령의 충동'[instinctus Spiritus Sancti]이라고 부르는) 그분의 선물들을 받기 때문에, 더욱 그러하다.[9]

1.3. 성 토마스 이후

성 토마스의 정념론은 고전(古典)이 되었다. 그러나 그것을 언급하는 후대의 신학자들은 일반적으로 그것을 요약하는 것으로 만족하였고, 성 토마스가 『신학대전』에서 했던 것과 동일한 중요성을 정념에 할당하는 것과는 거리가 멀었다. 어떤 이들은 심지어 그것들을 언급조차 하지 않았다. 예컨대 바오로출판사의 『도덕신학 사전』에는 단 한 개의 항목도 들어 있지 않다. 결의론(決疑論, casuistica)의 세계에서는 정념의 문제가, 의지에 선행하거나 후행하는 정념의 죄스러운 성격을 규정하는 것으로 환원되었다. 우리가 이미 말한 것처럼, 우리는 덕보다는 죄에 더 관심을 기울이는 도덕성 개념을 다루고 있다.

토마스주의에서 우리는 정념들에 대한 심리학과 도덕성을 다루는 노블(H. D. Noble) 신부의 두 권짜리 『도덕생활에서의 정념』

---

9. I–II, q.68, a.3.

(*Les passions dans la vie morale*)을 우호적인 빛 속에서 언급한다. 같은 유형의 논술을 우리는 또한 《젊은이들의 잡지》사에서 펴낸 코르베즈(M. Corvez) 신부의 『신학대전』 판본에서도 만나볼 수 있다. 마지막으로, 데카르트의 철학적 고전인 『정념론』(*Les passions de l'ame*)에 대해 한마디 할 필요가 있다. 데카르트는 이전 연구들에 대해 좋게 평가하지 않았고, 그래서 자신이 자기 이전에는 아무도 고찰한 적이 없는 어떤 주제를 다루고 있다고 믿었다.[10] 메스나르 (P. Mesnard) 신부에 따르면, 데카르트가 성 토마스의 심리학에 대해서 가지고 있던 유일한 지식은 [고작] 전해들은 것이었다.[11] 사실상 우리의 두 저자의 전망은 그들의 인간관만큼이나 서로 다르다. 성 토마스의 질료형상설은 그를 느낌과 정념들을 덕 자체의 테두리 안에서 종합하는 데로 이끌었고, 그렇게 해서 인간적 행위들의 도덕적 성격에 기여하였다. 그 뿌리를 좀 더 (사고를 육체로부터 분리시키는) 플라톤적 유형의 이원주의에 두고 있는 데카르트는, 정념들을 "도덕 철학자로서가 아니라 물리학자로서" 영혼이 자리 잡고 있는 두뇌의 작은 선(腺)에 의해서 움직여지게 되는 뇌, 심장, 담즙, 신경, 근육 사이의 상호작용으로 설명하고 있다. 그러므로 데카르트의 정념관은 1차적으로 생리학

---

10. [*역자주] 데카르트는 1646년 자신의 『영혼의 정념들』을 시작하면서 대담한 확신을 가지고 다음과 같이 주장하기를 주저하지 않았다: "고대인들로부터 우리에게 전해진 학문들 가운데 정념들에 관하여 집필한 것들보다 더 형편없는 것으로 입증되는 것은 아무것도 없다. 왜냐하면 비록 (각자가 자기 자신 안에서 그것들을 느끼기에, 그 본성을 발견하기 위해 다른 곳에서 경험들을 찾을 필요가 없는 까닭에) 늘 탐구되던 소재를 다루고 있고, 또 가장 까다로운 주제들이 아님에도 불구하고, 고대인들이 가르쳐준 것은 그토록 적고, 더군다나 그토록 믿을 수 없는 것들뿐이어서 진리에 접근하리라는 희망을 품을 수 없었기 때문이다. [따라서] 그들이 따랐던 길에서 벗어날 수밖에 없었다. 바로 그렇기 때문에 나는 여기서 마치 이전에는 아무도 다룬 적이 없는 주제를 다루기라도 하듯이 집필해야 할 의무감을 느꼈다."(Descartes, *Oeuvres et lettres*, textes presentes par Andre Bridoux, Paris, Gallimard, 1953, p.695.)
11. P. Mesnard, in *Revue des Jeunes*, p.272, note.

(生理學)적이다. 우리는 또한 그가, 지성적 행위로서 존재와 사유를 동일시하는 그의 철학에 잘 어울리는 경탄에 주고 있는 비중을 지적해야 한다.[12] 이리하여 데카르트는 관념주의(觀念主義)적 사고 정위를 정념에 대한 물리적 또는 물질주의(物質主義)적 설명과 혼합하고 있다.

---

12. Descartes, *Treatise on the Passions*, art. 72-78.

2. 정념의 목록

우리의 정념, 느낌, 그리고 정서는 다양하다. 어떤 것이 주요 정념들일까? 우리는 그것들을 그것들 가운데에서 어떻게 질서 지우며 그것들의 도덕적 성질을 확립할 수 있을 것인가?

우리의 정념들은 분명 대상(對象, objectum)에 의해서 규정된다. 하느님께 대한 두려움은 적이나 폭풍우에 대한 두려움과는 전혀 다르다. 우리가 먹을 때 경험하는 쾌락과 가족 구성원이나 친구들과 함께 있으면서 누리는 쾌락 역시 다르다. 그럼에도 불구하고 그들이 가지고 있는 것은 정념의 본질적 특성인 주관적 경향이다. 비록 그들이 동일한 대상을 가지고 있다고 하더라도 사랑과 미움, 갈망과 기쁨, 두려움과 슬픔 사이에는 차이가 있다.[1] 먼저 다른 것들에 명령을 내리는 정념들을 고찰하는 것도 역시 중요하다. 그때 우리는 내내 그것들 상호간의 연관관계를 염두에 두고서 정념들을 세부적으로 검토할 수 있을 것이다.

2.1. 성 토마스와 그의 원천들

우리는 정념들에 관한 성 토마스의 사고 노선을 따라 그의 원천들을 참조할 수 있을 것이다. 초창기 작품인 『명제집 주해』에

---

1. I-II, q.24, a.4.

서, 토마스는 주입된 희망의 덕에 관한 논술 안에 도표 형식으로 펼치는 정념들에 관한 검토를 도입한다.[2] 『진리론』(제26문 제4절)에서는 좀 더 자유롭고 간결하게 그 주제로 돌아온다. 그렇게 『신학대전』, 특히 정념들의 질서에 관해 논하는 제2부 제1편 제25문의 그 논거를 준비하고 있다.

먼저 문제의 실태(status quaestionis)와 관련된 성 토마스의 원천을 살펴보기로 하자. 우리는 정념들에 관한 가르침의 고전적 증인인 키케로(Cicero)로부터 시작할 것이다. 키케로는 정념을 "영혼의 질병"(morbus animae), 곧 우리가 옳거나 그릇된 것에 관하여 지니는 견해들에 의해서 야기되는, 이성과 조화를 이루지 못하는 경향으로 간주한다. 네 가지 주요 정념들은 두 개의 범주로 구분된다. 첫 번째의 두 가지 정념은 선한 것에 관한 견해로부터 전개된다. 하나는 어떤 현존하는 선 안에서의 쾌락(delectatio) 또는 과도한 기쁨이고, 다른 것은 어떤 선에 대한 욕심 또는 무절제한 갈망(desiderium)이다. 그리고 두 가지 서로 다른 정념들이 악한 것에 대한 견해로부터 온다. 두려움(timor)은 어떤 커다란 악의 위협에 의해서 야기되고, 슬픔(aegritudo)은 그가 겪는 커다란 악으로부터 야기된다. 우리가 평화와 평온 속에 살기를 원한다면, 온 힘을 다해 그런 '난폭함'(furies)에 맞서 저항해야 한다.[3]

『신학대전』에서는 아우구스티누스의 『신국론』(De civitate Dei)이 꾸준히 언급된다. 거기에서 성 아우구스티누스는 그리스인들이 '파테'(pathe)라고 지칭하고, 키케로가 '혼란스러움'(perturbationes)이라고 부르며, 다른 이들은 '감정 또는 정감'(affectus)이라고 부

---

2. *In Sent.*, III, d.26, q.1, a.3.
3. *Tusculanes Disputationes*, III, 11.

르고, 마지막으로 아풀레우스(Apuleus)는 '정념'(passiones)이라고 부르는 영혼의 움직임에 대해서 말한다.[4] 조금 뒤에 가서 '히포의 주교'는 정념들의 도덕적 성격에 관해 길게 논한다. 가장 중요한 것은 탐욕(cupiditas), 기쁨(laetitia), 두려움(metus), 그리고 슬픔(tristitia)이다. 『고백록』(Confessiones)에서 그는 다음과 같이 적고 있다. "내가 영혼을 괴롭히는 네 가지 정념들, 갈망, 기쁨, 두려움, 슬픔이 있다고 말할 때 나는 이것을 기억으로부터 끄집어내고 있다." '아파테이아'(apatheia), 곧 현명한 이라면 반드시 그것으로부터 자신을 지켜내야 하는 혼란스러움을 정념들 속에서 보는 스토아학파의 가르침을 배격하면서, 아우구스티누스는 정념들의 도덕적 가치가 그것들을 움직이는 사랑에 따라 그것들을 경험하는, 선하거나 악한 의지 속에서 발견된다고 주장한다.

성 토마스도 슬픔을 최상의 쾌락들 가운데 분류하는 성 요한 다마셰누스(Johannes Damascenus)의 권위에 따라 네 가지 종류, [곧] 비탄(maeror), 귀찮음(molestia), 부러움(invidia), 자비(misericordia)를 열거한다.[5] 그리고서 그는 게으름(segnities), 낯붉힘(erubescentia), 부끄러움(verecundia), 경악(stupor), 고뇌(agonia), 번민(anguish) 등 두려움의 여섯 종류에 대해 말한다.[6] 마지막으로 분노(ira)에는 진노(fel), 광분(mania), 격분(furor)의 세 종류가 있다.[7] 두려움은 갈망에 일조한다. 요한 다마셰누스는 이처럼 세기 초에 최초로 그리스도교적 인간학에 관해 집필한 에페소의 네메시우스(Nemesius de Ephesus)에 의해서 확립된 구분들을 수용하고 있다.

---

4. Ibid., IX, 4.
5. I-II, q.35, a.8, obj.1.
6. I-II, q.41, a.4. obj.1.
7. I-II, q.46, a.8, obj.1.

마지막으로 신학자들의 기억 속에 각인된 보에티우스(Boethius)의 다음 구절을 인용하기로 하자. Gaudia pelle, pelle timorem, spemque fugato, nec dolor adsit(즐거움을 몰아내고, 두려움도 쫓아내며, 희망은 멀리하고, 고통을 피하라).[8] 그는 이 정념들이 영혼을 구름처럼 덮고 다스리고 있다고 말한다.

2.2. 정념의 목록

성 토마스는 그때 정념들에 관한 몇몇 선배들의 사상을 수중에 확보하고 있었는데, 그들은 한결같이 네 가지 주요 정념을 부각시켰다. 이로부터 그는 그것들이 영향을 미치는 감각들 목록을 펼칠 것이다. 이것을 토마스는 두 부분으로 나눈다. 첫 번째는 우리가 지각하는 선에 대한 갈망이나 악의 회피에 관계되는 욕정적 욕구(appetitus concupiscibilis)이다. 두 번째는 예컨대 그것을 성취하는 데 드는 시간의 길이처럼, 그 획득을 어렵게 만드는 난관과 장애들에 대응하는 분노적 욕구(appetitus irascibilis)이다. 이런 난관들을 거슬러 대응 태세를 갖춤으로써 분노적 욕구는 욕정적 욕구에 봉사한다.

이 모든 요소로부터 토마스는 정념들에 대한 간결한 목록을 구성한다. 욕정적 욕구 속에서 우리는 사랑과 미움, 갈망과 회피, 기쁨과 슬픔이라는 세 부류의 상반되는 정념을 발견한다. 분노적 욕구 안에서도 역시 희망과 절망, 두려움과 용맹함, 그리고 마지막으로 (반대되는 짝을 가지고 있지 않은) 분노라는 세 종류의 정념을 발견한다. 모두 열한 개의 정념이 되는데, 아퀴나스에 따르면 그것들은 다른 모든 것을 포함하고 있다(혹은 우리

---

8. Boethius, *De consolatione*, I, 7: PL 75, 122.

가 그것들로부터 다른 모든 정념들을 도출할 수 있다).[9]

2.3. 성찰

정념들에 관한 토마스의 연구가 『신학대전』이라는 신학적 전망의 테두리 안에서 이루어지고, 그것들의 도덕적 가치와 덕 생활에서의 그것들의 기여에 관한 물음으로 끝난다는 점이 지적되어야 한다. 이와 비슷하게 성 아우구스티누스는 정념들을 원죄의 결과들과 그리스도의 은총의 효력들에 관한 신학적 성찰이라는 맥락 안에서 다룬다. 두 위대한 신학자 안에서는 정념들의 도덕적 성격 문제가 전면에 있다. 이것이 바로 데카르트와 전혀 다른 점이다.

열한 개의 정념들 목록에 어떤 보완을 하는 것이 우리에게는 도움이 되는 것으로 보인다. 예컨대 이 목록은 남들과의 관계에 개인적인 느낌들을 덧붙이는 동정심(miseratio)을 포함하고 있지 않다. 그런데 동정심은 확실히 복음서에 포함되어 있다. 성 루카는 외아들을 막 장사 지내려고 하는 나인의 과부에 대한 예수의 동정심을 지적한다. "주님께서는 그 과부를 보시고 가엾은 마음이 드셨다."(루카 7,13) 바리사이들과는 달리 이방인을 향한 동정심이 비유 속에 나오는 사마리아 사람(루카 10,33)과 탕자의 아버지(루카 15,20)의 특징이다. 전례(典禮)에서 그토록 자주 사용되는 "키리에 엘레이손"(Kyrie eleison)에서 호소되고 있는 것도 역시 하느님의 동정심이다. 자비라는 우산 아래 들어 있는 동정심은 또한 시편에서도 자주 호소되고 있고, 심지어 시편의 성격을 규정하고 있다고 말할 수도 있을 것이다. 그 한 가지 예가 바로

---
9. I-II, q.23, a.4.

시편 51[50]편이다: "하느님 자비하시니, 저를 불쌍히 여기소서. 애련함이 크시오니, 제 죄를 없이 하소서."

성 토마스는 사실상 자신의 자비에 관한 연구에서 동정심을 다루고 있다. 그는 그것을 기쁨과 평화와 함께하는 참사랑의 한 결과로 보고 있다.[10] 거기에서 그는 느껴진 자비(곧, 남들의 불행을 보는 데에서 야기된 고통)와 (남들 안에서 발견되는 악, 특히 도덕적 악을 미워하는) 의도적 자비를 구별한다. 덕스러운 자비는 이성의 척도에 따라 느껴진 동정심을 규제하고, 그것을 취한다. '천사적 박사'는 어떤 의미에서는 자비가 덕들 가운데 가장 위대하다고 말한다. 왜냐하면 그것은 필요가 절실한 이들을 도움으로써 그것을 실천하는 이 안에 있는 우월성을 전제하기 때문이다. 이리하여 자비는 하느님께 적절하고, 그분의 전능 안에서 뚜렷이 드러난다.[11] 그때 우리는 정념들의 목록에 동정심을 추가할 수 있다. 동정심은 자비의 덕의 서곡과 같고, 다섯 번째 참행복의 시작이다.

정념들에 대한 이런 분류는 우리의 느낌들을 보고, 그것들을 덕들에 따라 질서지우는 데 유용하다. 자족적이고 단호한 의지에 의해서 훈육된 우리의 느낌들은 경시되지도 않고 노예화되지도 않는다. 그것들은 좀 더 측정되고 분별 있게 될수록 정교화되고 강화된다. 느낌들은 덕스러운 삶에 아름다움을 주고 노래 속에서, 말하는 기술에서, 그리고 예술작품들 속에서 스스로를 알려준다.

---

10. II-II, q.36.
11. II-II, q.30, a.4.

3. 사랑과 미움

우리는 『덕에 대한 변론』(Plaidoyer pour la vertu)에서 사랑에 한 장(章)을 할애하였다. 이 장에서는 사랑과 미움에 대해서, 우리가 그것들을 우리의 온 존재 안에서 경험한다는 사실을 염두에 두고, 감각들에 대한 반응으로서, 하나의 정념 또는 느낌으로서 말할 것이다. 우리는 어떤 맛이나 소리나 사람에 대해서 사랑한다거나 사랑하지 않는다고 말한다. 마찬가지로 미움은 통상적으로 누군가에게로 향하지만, 염증(厭症)의 의미로도 이해될 수 있다: 나는 시금치를 싫어해. 우리는 또한 어떤 사물이나 사람에 대한 호감 또는 비호감에 대해서도 말한다.

인간적 경험의 한 구전적(俱全的, integralis) 부분으로서 사랑이라는 느낌은 우리가 다른 사람들과 맺고 있는 관계들 속에서 경험된다. 잦은 접촉으로 유지되는 이런 사랑은 유보 없는, 곧 지나치고 배타적인 밀착이라는 의미의 정념이 된다. 이런 사랑은 선과 악, 진정한 사랑, 참된 행복에 관한 심각한 도덕적 문제를 제기한다.

3.1. 정념들 가운데 사랑의 우위

스토아학파로부터 흘러나오는 전통에서는 기쁨과 슬픔, 희망과 두려움이라는 네 가지 정념을 구별한다.[1] 그러나 아퀴나스는 자신의 정념에 관한 논고에서 사랑이 첫 자리를 차지해야 한다고 믿었다.[2] 그는 사랑이, 참으로 선으로 나타나는 것에 의해서 욕구 속에 야기된 첫 번째 변화(immutatio)라고 말한다. 그것은 갈망을 자극하고 기쁨의 경험에서 그 완성에 이르게 된다. 우리는 그것을 바람직한 것 안에서의 일종의 묵인으로 묘사할 수 있다. 그것은 다른 정념들의 원천이다. 이렇게 토마스는 모든 행위가 사랑의 충동 아래에서 이루어진다고 말하고 있는데,[3] 이것을 우리 스스로 확인할 수 있다. 우리는 우리가 보는 모든 것이 우리에게 유쾌하거나 불쾌한 데에 따라, 우리가 좋아하고 싫어하는 데 따라 자발적으로 매료나 배격의 반응을 촉발한다. 무관심은 우리의 느낌이 감동을 받거나 움직이지 않았다는 단적인 표지이다.

처음에 사랑은 느낌의 수준에서 마음이 따뜻해지는 경험을 하게 되고, 그런 다음에 그것이 그 인격 속으로 퍼져 그로 하여금 노력을 요하는 갈망에 봉사하는 활동을 하도록 움직인다. 친절한 마음을 품게 되는 것은, 행동하고 견뎌낼 용기를 가지고 있다는 것을 의미한다. 바로 이 수준에서 사랑은 우리 행위의 성격을 규정하는 도덕적 문제를 제기한다: 인격적인 방식으로 사랑받을 만한, 우리 행위들의 목표가 되고 우리 인생의 정점이 될 만한 자격이 있는 것은 무엇인가? 이 질문은 인간 심정의 깊이로부터 (느낌들의 것보다 더 우위에 있는) 그 사람의 자유재량을 연관시키는 사랑의 솟아오름을 전제로 하고 있다. 그가 가장 사랑하는 것의 이름으로, 의지는 느낌들에 자신을 부과한다. 이렇

---

1. I-II, q.25, a.4.
2. I-II, q.26.
3. I-II, q.28, a.3.

게 이해되면, 사랑에 관한 질문이 도덕적 영역의 전 폭을 지배한다. 그것은 본질적이고 도덕적인 질서에서의 (그 주장을 확인해주는) 최초의 판단 척도를 확립한다: 당신이 누구를 사랑하는지를 나에게 말하라, 그러면 나는 당신이 누구인지를 말해주리라.

3.2. 사랑하는 일의 어려움

우리는 자발적으로 사랑하기를 좋아하고, 사랑한다는 이야기를 들을 때 기쁨을 느낀다. 하지만 우리가 사랑을 따르자마자, 우리는 사랑이 가끔은 물러서고 싶게 만드는 요구들을 한다는 것을 깨닫게 된다. 사랑이 모든 것을 쉽게 만든다고 생각할 수도 있다. 그러나 경험은 우리에게 사랑보다 더 어렵고 또 많은 것을 요구하는 것은 없다고 말해준다.

중심 문제는 진실로 선과 사랑에 대해 동의할 때 발견될 수 있는 것으로 보인다. 참된 선이란 무엇인가? 진실된 사랑은 무엇인가? 진리는 의지와 지성으로부터 전개하는 기관(機關, facultas)인 자유재량(自由裁量)의 고전적 정의와 일치한다. 그것은 진실된 사랑과 사랑의 진실을 함께 묶는다. 우리의 영혼과 심정의 깊이로부터 오는 그런 사랑은 분명 느낌들을 넘어가고 그것들을 진리(眞理, veritas)의 판단에, 그 명령에 복속시킨다. 진리로부터 우리가 영적(영성적)이라고 부르는 사랑의 요구들, 예컨대 정념들이 그리로 이끄는 지나침과 모자람들을 교정하는 결핍들을 수용함, 어떤 규율에 복종하려는 노력, 자신의 느낌들을 제어할 수 있게 해주는 금욕적 실천들, 그리고 덕들의 역동성의 테두리 안에 그것들을 통합함 등이 온다.

이런 종류의 극기(克己, ascesis)는 사랑이 요구하는 바로 그 결핍에 적극적인 정향(定向)을 주는, 진리를 향한 보다 상위의 사랑으로부터 영감을 받는다는 점을 지적하기로 하자. 그런 사랑이 바로 덕들에 있어서 진보의 제1 원천이다. 덕들의 형성은 순수하고 단순한 의지의 작품이 아니라, 그 영적 계기를 (그 느낌들 자체를 연관시키는) 매일매일 노력하는 인내와 결합시키는, 사랑하는 참된 의지로부터 온다.

3.3. 사랑의 폭군

우리는 또한 사랑의 폭압을 뭐라고 부를 것이냐는 문제 제기를 좋아한다. 사랑은 약속들로 충만하지만, 그것은 또한 나눔이나 공유(共有)를 받아들이지 않기 때문에 폭압적이기도 하다. 그것은 우리를 불가피하게 전부냐 아니면 아무것도 아니냐의 문제, 어떤 유일한 선택의 문제 앞에 서게 만든다.

우리는 이미 이것을 인간적 사랑 안에서 본다. 성경에 따르면, 하느님은 인류의 시작 때부터 남자가 자기 아버지와 어머니를 떠나 여인과 결합하여 한 몸이 될 것을 명하신다.(창세 2,24) 이 하나됨은 사랑 자체의 요구인 것처럼 보인다. 그것은 인간 인격을 규정하고 그의 완성(충만)을 지도하는 하나됨 속에 그 뿌리를 두고 있다. 이것은 느낌과 지향들의 원천인 자유재량과 행위들과 덕들과 공로의 하나됨 속에서 엿볼 수 있다. 또한 다른 모든 이들을 배제하고 하나가 되는 두 사람만의 역동적 하나됨 속에서도 엿볼 수 있다. 놀라운 것은 단 한 사람만 선택하는 것이, 약속에 따른 여러 사람이 한 가족을 이루는 일의 기원이 된다는 사실이다. 심지어 하느님은 명령하기까지 하신다. "자식을 많이 낳고 번성하여 땅을 가득 채워라!"(창세 1,28) "이웃을 네 몸처럼 사랑하라"라는 명령에서는 일성(一性)과 다수성(多數性)이 함께 발견된다. 자기 이웃을 유일회적인 개인으로 사랑하는 것이야말로 참으로 사랑하는 것인데, 그것은 우리로 하여금 우리가 만나는 모든 사람을 똑같은 방식으로 사랑하라고 가르친다. 인간적 사랑에서 요구되는 하나됨은 그 가장 깊은 원천을 그가 맺고 있는 하느님과의 관계 속에 두고 있다. [십계명의] 첫 번째 계명에 따르면, "너희는 마음을 다하고 목숨을 다하고 힘을 다하여 주 너희 하느님을 사랑해야 한다."(신명 6,5) 하느님 사랑의 근본적 본성은 하느님이 "너의 아들, 네가 사랑하는 외아들 이사악을 데리고 모리야 땅으로 가거라. 그곳, 내가 너에게 일러주는 산에서 그를 나에게 번제물로 바쳐라."(창세 22,2)라고 아브라함에게 말씀하시며 부과하신 큰 시련 속에서 가장 분명하게 드러난다. 그것은 하느님이 당신이 그에게 준 외아들 이사악에 대한 아브라함의 사랑을 질투하여 그 경쟁자를 제거하기 위해 희생을 요구하는 것이라고 말할 수도 있는 것으로 보인다. 사실상 하느님은 성조(聖祖)의 마음속에 보다 높은, (그 안에서 자신의 온 영혼을 자신의 창조주와 인격적 관계에 들어갈 수 있게 해주는) 절대적으로 유일한 사랑을 형성하고자 하신다. 그러나 아브라함은 (약속의 유산인 아들에 대한 아버지의 사랑으로부터 시작해서) 다른 모든 사랑을 끊어버리지 않고서는 이 차원에 오를 수 없다. 이리하여 아브라함은 자신의 신앙과 복종에 의해서 신적 사랑의 하나됨에 오를 수 있었다. 가장 큰 범죄처럼 보이는 동작으로 이사악을 희생제사로 바치는 데 동의함으로써 아브라함은 자신의 마음이 하느님 사랑의 크기로 열리는 것을 허용하고, 나아가 그런 사랑의 풍요로움에 참여함으로써 자신의 삶의 결실 풍부함을 보장한다. 이리하여 비할 데 없는 사랑 이야기로서 성경에서 말하고 있는 선택된 백성의 역사가 시작된다.

부부 사랑은 이웃 사랑 및 가장 특별하게 하느님 사랑과 더불어 의심의 여지없이 (그렇지만 그것들의 봉사와 발전 속에 함축되어 있는) 느낌들을 능가하는 수준에 이르게 된다. 아브라함의 이 사악 사랑은 그 희생제사의 시련 이후에도 냉각되지 않았다. 오히려 하느님의 승인은 이 사랑을 좀 더 완전하고 결연한 것으로 만들었다.

3.4. 그리스도의 사랑

아브라함의 이야기는 그리스도의 신적 사랑의 신비에 대한 한 예언이다. 그것은 당신의 외아들을 지상에 보내어 모든 이의 구원, 곧 특수한 한 사람 한 사람의 속량(贖良)을 위해 십자가 위에서 자기 자신을 희생하도록 파견하기까지 우리를 사랑하시는 아버지 뜻의 신비이다. 이리하여 그는 가장 높은 영성과 가장 구체적인 느낌들, 가장 물리적이라 할 수 있는 것과 가장 섬세한 것 사이의 양극단을 결합할 수 있는 새로운 사랑 '아가페'(agape), 곧 그리스도인들이 '참사랑'(charitas)이라고 부르는 것의 원천을 구성한다. 이런 것이 바로 성령께 고유한 일이다.

이 사랑에는 이미 인간적 사랑 안에서 예고되었던, 심층적으로 신비로운 성격이 있다는 점을 강조하기로 하자. 그것은 그 문제의 심장부에 이르는 신비이다: 사랑이 어떻게 어떤 희생으로부터 이전보다 더 강해지고 더 나아지게 된단 말인가? 포기의 밤이 어떻게 새로워진 사랑의 빛을 가져올 수 있단 말인가? 어떻게 우리가 사랑하는 사람과 함께 살기 위해서 죽는 것에 동의할 수 있단 말인가? 오로지 성공적인 경험만이 우리를 이 신비로 안내하고 그것을 밝혀줄 수 있다.

문제의 가장 깊은 심장부에는 자기사랑과 이웃 사랑 사이에, 사랑처럼 보이는 것과 참된 사랑, 곧 토마스가 말하는 '우애'(友愛, amor amicitiae) 사이에 [결단하는] 개인적인 선택이 있다. 자기사랑(amor sui)은 자기 자신을 위해, 궁극적으로는 이기적인 표면적 사랑의 표피 아래 모든 것을 포괄한다. 반면에, 참된 사랑은 자기사랑을 죽이기 위해서 그것에 맞서 싸우고, 그래서 우리는 하느님 자신을 마음이 느껴지는 깊은 일치 안에서 환영한다. 실제에 있어서 이런 과제는 우리 [역량]을 넘는 곳에 있고, 의지만으로는 실현될 수 없다. 오히려 그것은 특정 계시, 우리를 선과 진리에 따라 사랑하도록 부르는 다른 이의 목소리, [곧] 진정하고 관대한 사랑을 이끌어내는 목소리에 의존한다.

우리는 진리 없이는 사랑을 가질 수 없다. 이것은 이해 없이는 의지를 실행할 수 없는 것과 마찬가지다. 진리의 빛을 잃어버린 사랑은 비틀거리고 타락한다. 진리 포착은 만일 어떤 활동적 사랑이 없다면 그 활력과 열기를 상실하고 메마르고 둔감해진다. 이 기관들은 둘 다 그것들에 최초의 지각과 느낌들을 제공하는 감각들 속에 뿌리를 두고 있다. 이처럼 도덕적 덕들이 우리 안에 형성되고 우리에 의해서 실행되기 위해서는 감각적 사랑이 요구된다. 도덕적 덕들은 '참다운 선이란 무엇이냐'는 본질적 질문에 대해 사랑으로써 대답해야 한다.

3.5. 미움

미움은 사랑의 부정적인 [반대편] 얼굴이다. 느낌들의 차원에서 그것은 등돌림, 짜증, 경멸, 불쾌감, 혐오 등의 형태를 취한다. 그것은 나쁜 것으로 보이는 것, 우리에게 해악이나 고통을 끼치는 것을 대상으로 삼고 있다. 그것은 슬픔을 자아내고 회피하려는 갈망을 촉발한다. 사랑처럼 등돌림은 진리 문제와 동일한 유형에 속하는 자발적인 반응이다. 참된 악이란 무엇인가? 우리에게 참으로 악한 것은 무엇인가? 그 대답은 보다 보편적인

물음에서 발견된다: 선의 완성, 참된 행복, 인생의 궁극적 목적은 무엇인가?

등돌림에는 두 유형이 있을 수 있다. 그것은 직접적으로는 감각적 고통과 관계된다. 간접적으로는 어떤 유쾌한 것을 희생하기를 요구하는 영적 선을 대상으로 삼을 수 있다. 감각적 선에 밀착하는 것은 그가 그것들을 빼앗기는 것, 그것들로부터 멀어지는 것에 대한 혐오를 촉발한다. 마찬가지로 욕망, 감각적 선에 대한 욕망은 어떠한 포기나 제한을 거부함으로써 부정적 함의를 취할 수 있다. 실상 등돌림은 스스로를 좀 더 적극적이고 매력적인 모습 안에서 구체적으로 만질 수 있는 선, 쾌락, 그리고 그것들에 이르게 해주는 돈 등에 대한 갈망으로 나타날 수 있다. 그것은 가능한 한 그 부정적인 얼굴, 곧 영적인 가치들에 대한 거부를 감추려고 한다.

개인적이기 때문에 미움이 크게 자라나면 선에 대한 사랑의 정반대, 곧 일종의 악 그 자체에 대한 사랑이 된다. 해를 끼치는 사랑을 거슬러 스스로를 보호하기 위해서 자기사랑은 악한 것에 대한 특수한 사랑을 유발한다. 그것은 해악을 끼치고 거짓말을 하는 데에서 쾌감을 느낀다. 이리하여 하느님의 계명에 복종하기를 거부하는 것은 하느님과 종교뿐만 아니라 그 어떠한 도덕적 가르침에 대해서도 미운 감정을 촉발할 수 있다. 그렇게 해서 빛의 신비를 어둠의 신비로 대체하고, 하느님 사랑을 무신론으로 대체할 수 있다.

사랑과 미움은 이런 방식으로 우리를, 말들을 넘고 관념들을 넘어, 우리의 정신과 마음속에서 선과 악이 서로 대립하는 논쟁의 깊이 속으로 이끌어가게 된다.

4. 자비와 동정심

우리는 자비(慈悲)와 동정심(同情心)에 대해 다루기를 꺼리는 편이다. 한편으로 우리는 다른 사람들에게 동정심이 없고 무자비한 자들을 비난한다. 그러나 또 다른 한편 우리는 다른 이들이 우리에게 자비를 느끼도록 만들 기회를 주고 싶어 하지 않는다. 이것들은 오로지 남들에게만 유보되어 있는 것일까? 그러나 우리는 자주, 전례에서 '주님, 자비를 베푸소서!'라는 의미의 '키리에 엘레이손'(Kyrie, eleison)을 외칠 때처럼 하느님의 자비를 간청한다. 이것의 목적은 우리 안에 종교에 고유한 태도, 곧 동정심이라는 단어의 라틴어 어원인 '경건한'(pietas) 태도를 형성하려는 것이다. 경건함을 동정심, 곧 하느님의 자비로부터 떼어낼 수 있는가?

자비에 대한 이런 거리낌은 적어도 부분적으로는 그것이 자선과 동일시된다는 사실에서 오는데, 이것은 동시에 우리가 사회정의와 인권을 높이 천명할 때이기도 하다. 이런 것에 비추어 볼 때, 자비는 가난한 이들에게 필요한 것을 조달할 수 있지만, 감추어진 경멸의 의심에 의해서 오염될 수 있다. 우리는 어쩌다 한 번 자비를 보이는 것에 대해 기뻐하지만, 자비가 필요한 대상이 되는 것은 싫어한다. 우리는 때때로 동정심을 경험하지만, 그 동정심의 원인이 되는 것은 원하지 않는다. 이것은 왜 우리가 "명사 '자비'와 형용사 '자비로운'이 오로지 종교적 언어 혹은 좀 더 정확히 전례적 언어에만 속하는 드물게 사용되는 낡은 용어가 되어버렸다."[1]라고 말하는지를 잘 설명해준다.

'자비'라는 관념을 시대에 뒤지고 하찮은 감정으로 가치 없이 폐기해야 할까? 하느님의 자비와 신앙인의 자비에 관하여 말하는 수많은 성경 텍스트들 안에서 자비의 의미를 재발견하고 더 잘 이해하기 위해서, 그것의 진정한 본성에 관해 성찰하는 것이 더 낫지 않을까?

4.1. 성경의 가르침

성경은 무엇을 말하는가? 우리가 생각하는 것과는 달리, 심지어 구약성경도 하느님의 주요 덕을 자비의 덕으로 묘사하고 있고, 너무도 그러해서 법의 일부인 정의(正義) 자체조차도 그것을 향해 질서 지어져 있다. 거룩한 역사의 기원에 있는 시나이 산에서 모세에게 내린 계시가 바로 그러하였다. 하느님이 성조(聖祖)에게 당신의 이름과, 보기에 따라서는 심지어 당신의 마음까지도 계시할 주도권을 쥐고 계시다: "나는 나의 모든 아름다움을[*성경: '선을'] 네 앞에 지나가게 하고, 네 앞에서 '야훼'라는 이름을 선포하겠다. 나는 내가 자비를 베풀려고 하는 이에게 자비를 베풀고(miserebor), 동정을 베풀려고 하는 이에게는 동정을 베푼다(clemens)."(탈출 33,19) "주님은, 주님은 자비로우시고(misericors) 은혜로우신(clemens) 하느님이시다. 분노에 더디시고 친절과 충실이 풍부하며, 천대에 이르기까지 친절을 베풀고 온갖 더러운 짓(iniquitas)과 악행(scelera)과 죄악(peccata)을 모두 용서하신다. 그러나 조상들의 죄악에 대해서는, 벌하지 않은 채

---

1. "misericorde", in *Catholicisme*.

내버려두지 않고, 아들, 손자들을 거쳐 삼 대, 사 대까지 벌한다."(탈출 34,6-7) 이 구절들에서 우리는 자비가 정의와 손을 맞잡고 가는 것을 본다. 많은 시편 구절들은 주님의 자비를 천거하고 그것에 대해 노래한다. 예컨대 시편 136[135]편을 보자. 여기에서 하느님의 업적들을 묘사하는 각 구절들에는 "그분의 자비는 영원하시다."라는 동기가 주어진다.

하느님의 자비에는 또한 그것에 사회적 차원을 주는 구체적인 계약 형식이 주어진다: "주님께서 말씀하셨다. '여기에 내가 맺을 계약(pactum)이 있다. 나는 세상 어느 곳에서도, 또 어떤 민족에게서도 일어난 적이 없는 기적들을 너의 온 백성 앞에서 이룰 것이다. 너를 둘러싼 온 백성이 주님의 일을 보게 될 것이다. 내가 너희와 함께 한 이 일은 참으로 놀라운 것이다.'"(탈출 34,10)

실상 하느님의 자비는 백성의 죄를 그 주요 대상으로 삼고 있다. 계약 이야기는 죄와 자비 사이의 대화였다고 말할 수 있다. 호세아 예언자는 이 하느님의 덕을 노래하였다. "에프라임아, 내가 어찌 너를 내버리겠느냐? 이스라엘아, 내가 어찌 너를 저버리겠느냐? 내가 어찌 너를 아드마처럼 내버리겠느냐? 내가 어찌 너를 츠보임처럼 만들겠느냐? 내 마음은 미어지고 연민이 북받쳐 오른다. 나는 타오르는 나의 분노대로 행동하지 않고, 에프라임을 다시는 멸망시키지 않을 것이다. 나는 사람이 아니라 하느님이다. 나는 네 가운데 있는 '거룩한 이'로서, 분노를 터뜨리며 너에게 다가가지 않으리라."(호세 11,6-9) 하느님이 보시기에, 자비의 실천이 희생제사보다 더 낫다. "정녕 내가 바라는 것은 희생제물이 아니라 자비[*성경: 신의]이고, 번제물이 아니라 하느님을 아는 지식[*성경: 예지]이다."(호세 6,6)

처음에는 이스라엘로 제한되었던 하느님의 자비는 니네베로 파견된 요나에 의해서 보장되듯이, 모든 나라에게 드러난다.

"저는 당신께서 자비로우시고 은혜로우신 하느님이시며, 분노에 더디시고 온유하시며 벌하시다가도 쉬이 마음을 돌리시는 분이시라는 것을 알고 있었습니다."(요나 4,2) 이것은 집회서에서 확인된다. "인간의 자비는 제 이웃에게만 미치지만, 주님의 자비는 모든 생명체에 미친다."(집회 18,13)

4.2. 신약성경

예수는 신약성경에서 참으로, 당신 자신의 자비를 필요로 하는 사람들, 곧 창녀들과 죄인들에게 말을 거는, 육화하신 하느님의 자비로 묘사된다. "튼튼한 이들에게는 의사가 필요하지 않으나 병든 이들에게는 필요하다. 너희는 가서 '내가 바라는 것은 희생제물이 아니라 자비다.' 하신 말씀이 무슨 뜻인지 배워라. 사실 나는 의인이 아니라 죄인을 부르러 왔다."(마태 9,12-13) 복음사가들은 자주 당신이 치유하는 환자들, 예컨대 예수께 외치는 나환자(마르 1,40)와 예리코의 눈먼 이(마태 20,34)에 대한 예수의 연민(憐憫)을 상기시킨다. 그는 또한 당신의 말을 들으러 몰려온 군중에 대한 큰 자비를 보여준다. "그분은 군중을 보시고 가엾은 마음이 드셨다. 그들이 목자 없는 양들처럼 시달리며 기가 꺾여 있었기 때문이다."(마태 9,36) 자비가 그리스도가 베푼 치유의 주된 동기였던 것과 마찬가지로, 그분의 설교의 주된 동기이기 때문에, 그분은 영혼과 육체 양쪽 모두의 의사라고 말할 수 있다. 루카 복음사가에 따르면, 자비는 예수 수난의 절정에서 그분의 마지막 기도를 위한 영감이 된다: "아버지, 저들을 용서해 주십시오. 저들은 자기들이 무슨 일을 하는지 모릅니다."(루카 23,34)

자비에 관한 예수의 설교는 듣는 이들에게, 남들에게 자비를 실천할 것을 강요한다. 자비의 실천은 참행복에 따라 하늘나라에 받아들여지기 위한 조건이 된다. "행복하여라, 자비로운 사람들! 그들은 자비를 입을 것이다." 똑같은 것이 주님의 기도의 다섯 번째 청원에서 발견되는, 기도의 받아들여짐에 대해서도 사실이다. "너희가 다른 사람들의 허물을 용서하면, 하늘의 너희 아버지께서도 너희를 용서하실 것이다. 그러나 너희가 다른 사람들을 용서하지 않으면, 아버지께서도 너희의 허물을 용서하지 않으실 것이다."(마태 6,12-15)

루카는 자비의 복음사가라고 불릴만한 자격이 있다. 그는 "너희 아버지께서 자비로우신 것처럼 너희도 자비로운 사람이 되어라."(루카 6,36)라는 계명에서 자비에 대해 그 충만한 의미를 주고, 착한 사마리아인의 비유(루카 10,30-37)와 되찾은 양의 비유(루카 15,3-7), 되찾은 은전의 비유(루카 15,8-10), 되찾은 아들의 비유(루카 15,11-24)에서 이것을 조명한다. 마태오 사도에 따르면, 자비는 최후심판의 척도가 될 것이다.(마태 25,31-46) 우리는 자비가 탁월한 복음적 덕이라고 말할 수 있다.

사도 바오로는 코린토 신자들에게 하느님을 "자비로우신[*성경: 인자하신] 아버지이시며 모든 위로의 하느님"(Pater misericordiarum et Deus totius consolationis: 2코린 1,3)이라고 소개하고 있다. 하느님이 유다인들을 부르신 것과 마찬가지로 이방인들을 그리스도께 대한 신앙으로 부르신 것은 바로 당신의 자비 때문이다. 그래서 자비는 첫 번째 덕으로 추천되고 있다. "그러므로 하느님께 선택된 사람, 거룩한 사람, 사랑받는 사람답게 마음에서 우러나오는 동정(viscera misericordiae)과 호의(benignitas)와 겸손(humilitas)과 절도(modestia)[*성경: 온유]와 인내(patientia)를 입으십시오. 주님께서 여러분을 용서하신 것처럼, 여러분도 서로 용서하십시오."(콜로 3,12-13) 바오로는 이방인들이 자비를 모른다고 비난한다. 왜냐하면 그들은 "우둔하고 신의가 없으며 비정하고 무자비하기" 때문이다.(로마 1,31) 히브리서에 따르면, 예수가 제관(祭官)인 것은 그분의 자비 때문이다. "그렇기 때문에 그분께서는 모든 점에서 형제들과 같아지셔야 했습니다. 자비로울 뿐만 아니라 하느님을 섬기는 일에 충실한 대사제가 되시어, 백성의 죄를 속죄하시려는 것이었습니다."(히브 2,17)

보쉬에(Bossuet)는 자신의 초창기 설교들 가운데 하나에서 자비의 우위에 관한 이 가르침에 대해, 그것을 하느님의 본성 자체의 일부로 만드는 것으로 설명하고 있다. "당신이 든든한 가르침에 의해서 우리 구세주의 자비의 광대함을 이해할 수 있도록, 당신에게 내가 테르툴리아누스로부터 채용한 … 이 진리를 숙고해 보라고 청하고 싶다. 이 위대한 사람은 하느님이 당신의 선성을 모든 피조물 위에 쏟아부음으로써 당신의 일을 시작하셨다고 우리를 가르쳤다. … 샘이 자신의 물을 자연적으로 내어놓는 것과 마찬가지로, 그리고 태양이 자연적으로 그 빛살을 방사하는 것과 마찬가지로, 하느님은 또한 그 본성상 자비롭고 넉넉하고 아낌없다." 자비는 특별히 그리스도의 연민 속에서 보인다. "그분은 결코 그에 대한 동정심을 가지지 않은 채 고통당하는 누군가를 바라본 적이 없습니다. 아! 저는 복음서에서 그분이 거의 어떤 연민의 표지를 보여주지 않고서는 결코 중요한 기적들을 행하지 않는다는 점에 도취되었습니다. … 그분의 마음은 자비의 목소리에 의해서 움직였고, 동시에 그분은 자신의 손을 뻗쳐 그것을 치유하였습니다."[2]

---

2. 하느님의 선하심과 엄격하심에 관한 설교(1652년 7월 21일).

4.3. 신학에서의 자비

성 토마스 이전에 자비의 가르침에 관한 신학적 성찰은 무엇보다 먼저 감각적 정념 차원에서 이해하였고, 그런 다음에 덕으로서 이해하였다. 『니코마코스 윤리학』에서 아리스토텔레스는 자비를 정념들 가운데에서 언급하고 있다: "욕망(concupiscentia), 분노(ira), 두려움(timor), 대담함(audacia), 질투(invidia), 즐거움(gaudium), 우정(amicitia), 미움(odium), 갈망(desiderium), 경쟁심(zelum), 자비(misericordia), 그리고 일반적으로 쾌락이나 고통에 의해서 수반되는 모든 것."[3] 자신의 주해서에서 토마스는 이 목록을 채택하지만, 정념들을 욕정적 욕구냐 아니면 분노적 욕구냐에 따라서 구분한다. 그는 질투와 자비를 슬픔의 측면들이라고 언급한다. 자비는 다른 사람들의 곤경을 봄으로써 야기되고, 질투는 남이 가진 것이 자신에게는 없다는 사실로부터 비롯된다.[4]

『신학대전』에서 토마스는 정념들에 대한 자신의 분석을 열한 개의 정념 목록으로 마무리 짓는데, 여기에는 자비 또는 연민에 대한 명시적인 언급이 없다. 분명 그에 따르면, 그것들은 다른 사람들 안에서 발견되는 악에 대한 슬픔과 불쾌감 아래에서 발견된다.[5] 우리는 그의 참사랑에 관한 논고가 자비에 헌정된 문(問)을 발견하기까지 기다려야 한다.[6] 거기에서 자비는 기쁨과 평화와 더불어 참사랑의 한 내면적 효과로 제시되고 있다. 그것은 (다른 사람들에게 영향을 미치고, 우리가 정서적으로 사랑으로 연결되어 있거나, 혹은 혈연이나 친밀한 관계로 묶여 있거나, 혹은 아직도

---

3. Aristoteles, *Ethic. Nic.*, III, 1105b21.
4. "concupiscentia": S. Thomas, *In Ethic.*, II, lect. 5, nn. 293-295.
5. I-II, q.23, a.4.
6. II-II, q.30.

서로 유사함 때문에 공유하는) 악을 대상으로 삼고 있다.[7] 자비와 연민은 정념들의 질서에서 느낌의 운동을 의미하거나, 혹은 의지로부터, 다시 말해 이성에 의해서 다스려지는 영적인 경향으로부터 전개될 수 있다. 이리하여 이런 식으로 자비는 덕스럽고 심지어 감각적 정서 자체를 통제하기까지 한다.

천사적 박사는 이렇게 자비를 인간적 덕들의 맥락 속에서 검토하고 있다. 또한 그의 연구는 하느님의 자비가 덕들 가운데 가장 큰 덕인지를 묻는 물음으로 마무리되고 있다. 그의 대답은 뉘앙스를 가지고 있다: 자비는 특히, 온갖 선한 것들을 관대하게 주시는 분으로서 피조물들의 약점들을 치유하실 수 있는 하느님과 연결되어 있다. 그러나 인간 존재자들 안에서는 비록 자비가 남들과 관련해서는 덕들 가운데 가장 높은 덕이지만, 그들을 하느님과 결합시켜주는 참사랑이 자비보다 더 위대하다. 왜냐하면 남들의 허물들을 채워준다는 것은 특정한 우위를 함축하고 있기 때문이다.[8]

4.4. 자비에 관한 성찰

우리는 절대적으로 자비에게 우리의 도덕적 전망 안에서 한 자리를 돌려주어야 한다. 자비는 참사랑의 한 특성이다. 그것은 다른 사람들을 향해 돌아서고, 그들 안에서 가장 소외될 수 있는 것, [곧] 온갖 방식의 결함들, 그들의 비참함, 그리고 그들의 죄들에 적용될 수 있다. 자비는 참사랑의 관대함과 그 힘을 드러낸다. 불의 자체를 포함해서 모든 장애물들을 용서에 의해서

---

7. II-II, q.30, a.2.
8. II-II, q.30, a.3.

극복할 수 있는 치유의 덕이기 때문이다. 그 풍요로움과 능력에서 자비는 죄들을 용서함으로써 그 원천이 되는 신적 사랑의 가장 직접적인 성격이다. 그것은 아버지로서의 하느님께 적합한 덕이고, 우리로 하여금 그분의 자녀답게 처신하도록 자극한다. 참으로 우리는 복음적 도덕성을 "너희 아버지께서 자비로우신 것처럼 너희도 자비로운 사람이 되어라."(루카 6,36)라는 계명으로 요약할 수 있다.

이로부터 우리는 자비가 하느님께 이르는 길이라고 결론지을 수 있다. 우리를 하느님과 닮도록 만듦으로써 자비는 우리에게 하느님의 가장 내밀한 자아, 그분의 마음속에 있는 것을 드러내 보여준다. 지성은 세상과 우리 삶 속에서 그분의 업적들을 숙고함으로써 하느님께 이르는 길을 발견하고, 우리의 마음은 우리를 위해 그분의 용서를 얻게 해주고 우리 자신이 어떻게 용서할지를 알게 해주는 자비를 통해서 하느님께 이르는 길을 발견한다. 한편으로는 고상함이자 능력이고, 다른 한편으로는 하느님의 사랑의 깊이와 친밀함이다.

자비는 또한 실재주의(實在主義)적이다. 그것은 우리로 하여금 우리 자신과 다른 사람들 안에 있는 인간적 가난의 얼굴을 바라보게 만들지만, 우리는 그것에 대해 눈을 감고 좀 더 편안한 상상의 세계에서 피난처를 구하고 싶어 한다. 자비는 우리에게 치유를 보장해줌으로써, 그리고 그것에 기여함으로써 우리를 지지해준다. 그것은 진지하고, 동시에 그 회복과 성장에 대한 확실한 약속으로 미소 짓는다.

자비는 우리의 이기심(利己心)에 대한 가장 완전한 적수이다. 이기심의 거칠음에 반대해서 자비는 우리를 민감하고 사려 깊게 만든다. 그 옹졸함에 대해 자비는 그 넓이와 친절함으로 대체한다. 그 조급함에 대해 자비는 그 평온함과 항구함으로 대체한다. 우리는 온갖 골칫거리에 대해 불평하고, 우리 뜻에 반하는 다른 사람이나 심지어 다른 사물들에 대해서까지 비난하는 일에 빠지곤 한다. 하지만 자비는 우리가 유용하고 사랑스러운 것을 행할 수 있다는 것을 보여주고, 우리를 에워싸고 있는 선한 것들에 대해 민감하게 만들어준다. 그것은 우리의 실재관(實在觀)을 선한 것으로 전환시킨다. 우리의 즐거움을 넘어 그것은 우리에게, 주는 기쁨과 창조하는 기쁨을 가르쳐준다. 이리하여 그것은 우리에게 참사랑의 최선의 결실인 평화로운 마음씨를 마련해준다. 요컨대 자비가 없이는 참사랑도 없고, 진실되고 효과적인 사랑도 없다.

5. 욕망과 희망

  욕망은 윤리학자와 영성 저술가들에게 좋은 인상을 주지 못한다. 그들의 정신 속에서 그것은 쾌락이나 재산에 대한 지나친 갈망을 가리키고, 원죄의 한 귀결인 것으로 간주된다. 그것은 소유에 대한 무절제한 갈망으로 정의되는 야욕(covetousness)을 그 부모로 삼고 있다.
  '욕망'(concupiscentia)이라는 용어는 본래 어떤 부정적인 의미를 지니고 있었다. 예컨대 키케로에 따르면, 그것은 어떤 열렬한 갈망을 의미했다. 비슷하게 성 토마스는 그것을 육체와 영혼 모두에 연관된 어떤 쾌락을 위한 갈망, 엄밀한 의미에서의 정념으로 이해한다. 바로 그렇기 때문에 정념들 가운데에서 성 토마스는 사랑 다음에, 그리고 쾌락과 고통, 슬픔 이전에 검토하고 있다. 그러므로 욕망은 사랑에 의해서 야기된, 그러나 힘과 강도의 뉘앙스를 지니고 있는 감각적 갈망을 가리킨다. 이리하여 그것은 희망의 원천이다.
  참으로 그런 갈망은 우리의 주된 느낌들 가운데 하나를 구성한다. 그것은 자발적으로 우리 안에서 치밀어 오르고, 그 사랑의 대상을 획득할 가능성을 고찰함으로써 힘을 얻게 된다. 그리고 이것은 희망으로 변형된다. 욕망은 갈망으로 표현된다.
  그럼에도 불구하고 그것에 흔히 주어지는 경멸적인 뉘앙스 때문에 욕망이라는 단어의 사용이 우리 시대에 까다로워졌다는 것이 인정되어야 한다. 이리하여 성 토마스의 업적을 언급하는 동안에 우리는 단순하게 갈망에 대해서 말하는 것을 더 선호한다.

5.1. 갈망의 등급

갈망의 등급은 인간의 마음만큼이나 방대하다. 갈망은 우리의 느낌, 우리의 선택, 우리의 활동, 그리고 심지어 우리의 꿈들의 기원에 있다. 그것은 예컨대 목마름, 배고픔, 살고자 하는 갈망 등과 같이 물리적 또는 생리적일 수 있다. 또한 인식, 진리, 덕들에 따른 선들처럼 영적일 수 있다. 갈망은 역동적이고, 활동들을 통해 자신을 성취하려는 경향이 있지만, 동시에 휴식도 추구한다. 갈망은 투쟁과 심지어는 전쟁까지도 낳는다. 그러나 그것은 또한 평화도 추구한다. 갈망은 우리의 것이다. 그것은 바로 인격적이지만, 자신을 남들에게로, 심지어 자기들의 희망을 나눌 정도로 확장하기도 한다. 그것은 나의 갈망이고, 남들과 함께하는 갈망이다.

성 토마스는 갈망이 어떤 의미에서는 우리 안에서 무한하다는 것을 보여준다. 분명 갈망은 예컨대 음식이나 음료, 잠과 휴식 등과 같은 그 대상에 의해서 제한된다. 그러나 그것은 그 시간적 반복성에 있어서는 무제한적이다: 우리는 매일매일 먹고 마시고 잠을 자야 한다. 우리의 이성을 자극하는 갈망들에 대해서 말하자면, 그것들은 보편적이어서 한계가 없다. 왜냐하면 이 기관은 언제나 앞으로 더 나아갈 수 있기 때문이다. 재화를 위한 욕구나 지식에 대한 갈망의 경우도 역시 그러하다.[1]

갈망은 또한 입맛이나 관심 등과 같이 상이한 형상들을 가질

---

1. q.30, a.4.

수도 있다. 갈망하는 자는 그가 원하는 것에 관심을 기울인다. '관심'이라는 용어는 라틴어 '사이에 있다'(interest)에서부터 온다. 그것은 그 적합함 때문에 우리의 주의를 촉발하는 것을 가리킨다. 우리는 관심을 가지고 보고 듣고 읽는다. 여기에서 그것은 사랑함에 묶여 있는 이해함의 행위이다. '입맛'은 1차적으로 음식에 적합한 풍미에 대한 지각을 가리키지만, 그 범위를 확장하게 되면 정신에 의해서 산출된 어떤 것, 어떤 예술품의 성질을 평가하는 데 있어서 적합성을 가리키기도 한다. 우리는 음식, 예술품, 생각들을 '맛본다'[감상한다]. 그러나 이것들은 또한 우리를 정떨어지게 만들 수도 있다. 맛은 좀 더 정서적 감정의 노선에 서 있다.

요컨대 우리는 우리 안에 기관들이 있는 만큼 많은 갈망들, [곧] 보고 만지고 알고 읽고 이해하고 듣고 말하거나 침묵을 유지하고 걷고 뛰고 날거나 혹은 아무것도 하지 않고 싶은 갈망, 그리고 일반적으로는 살려는 갈망, 행복하려는 갈망, 때로는 죽으려는 갈망 등을 경험한다. 이 갈망들은 기관들의 위계에 따라, 특히 그것들의 질료적이거나 영적인 본성에 따라 질서 지워질 수 있다. 비록 음식이 정신의 생명을 포함하고 있는 육체적 생명에 필수불가결 하기는 하지만, 정신은 그 선택들에 의해서 삶 전체에 의미를 주고 그 기획을 통해서 그것을 지도하기 때문에 성질과 비중에 있어서 더욱 중요하다. 데카르트는 옳게도 "나는 먹는다, 그러므로 나는 존재한다."(manduco, ergo sum)라고 말하지 않고, "나는 생각한다, 그러므로 나는 존재한다."(cogito, ergo sum)라고 말한다. 후자가 그 사람에게 고유한 것을 좀 더 잘 묘사하기 때문이다.

5.2. 육체적 갈망과 영적 갈망 사이의 선택

우리가 우리의 모든 갈망을 동시에 충족시킬 수 없다는 것은 분명하다. 우리는 또한 그들이 가끔은 서로서로 투쟁에 이르게 된다는 것, 그리고 그것들 사이에 선택을 해야 한다는 것을 알고 있다. 우리는 먹고 마시는 것을 제한하지 않고는 절도 있는 사람이 되지 못한다. 또한 위험들을 마주치고 두려움을 제어함이 없이는, 고통스러운 투쟁들을 받아들임이 없이는 용감한 사람이 되지 못한다. 처음부터 도덕 문제는 우리에게 육체적 갈망과 영적 갈망들 사이에서 선택하는 문제였다. 생명을 보존하고 아기를 가지려는 자연적 갈망은 우리가 그 충동을 감당해야 하는 그런 방식으로 우리에게 부과된다. 문제는 어떤 것이 우리를 지배하고 지도할지를, 곧 우리의 갈망, 우리의 정념, 또는 어떤 것이 우리에게 선이며 참이라고 제시되는 이유인지를 아는 것이다. 이런 선택은 단순하게 지성적이기만 한 것이 아니라 활동 그 자체 안에서, 영적인 선익의 우위를 보장하기 위해 동의하는 거절 안에서, 또는 우리의 정념에 과도한 방식으로 복종하는 데에서 제대로 실현되기도 한다. 욕망은 흔히 감각적 갈망들의 충동들을 가리킨다.

정념 문제는 가르침과 실천에서 상이한 태도와 마음가짐을 드러내는 윤리학자들 사이에서 다양한 대답을 듣게 될 것이다. 전형적인 견해는 정념을 영혼의 질병으로 보고, 감각적 선들로부터 떨어져 그 안에 덕이 놓여 있는 영적인 선익들을 선호하라고 가르치는 스토아학파에 의해서 견지된 것이다. 이것은 감각적 실재들에 대해 영혼이 무관심하고, 그로써 정념들에 대한 지배를 보장하는 데에서 성립된다. 바로 우리가 무관심할 자유에 대해서 말할 수 있는 것과 마찬가지로 우리는 또한 무관심한 의지에 대해서도 말할 수 있다. 의지가 유일한 도덕적 성질의 자리가 된다. 이 관점으로부터 주의주의(主意主義, voluntarism)가 나온다: 곧 도덕생활 전체는 인간의 의지와 정념 사이의 논쟁과 비슷해지지만, 또한 법으로 표현되는 하느님의 의지와 정념들에 예속되어 있는 인간의 자유재량 사이의 논쟁이기도 하다. 덕 자체는 의지의 문제, 의지와 법 사이의 조화 문제이다.

이런 개념은 그 순수성, 그 활력, 그리고 우리를 고양시키는 그 역량 때문에 매력적이다. 그러나 그것은 어떤 특정 건조함과 경직의 위협, 느낌들을 억압하는 의지의 폭압 형식의 위협을 받고 있다. 이로부터 나오는 결과는 도덕성과 (느낌들이 일정한 역할을 하는 어떤 경험을 전제하고 있는) 영성 또는 신비주의의 분리이다.

우리는 정념 문제를 바라보는 이런 방식과, (오직 하느님의 은총만이 치유할 수 있는 옛 상처에 의해서 야기된 감각적 선들을 지나치게 부정함으로써) 욕망을 원죄에 대한 처벌로 간주하는 그리스도교적 전통 사이를 연계시킬 수 있다. 이것이 사도 바오로가 가르치는 로마서의 한 중요한 텍스트에서 발견되는 것과 같은 종류의 욕망이다: "우리가 알고 있듯이 율법은 영적인 것입니다. 그러나 나는 육적인 존재, 죄의 종으로 팔린 몸입니다. … 그러나 내 지체 안에는 다른 법이 있어 내 이성의 법과 대결하고 있음을 나는 봅니다. 그 다른 법이 나를 내 지체 안에 있는 죄의 법에 사로잡히게 합니다."(로마 8,14.23) 영적인 경험을 설명하기 위해서 사도 바오로는 욕망을 살로 된 인간에게 적합한 것으로, 그리고 하느님의 법에 반대되는 것으로 간주한다. 이처럼 근본적으로 욕망을 부정적으로 바라보고 있다. 그것은 은총의 법과 신법(神法)을 거슬러 죄와 살 쪽에 정초된다.

동일한 노선을 따라 성 아우구스티누스는 인간 존재자의 세 가지 상태를 구별한다: 법 이전, 법[의 지배] 아래, 그리고 은총 아래. 법 이전에 인간 존재자들은 법적 훈계로 조명됨이 없이 육체적 욕망의 지배 아래 있었다. 법 아래에서 그들은 그들이 알고 승인한 법과, 기필코 이겨내는 탐욕(cupiditas) 사이에 사로잡혀 있다. 은총은 신앙인들에게 성령의 충동(instinctus Spiritus Sancti) 아래 선을 행할 수 있는 힘을 줌으로써 그들의 조건을 변화시킨다. 그럼에도 불구하고 그들은 계속해서 그들 안에 남아 있고 또 천상 행복에 이를 때까지 남아 있을 욕망의 힘을 거슬러 투쟁해야 한다. 성 아우구스티누스의 『고백록』은 우리에게 이 그리스도교적 경험, 곧 ("우리 죄의 증언의 테두리 내에서 끌어가고" 욕망이 악으로 움직여 가는) 인간의 삶에 대한, 은총에 의한 변화에 대해 놀랄만한 증언을 제공한다.

좀 더 후대의 영성적 조류들 안에서 욕망을 거슬러 [벌이는] 투쟁으로 특징지어지는 이 전통은, 느낌을 의심스럽게 바라보고 영성 생활에서 그것들로부터 멀어질 것을 강조하게 될 것이다. 얀센주의(Jansenism)는 이 점에 대해서 극단적 태도를 취할 것이다. 얀센주의자들에게 원죄는 인간 본성을 완전히 타락시켰고, 그것을 저항할 수 없을 정도로 욕망에 예속시켰다. 이 때문에 본성은 저항할 수 없게 피조물들의 매력에 빠져들게 되거나 아니면 하느님의 은총에 의해서 인도된다. 천상 사랑으로부터 오는 은총에서 유래되지 않는 것은 죄이다. 하느님은 당신의 은총을 오로지 당신이 선택한 이들에게만 유보시키셨다. 덕과 공로는 손에 손을 맞잡고 느낌들의 억압, 금욕주의, 속죄에 진력한다.

5.3. 희망의 덕

그 이름을 내세울 만한 여하한 도덕 체계와 마찬가지로, 덕의 획득은 감각적 갈망들, 정념들에 대한 지배력을 획득하고 그것들에 대한 한계와 규율의 부과를 통해서 그것들과 벌이는 투쟁으로 특징지어진다. 그렇지만 덕은 도덕적 투쟁 그 이상이다. 그것은 갈망을 마주하고 그것을 교정하고 그것을 확인하며 그것을 희망으로 변형시킨다.

희망은 갈망에, 우리가 스스로이든 아니면 누군가의 도움을 받아서이든 원하는 것을 획득할 수 있는 감각을 추가한다. 희망은 활동으로 이끌고, 따라서 자신의 활동이나 아니면 (또다시) 남들의 도움에 의지함으로써 획득되는 덕들을 기뻐한다. 희망은 활동의 영혼과 같다. 우리가 행동할 수 있기 위해서는 최소한의 희망이라도 있어야 한다. 희망은 덕들을 지지하고 그것들에 숨결과 생명을 불어넣는다. 희망은 신앙, 곧 우리가 우리의 활동들 자체 안에서 경험하는 것과 같은 능력들에 대해 그것[희망]이 우리에게 주는 신뢰 위에 정초된다. 대체로 우리는 우리의 모든 활동들 안에서 대신덕들에 대한 '스케치'를 발견한다: 신앙은 우리에게 참사랑에 봉사하는 희망을 낳는다. 경험은 우리에게 다음과 같이 가르친다: 희망이 없이는 신앙은 약해지고, 참사랑의 불꽃은 꺼져버린다. 그러나 희망 덕분에 신앙은 자라나고 참사랑은 점점 커진다. 이제 그 덕들을 열매로 내는 이런 활동적인 희망은 그 인격 전체를 그의 느낌들, 감정들, 정념들에 연관시킨다. 느낌들을 억압함으로써 위축시키거나 없애버리기는커녕 오히려 희망의 덕은 그것들을 정화하고 그들을 영적 희망을 향하도록 정렬시킨다. 희망은 심지어 우리 육체에서도 보이게 된다. 우리가 어떤 기쁨에 찬 신뢰를 품고 있다는 것은 우리의 얼굴과 눈빛에서도 드러나는 것이다.

희망은 근본적으로 개인적이고, 우리 자신의 힘에 대한 느낌들에 묶여 있다. 동시에 그것은 사회적이다. 왜냐하면 우리는 여러 상황에서 자발적으로 다른 이들, 곧 부모님을 비롯해서 선

생님들, 지도자들, 그리고 친구들과의 협력을 필요로 하고 또 기대하기 때문이다. 그러나 이 희망은 무엇보다 먼저 우리 자신을 향하고 있고, 우리와 우리 계획에 유용한 것을 향하고 있다. 이웃 사랑 또는 성 토마스가 칭하듯이 우애(amor amicitiae)는 이 성향을 확장할 것이고, 우리로 하여금 가까운 이들과 함께 희망의 연대에 들어가는 것을 허용한다. 이리하여 동일한 희망은 거기에 참여하는 사람들의 수에 따라 한 가족, 한 국가, 한 계층, 한 종교, 역사의 한 시기에 영감을 불어넣을 수 있다.

5.4. 시련으로서의 희망

그리고 아직도 희망(spes)은 갈망처럼 비판적 순간을 맞이할 수 있다. 또한 우리의 힘, 심지어 우리의 상상을 넘는 어떤 약속에 직면하게 될 때 위기를 겪게 될 것이다. 그 순간은 우리의 희망을 다른 누군가(특히 하느님)의 힘과 주도권에 두도록 일종의 탈중심화(decentering)를 요구할 것이다. 이런 것이 바로 초자연적이고 신학적인 희망의 덕이다.

희망이라는 대신덕은 인간의 희망에 깊이 응답하고, 동시에 그것을 기대하지 않던 더 높은 목적으로 인도하기 위해서 그것에 거칠게 모순된다. 그것은 우리의 모든 갈망을 떠받치는 행복을 위한 갈망에 응답한다. 또한 모든 자연적 희망을 넘어가는 약속에 의해서 인간의 희망을 심화시키고 분발시킨다. 성경에서는 산상 설교에서처럼, 참행복의 선언이 성서적 담화의 첫 번째 자리를 차지한다는 점이 지적되어야 한다. 그러나 복음서에서 말하는 참행복의 정식화는 십자가 처형이라고 할 수 있다. 왜냐하면 그것은 행복에 대한 우리의 통상적인 이해와 모순되고, 오히려 가난하고 질병에 시달리고 박해받는 사람들이 행복하다고 선언되고 있기 때문이다. 이로써 참행복은 우리 자신을 믿지 않도록 강요하고, (지상의 왕국들로부터 벗어나기를 받아들인 이들에게 천국에 이르는 길을 엶으로써) 오직 약속한 바를 성취할 수 있는 유일한 분인 하느님께 믿음과 희망을 두는 행위를 하기 위해서 우리 자신으로부터 갈라서도록 가르친다.

이 가르침에 따르면, 우리는 희망이라는 대신덕(對神德)이 이 세상 것이 아니고 희망의 느낌과는 동떨어져 있다고 믿는 데로 이끌릴 수 있다. 그러나 잘 드러나는 것처럼, 그리고 경험이 최선의 교사인 것처럼, 이런 희망은 바로 인간의 마음속으로 깊이 파고들어가 비록 느낌의 차원이기는 하지만, 경험되는 강하고 조심스러운 희망을 발생시키고, 구체적이고 상이한 형식의 일상생활에 용기를 준다. 희망이라는 대신덕은 그것이 영감을 주는 활동들 안에서 경험된다. 그것은 인간의 경험이 약해지고 허사인 것처럼 보일 때 가장 두드러지게 그 힘을 드러낸다. 이러한 것이 바로 희망을 거슬러 희망하고 많은 민족들의 아버지가 된(로마 4,18) 아브라함의 경우이다. 결국 신앙은 우리가 우리 자신 안에 두는 희망을 우리 자신의 것이 되게 하고 또 우리의 선택과 활동들 안에서 경험되는 하느님께 대한 희망으로 대체한다. 그것은 마치 희망이 우리 안에 육화하는 것과 같다. 이런 희망과 용기는 순교자들의 경우와 성인들의 삶에서처럼 특별히 죽음, 곤경, 고통에 직면해서 잘 드러난다.

성 토마스는 첫째를 욕정적 욕구에 두고, 둘째를 분노적 욕구 속에 두는 것으로 희망의 갈망을 구별한다. 이 구분은 이론적으로 고찰하는 데에는 유용하지만 실천적으로 확인될 수는 없다. 희망이 없는 갈망은 곧 꺼져버리게 되지만, 갈망이 없는 희망은 개념될 수조차 없다. 희망은 갈망의 피어남이다. 그것은 갈망을 강화하고 열어젖히며 그것을 그 목적으로 이끌어간다. 그것은 시편작가가 노래하듯이 "제 때에 결실을 내는" 한 나무의 수액과 같다.

마지막으로 천사적 박사와 함께 경험이 희망에 이르게 될 때 갖는 중요성에 주목하기로 하자.[2] 활동의 경험은 우리의 힘을 발전시키고, 점차 우리 안에 덕들을 형성하여, 예컨대 점점 더 잘 행동할 수 있게 해준다. 이리하여 어떤 기술자의 재능이 점점 자라날수록 그는 그것을 더 잘 사용할 수 있게 된다. 동시에 경험은 오로지 그 경험만이 참으로 확인해줄 수 있는 우리의 역량들을 알도록 도와준다. 그것은 또한 우리의 나약함을 보여주고 치유책을 식별할 수 있도록 도와준다. 이리하여 경험은 희망의 없어서는 안 될 동료다. 그것은 희망의 강도와 실재주의(realism)의 조건이다.

---

2. I-II, q.40, a.5.

6. 쾌락과 즐거움과 기쁨

먼저 어휘에 관해 한마디 하자면, 성 토마스에게 '쾌락'(快樂, delectatio)이라는 용어는 우리가 선 안에서 취하는 (무슨 일이 일어나든지 간에 슬픔에 반대되는) 즐거움(gaudium)을 가리키는 일반적 의미를 지니고 있다. 그러므로 그는 온갖 형식의 즐거움을 쾌락 아래 분류하고 있다. 우리에게 쾌락은 좀 더 한정적인 의미를 가지고 있다. 쾌락을 경험하는 것은 어떤 즐거움을 맛보고 그 안에서 기뻐하는 것이다. '즐거움'(pleasure)이라는 (영어)단어도 그것이 어떤 선 안에서 즐거움을 뜻하는 한 'delectatio'를 번역하는 데 사용될 수 있다. 그것은 또한 이 선의 소유를 의미할 수도 있다. 우리는 '쾌락'과 '즐거움'을 다양한 종류의 쾌감 또는 기쁨을 포용하는 같은 값을 지니는 용어들로 사용할 것이다.

좀 더 명확히 하자면, '쾌락'은 선을 향한 사랑과 갈망에서 시작되어, 우리로 하여금 그것을 획득하도록 움직이게 하고, 마지막으로 그것을 소유하는 데에서 마치게 되는 움직임의 정점이다. '즐거움'은 주체가 애정 안에 막 소유하게 된 선의 방사(放射)와 같다. 이렇게 이해될 때, 쾌락은 근본적으로 여러 형식을 취할 수 있는 애정적 상태이고, 즐거움(gaudium), 기쁨(laetitia), 용약(exultatio), 유쾌함(jucunditas), 참행복(beatitudo) 등 다양한 뉘앙스를 가진 용어들로 표현된다.

쾌락은 선을 획득하고 소유하게 된 직접적이고 종적인 결과이다. 이것은 슬픔이, 우리에게 영향을 미치는 악의 결과인 것과 마찬가지다. 쾌락은 획득된 선과 관련된 우리의 주체적 반응이다. 이리하여 이 문제는 우리의 커다란 관심거리이다.

6.1. 성 토마스에 따른 쾌락

성 토마스는 『명제집 주해』에서 롬바르두스의 작품 끄트머리에서 발견되는, 최종적 참행복을 논하는 자리에서 쾌락에 관하여 한 가지 문제를 제기한다. 참행복을 정의하기 위하여 유용하다고 판단된 롬바르두스의 연구는 이미 그 길이가 길다. 그것은 네 가지 문제들을 가지고 있다: 1) 정념으로서의 쾌락의 본성과 영적 차원에서의 쾌락의 본성(제31문), 2) 그 원인: 곧 선을 향한 움직임 또는 선의 현존, 다른 이들의 활동들, 참사랑의 업적, 그리고 경탄(제32문), 3) 쾌락의 결과들: 그 확장, 명상, 활동(제33문), 그리고 4) 마지막으로 그 도덕적 성격(제34문). 이것이 이 논술의 1차적 스케치이다.[1]

덧붙여 말하자면, 『진리론』에서 토마스는 쾌락과 기쁨 사이를 구별한다.[2] 쾌락은 어떤 선과의 실재적 결합에서 시작되고 그 파악(곧, 그것을 깨닫게 됨)에서 완성되는 데 반해, 기쁨은 그 기원이 그 선을 깨닫게 됨에서 시작해서 그 감정(감정상태)에서 끝난다. 이리하여 고통이 슬픔의 원인이듯이, 쾌락은 때때로 기쁨의 원인이 되기도 한다. 우리는 환호하며 기뻐할(rejoice in enjoying) 수 있다.

『신학대전』은 우리에게 쾌락에 대한 진정한 논고를 제공한다.

---

1. I-II, qq.31-34.
2. *De veritate*, q.26, a.4, ad5.

그것은 4개 문, 24개 절로 구성되어 있고, 고통과 슬픔에 관한 5개 문이 이어진다.[3] 이 논고는 천사적 박사의 진정한 창안물로서, 그가 인간 행복에 관한 질문에 의해서 지배되고 있는 자신의 도덕성 개념에서 그것에 주는 중요성을 지적한다. 혹자는 토마스가 이 논고를 집필하면서 어떤 쾌락을 틀림없이 경험하였다고 느낀다. 그 안에서 그는 신중하게, 거의 우연히, 자기 자신의 경험을 드러낸다.

요약하자면, 토마스는 먼저 쾌락이 영혼의 한 정념이라고 설명하고, 그런 다음에 그것을 기쁨으로부터 구별한다. 육체에 영향을 미치는 감각적 쾌락이 있고, 의지와 지성적 이해와 관련되는 영적 쾌락이 있다. 영적 쾌락은 감각적 쾌락보다 좀 더 침착하고 신중하다. 감각들 가운데 촉각이 가장 큰 쾌락을 야기한다. 또한 질병이나 나쁜 습관들에 의해 초래되는 것들과 같이, 비자연적인 쾌락들도 있다. 이것들은 서로서로 반대될 수 있다.[4]

쾌락의 원인은 활동, 움직임, 희망, 기억, 슬픔, 남들의 활동, 참사랑의 업적들, 남들을 닮음, 경탄 등이다.[5] 토마스의 개진은 경탄적 관상(contemplatio admirativa)이라는 정상을 향해 이끌어간다. 이것은 가장 큰 기쁨을 초래한다.

쾌락의 결과들은 마음과 정신, 목마름과 갈망의 확장이다. 영적 쾌락은 (육체적 쾌락이 장애가 되는) 이성의 사용을 선호한다. 마지막으로 쾌락은 인간의 활동을 완성하고 그것을 좀 더 강렬하게 만든다.[6]

이 다양한 종류의 쾌락의 도덕적 성격에 관해서 토마스는 (모

---

3. I-II, qq.31-34; 35-39.
4. I-II, q.31, aa.1-8.
5. I-II, q.32, aa.1-8.
6. I-II, q.33, aa.1-4.

든 쾌락이 다 나쁘다고 주장하는) 스토아학파의 견해와 (그것들이 모두 다 좋은 것이라고 주장하는) 에피쿠로스주의(쾌락주의)의 견해를 둘 다 배격한다. 토마스에게는 그것들이 우리의 본성에 일치되느냐에 따라 어떤 종류의 쾌락은 선하고, 다른 것들은 나쁘다. 혹자는 심지어 우리의 궁극적 목적이 쾌락, 곧 하느님의 기쁨에 의해서 초래되는 쾌락에 있다고 말해야 할 것이다. 쾌락은 이처럼 우리의 도덕적 성질의 척도가 된다: 그것은 덕의 실천에서 기쁨을 발견하는 이들에게는 선이고, 악을 행하는 데에서 즐거움을 느끼는 자들에게는 악이다.[7]

6.2. 즐거움과 기쁨

즐거움과 기쁨 사이의 구별은 우리에게 제공되는 많은 즐거움들 가운데에 질서를 놓는다는 점에서 중요하다. 이것들은 우리가 동의할 만한 방식으로 접촉하는 것에 관하여 말할 때 매우 자주 사용하는 두 가지 용어다.

마음에 떠오르는 첫 번째 차이는 즐거움이 그 원인을 어떤 외부적 선에 두고 있는 데 반해, 기쁨은 내면적인 요인에서 기인한다는 점이다. 우리는 어떤 대상을 접촉할 때 디저트를 먹고 경기를 관람하고, 강연이나 노래를 들을 때 즐거움을 경험한다. 기쁨에 관해서 말하자면, 그것은 우리가 행한 어떤 활동으로부터, 우리가 성취한 과업으로부터 직접적으로 온다. 우리는 누군가를 즐겁게 했을 때 관대하고 통찰력이 있고, 또는 용감할 때 기쁨을 경험한다. 고통 또는 슬픔이 우리를 즐겁게 만들거나 우리에게 해를 끼치는 것으로부터 오는 것과 마찬가지로, 즐거움

---

7. I-II, q.34, aa.1-4.

은 우리를 즐겁게 만드는 것에 달려 있다. 게다가 즐거움은 또한 우리가 행한 어떤 활동을 대상으로 삼고 있다. 우리는 달리기, 수영, 경기, 또는 우리가 사랑하는 사람을 생각하는 데에서 즐거움을 느낀다. 이 활동들은 외부적인 것을 향하여 정향되어 있다. 그러나 기쁨은 전혀 다른 것이다. 그것은 개인적인 행위, 우리가 택한 어떤 선택, 우리가 도달한 어떤 결단, 우리의 진리 감각과 선 감각에 일치하(고, 노력이나 요구되는 희생에도 불구하고 우리가 동의를 하)는 활동으로부터 전개된다. 우리가 어떤 누군가가 그것을 필요로 하기 때문에 우리 재산의 일부를 내어놓을 때, 우리는 기쁨을 느낀다. 기쁨은 우리가 오랜 기간 동안 가치 있는 어떤 일을 완수하기 위하여 투쟁할 때, 또는 그럴 만한 자격이 있는 어떤 원인 때문에 희생을 감수했을 때 경험될 수 있다. 재산이 줄어들고 희생을 하는 데에서 즐거움을 느낀다고 말하지는 않겠지만, 우리가 그런 일들을 기꺼이 한다면 우리는 기쁨을 느낀다. 기쁨의 원천은 인간 인격의 가장 깊은 부분에서, 우리의 추론과 (우리 활동의 원천인) 자유로운 인격성에서 발견된다. 이런 식으로 이해될 때, 우리는 기쁨을 (그가 선에서 기쁨을 발견하든 아니면 악에서 발견하든) 한 사람의 도덕적 성질의 척도로 간주할 수 있다.

그러나 우리가 [과연] 실재적으로 악에서 기쁨을 발견할 수 있을까? 분명 그 안에서 즐거움을 느낄 수는 있겠지만, [과연] 그 것으로부터 참다운 기쁨을 끌어낼 것인가? 우리는 적을 정복하고, 한밑천 마련하고, 또는 복권에 당첨되는 것을 기뻐한다고 말할 수 있다. 그러나 만일 그 [대가로 치르는] 값이 하나의 불의이거나 사기라면, 이 기쁨은 나쁘게 행동했다는 느낌, (그 외부적 넘침을 감추고자 하는) 양심의 가책 때문에 좀먹을 것이다. 이것은 참다운 기쁨이 올바른 지향과 순수한 마음으로 잘 행동했다는 느낌 안에서 발견되는 것을 가리키지 않는가? 우리는 분명 어떤 악한 기쁨에 대해서 말할 수 있다. 그러나 이것은 진정한 기쁨일 수 없다. 왜냐하면 그것은 우리의 깊은 진리 감각과 선 감각에 모순되는 탓에 그 뿌리인 도덕성의 원천에서부터 오염되어 있기 때문이다. 이렇게 이해될 때 기쁨은 도덕생활에서 척도 역할을 할 수 있고, 우리에게 참다운 덕을 구별할 수 있도록 허용하고 행복에 이르는 길, 하느님께로 인도하는 소로를 보여준다.

6.3. 도덕생활의 척도인 기쁨

우리는 오늘 도덕적 가치들의 척도(尺度)인 쾌락, 기쁨, 그리고 특히 즐거움의 경험과 관련해서 어떤 어려움과 양심의 가책을 느낀다는 것을 인정하지 않으면 안 된다. 우리는 심지어 그 반대를 생각하기도 한다. 우리에게 있어서 우리를 즐겁게 만드는 것에 대한 거절, 희생, 그리고 의도적인 재산 감소는 우리 활동들의 성격에 대한 보다 확실한, 아니 심지어 필수적인 표지인 것 같지 않은가? 우리는 가장 높은 이상, 가장 순수한 길이 즐거움이나 기쁨 또는 궁극적으로 우리의 행복을 고려하지 않은 채, 오로지 도덕 법칙, 하느님의 뜻에 복종함으로써 의무로부터 활동하는 데에서 성립된다고 생각하도록 유혹을 받고 있지 않은가? 그리고 이런 극단들에까지 이르지는 않는다고 하더라도, 즐거움과 기쁨 안에서 우리의 나약함에 대한 단순한 도움, 우리의 불완전함에 대한 지지를 보지 않는가? 덕스러운 사람은 오직 자기들의 의무를 행하는 것만을 생각하는 것처럼 보인다. 그들은 자기들을 즐겁게 만드는 것들을 경계하고 심지어는 기쁨을 피하기까지 한다. 기쁨의 충만인 행복에 관한 연구가 더 이상 현대의 '의무의 윤리' 안에서 차지할 자리가 없다는 것은 의미심장하다. 우리는 지금 도덕성의 무게중심을 행복에 관한 고찰에서부터 의무에 관한 관심으로, 책임에 대한 존중에서 법적 명령으로 옮긴 우리 시대의 지배적인 정신을 다루고 있는 중이다. 쾌락과 행복에 그것들이 (성 토마스가 가장 체계적인 해석자인) '덕 윤리'(Virtue Ethics) 안에서 차지했던 역할을 돌려주기 위해서는 진정한 지성적 대화가 필요하다.

즐거움에서부터 시작하기로 하자. 우리의 모든 쾌락은 악한 것이라고 생각했던 스토아학파를 거슬러, 성 토마스는 어느 누구도 감각적이고 육체적인 쾌락이 없이는, 어떤 즐거움이 없이는 살아갈 수 없다는 점을 지적한다. 이것은 경험이 우리에게 가르쳐주는 것일 뿐만 아니라, 그들의 가르침과는 달리 그들이 특정 즐거움을 받아들이는 것을 우리가 보게 되는, 스토아주의자들의 예이기도 하다.[8] 참으로 즐거움은 우리에게 자연적이고, 우리는 그것을 심지어 그것에 관해 생각하거나 말하기도 전에 경험한다. 우리가 느끼는 모든 것, 우리가 행하는 모든 것은 이 첫 번째 반응에 의해서 특징지어진다: 즉 그것은 우리를 즐겁게 하고 매혹하거나, 아니면 불쾌하거나 역겹게 만든다. 지성적 차원에서도 우리는 참되고 아름답게 여겨지는 것에 관해서는 자발적으로 호의와 포용적 자세를 가지고 바라보지만, 거짓말처럼 거짓되고 추한 것으로 여겨지는 것은 퇴짜를 놓는다. 우리는 선을 승인하는 데에서와 마찬가지로, 진리를 추구하는 데에서도 원시적 기쁨을 느낀다. 이 반응, 이 즐거움 또는 기쁨은 우리 안에 있는 선의 업적이고, 그것의 직접적이고 계시적인 결과이다. 선은 우리에게 선하다. 우리는 그것을 정신뿐만 아니라 감각의

---

8. I–II, 34, 1.

수준에서도 지각한다. 이런 의미에서, 쾌락과 선은 그 고유한 결과와 원인 사이가 그러하듯이 떼려야 뗄 수가 없다. 성 토마스에게 있어서 '선'(bonum)은 '유쾌한 것'(delectabile)을 수반한다. 선은 쾌락의 원인이고, 모든 쾌락은 어떤 특정 선을 드러낸다. "나는 생각한다, 그러므로 나는 존재한다."라는 데카르트의 유명한 구절 속에 싹으로 배태되어 있는 근대의 주관주의(主觀主義, subjectivism)는 인간 주체와 그 대상, 쾌락과 선 사이의 유대를 부숴버렸다. 쾌락은 단지 주관적이고 인상을 바꾸는 정도로 가벼워졌다. 우리는 선과 쾌락 사이의 자연적 관계를 절대적으로 재확립할 필요가 있다. 이것은 특히 덕들과 그것들이 우리를 데려가는 경험의 업적이다.

6.4. 덕의 경험

한 가지 어려움은 덕의 경험이 감각들의 경우에서처럼 직접적으로 지각되지 않는다는 사실에서 온다. 오히려 그것은 바로 덕 자체의 실행 안에서 천천히 획득된다. 종종 덕의 실천에 착수할 때 우리가 가지게 되는 첫인상은 맞닥뜨리게 되는 난관들, 우리가 우리 자신에게 초래하는 고통, 용감해지고 절도 있으며 검소하고 정의로워지기 위해서 동의해야 하는 희생에 관한 것이다. 덕을 발견하기 위해서는 일정량의 고통을 받아들이며 비교적 긴 기간의 노력을 기울여야 한다. 마치 도공(陶工)이 반복적인 시도, 실패를 통해 자기만의 작품을 만드는 법을 배우고, 거듭 다시 시작하는 것과 같다. 덕은 오히려 예술보다 더 어렵고 더 많은 것을 요구한다. 왜냐하면 그것은 우리 자신의 변형을 대상으로 삼고 있기 때문이다. 어떤 정상에 도달하려고 시도하는 경우처럼, 우리는 내면적인 성장에 있어서 투쟁과 땀이 없이는 덕을 얻을 수 없다.

덕을 참으로 획득하는 데 성공하게 된다면, 정확히 기쁨의 형식 아래 선과 쾌락의 결합이라고 특징지을 수 있는 새로운 세상을 발견하게 될 것이다. 우리는 덕들에 따른 다양한 선들이 가장 확실하게 오래 가는 기쁨을 일깨운다는 것을 배운다. 여기서는 경험 자체가 우리의 스승이고 그것은 우리를 내면으로부터 가르친다.

더욱이 우리는 덕이, 그 성질을 드러내고 그것을 영적 가치들과 일치시키는 한도를 가르침으로써, 심지어 우리의 즐거움 감각마저도 드높인다는 것을 발견하게 된다. 이리하여 그것의 풍미를 통하여 덕은, 사물들과 그 가치에 대한 보다 정교하고 보다 순수한 접촉과 같이, 느낌들에 새로운 맛을 주게 된다. 음식을 자제하는 사람들은 음식을 적게 섭취하는 데도 불구하고, 과식하는 사람들보다 음식의 맛을 더 잘 안다. 그리고 어떤 의미에서 그들은 그것을 자신들의 영적 배고픔을 위한 지렛대로 삼는다. 절제는 빵과 포도주에 대한 우리의 미각을 파괴하기 위해서가 아니라 완성하기 위해서 단식과 금육을 요구하고, 그래서 우리로 하여금 성체(聖體)를 받아 모실 준비를 갖추게 하며, 그 안에서 기쁨과 심지어 즐거움까지도 발견할 수 있게 도와준다. 그런 성사(聖事)에 대한 매력은 물론 영적인 것이지만, 왜 우리 느낌으로까지 확장되어서는 안 된단 말인가? 마찬가지로, 자기 자신이 손해를 보면서까지 정의롭게 행동하고, 공동선(共同善)의 모든 요구조건을 채우며 봉사하는 데에서 기쁨을 경험하는 것은 우리가 이 덕을 소유하고 있고, 심지어 그 덕이 우리를 소유하고 있다는 표지가 아니겠는가? 비슷하게 용감한 사람은 다른 이들을 떨게 만드는 위험들에 직면했을 때 그에게 속하는 기쁨을 경험한다.

우리는 각각의 덕을 예로 사용할 수 있다. 덕이 자연적으로 기쁨과 그와 함께 특정한 즐거움, 느낌들의 질서에서의 포만감마저 솟아오르게 만든다는 것은 덕을 실천하는 사람들의 경험에 비추어볼 때 분명하다. 우리는 성 토마스가 말하는 쾌락이 어떤 참다운 선의 고유한 결과라는 것, 심지어 도덕적 선성마저도 드러낼 수 있다는 것을 이해할 수 있다.

덕과 연결된 경험 때문에 우리는 (가장 큰 기쁨에 관련되는) 참 행복에 관한 논고에, 그리스도교적 윤리학 안에서 차지하는 위치의 자부심을 복권시킬 수 있다. 우리의 행복에 관한 문제는 단순히 사람과 시대에 따라 변할 수 있는 한낱 주관적인 문제가 아니다. 덕은 그 객관성을 드러내고, 우리의 행복이 (그 원인인) 우리가 내리는 선택에 달려 있다는 것을 보여준다. 바로 이것이 우리를 기쁨으로 채워준다. 덕스럽게 행동하는 데에서 경험하게 되는 즐거움조차도 우리에게는 한 표지가 된다. 덕은 결국 우리의 느낌들과 연결되어 있고, 그것을 완성한다. 무엇이 당신 마음에 드는지 말해주라, 그러면 나는 당신이 누구인지를 말해주겠다.

7. 고통과 슬픔

성 토마스는 자신의 쾌락에 관한 연구에, 쾌락의 반대이며 치유가 필요한 고통과 슬픔에 관한 다섯 가지 문제를 추가하고 있다.[1] 우리의 행복에 대한 갈망에 그는 슬픔의 느낌을 대립시킨다. 그렇게 함으로써 그는 우리가 겪는 온갖 형식의 악을 다 포함하고 있는 고통의 문제를 다루기 시작한다.

고통의 문제는 모든 사람들에게 너무도 중요하다. 아무도 고통을 피하거나 벗어날 수 없다. 그것은 우리의 삶뿐만 아니라 우리의 활동에 주는 의미를 위해서도 결정적이다. 고통은 철학과 문학에서 수많은 특징적인 대답들을 내도록 만들었다. 고통은 그리스도교 메시지의 심장부에 있는 그리스도의 십자가에서 발견될 수 있다. 고통은 우리의 묘사, 우리의 관념, 우리의 말을 넘어간다. 그럼에도 불구하고 모든 인간 경험 안에서 그것의 현존과 중요성은 우리로 하여금 삶을 헤쳐 나갈 길을 발견하고 그 길에서 마주치게 되는 온갖 형태의 악들을 극복하기 위해서 그에 관해 성찰하고 말할 것을 강요한다. 고통의 실재는 행복의 문제를 대단히 날카롭게 그리고 광범위하게 제기한다. 그것은 바로 우리의 실존 자체를 문제로 삼는다: 삶이 만일 단지 고통의 바다[苦海]일 뿐이라면, 과연 살 만한 가치가 있는 것일까?

---

1. I-II, 35-39.

7.1. 성 아우구스티누스와 스토아학파

형식적으로 스토아주의자들은 비단 슬픔에 대해서뿐만 아니라 모든 정념들에 대해서도 '무감동'(apatheia)을 높이 평가한다. 관념들에 대한 명상에 사로잡혀 있던 스토아주의자들은 느낌의 능력, 특히 고통의 두려움과 슬픔을 회피한다. 덕의 실천을 통해서 그들은 고통을 극복하고 자신들이 그 고통에 직면해서 무감각하다(impassibile)고 주장한다.

성 아우구스티누스는 인류와 비인간적인 것을 동시에 들어 높이는 이 지혜를 비판한다. 그는 그것을, 느낌에 제자리를 주는 복음의 지혜에 대립시킨다. "하느님[의 길]에 따라 살아가는 하느님 나라의 시민들에게는 두려움과 갈망이 슬픔과 환희(rejoice)가 된다. 그들의 사랑은 정직하고, 그들의 감정도 역시 그러하기 때문이다." 실제로 사도 바오로는 이스라엘 백성들에 관해 커다란 고통과 슬픔을 경험하였다. "왜냐하면 하느님에게서 오는 의로움을 알지 못한 채 자기의 의로움을 내세우려고 힘을 쓰면서, 하느님의 의로움에 복종하지 않았기 때문"이다(로마 10,3). 예수도 라자로의 시신 앞에서 눈물을 흘렸고, 자신의 수난이 닥쳐오자 그의 영혼은 비탄에 잠겼다. 성 아우구스티누스에 따르면, 현세에서는 무감각에 대해서 말할 수 없다. "만일 그것[무감각]이 느낌을 경험하지 않는 데에서 성립하는 것이라면, 이 놀람이 다른 모든 악습들보다 더 나쁘다는 것을 누가 보지 못한단 말인가?"[2] '무감동'이라는 철학적 이상을 사랑과 참사랑의 우위로 대체함으로써, 히포의 주교는 느낌들의 가치와 역할이 이 사랑과의 일치 [여부]에 따라 달라지도록 재정립한다. 그리스도인

---

2. 『신국론』 14.

들은, 스토아주의자들이 그렇다고 자만했던 것처럼 (어쨌든 실제로 그것에 도달함이 없이) 무감각하지 않다. 오히려 느낌은 그리스도의 사랑으로부터 영감을 받게 된다.

7.2. 성 토마스와 고통

성 토마스는 고통에 관한 연구를, 쾌락에 관한 연구에 이어 그 반대되는 정념들에 관한 논고의 테두리 안에 배정하고 있다. 그는 그 문제를 자신의 통상적 질서에 따라 검토한다. 곧 먼저 고통과 슬픔에 대한 정의를 다루고, 그 종(種), 원인들, 결과들, 치유책들, 그리고 마지막으로 그것들의 도덕성을 논한다.[3] 그는 자신의 영감을 주로 성 아우구스티누스와 (에페소의 네메시우스에게 의존하고 있는) 성 요한 다마셰누스에게서 끌어내고 있다.[4] 성 요한은 슬픔의 네 가지 유형을 구별한다: 곧 사람을 침묵하게 만드는 비탄(achos), 우리를 옥죄게 만드는 근심(achthos), 다른 사람의 선에서 비롯된 시샘(phthonos), 남들에게 영향을 미치는 악에 의해서 촉발된 연민(eleos).[5]

토마스는 고통을 (처음에는 슬픔이 엄밀하게 그 정념인 감각의 차원에서, 그리고 나중에는 영적 차원에서, 그것의 대상이 되는) 악의 포착으로 정의한다.[6] 그는 직접적으로 육체적 감각들에 영향을 미치는 고통과 엄격하게 영혼 차원의 정념인 슬픔을 구별한다.[7] 그 자체

---

3. I-II, 35-39.
4. Johannes Damascenus, *De fide orthodoxa*, I, II, c.XIV; Nemesius, *De natura hominis*, c.XIX.
5. *De fide orthodoxa*, art.8.
6. I-II, 35, 1.
7. I-II, 35, 2.

로 고통은 그 반대인 쾌락에 대립된다. 그러나 고통은 또한 비극을 관람하는 관중의 즐거움처럼 기쁨의 원인이 되기도 한다.

천사적 박사는 특히 자신의 도미니코 수도회의 소명 때문에 관상생활(觀想生活)에 관심이 많다. 분명 관상은, 우리의 죄악을 바라본다든가 우리의 결점들을 숙고할 때처럼 악을 대상으로 삼고 있다면, 슬픔을 야기할 수 있다. 그러나 관상의 실천은 그 자체로, 악이나 선에 대한 진리를 포착하는 경우처럼 슬픔이 없는 만족을 초래한다. 이리하여 우리는 정신의 관상이 혹독함이나 지겨움을 포함하고 있지 않다고 말할 수 있다. 또한 고통을 우리가 관상에서 사용하는 감각 기관들의 피로에서 기인하는 부수효과, 또는 우유적인 것이라고 말할 수도 있다. 그 자체로 놓고 볼 때, 쾌락의 갈망이 슬픔을 잊는 것보다 더 강하다. 그러나 쾌락의 결핍은 우리로 하여금 평화로운 그 즐김보다도 더 갈망과 사랑을 경험하게 만든다. 마지막으로 이성이나 상상력에서 오는 내적 고통은 좀 더 심층적이고 좀 더 보편적이기 때문에 통상적으로는 감각들의 질서에 속하는 외부적 고통을 능가한다. 그렇기 때문에 우리는 후회의 경우처럼, 도덕적 고통을 피하기 위해 물리적 고통을 받아들이기도 한다.[8]

다음으로 토마스는 슬픔의 원인들과 씨름한다. 그는 네 가지, 곧 선의 결핍보다는 악의 현존, 서로서로 방해가 되는 욕정과 결합의 욕망, 더 큰 능력에 저항하지 못하는 무능력을 제법 길게 고찰한다.[9]

고통의 결과들에 관해서 말하자면, 그것들은 영혼과 육체에 관계된다. 첫째, 토마스는 고통이 학습을 담당하는 기관을 위축

---

8. I-II, 35, 5-7.
9. I-II, 36.

시키고, 강렬할 때에는 심지어 그것을 완전히 제거할 수도 있다는 점에 주목한다. 그것은 우리의 생각, 성찰, 연구를 억제할 수 있다. 그렇지만 그는 어떤 특정 소박한 슬픔은 어떤 분야를 학습하는 데 기여할 수 있다고 양보한다. 다른 한편 육체적 고통은 내적 고통보다 관상에 더 큰 장애가 된다. 왜냐하면 관상은 특히 평온과 안식을 요구하기 때문이다. 고통과 슬픔은 영혼을 무겁게 짓누르고, 때로는 지체들을 마비시켜 그 사람을 멍청해 보이게 만들 수도 있다. 영혼을 채우는 데에서 이 느낌들은 또한 그 사람의 행동할 수 있는 역량을 위축시키기도 한다. 실제로 우리는 기쁠 때보다 슬플 때 더 잘 행동하지 못한다. 그러나 다른 관점에서 볼 때, 슬픔은 가령 질병의 경우처럼, 슬픔을 야기하는 것을 피하기 위해서 행동하도록 촉발할 수 있다. 마지막으로, 토마스는 그것이 심장으로부터 오는 생명 운동과는 반대 방향으로 달리기 때문에, 정념들 가운데 슬픔이 육체에 가장 해롭다는 생각을 가지고 있었다.[10]

이를 따라, 우리의 박사는 이전에 아리스토텔레스와 성 아우구스티누스가 지적했던 슬픔의 치유책에 대해 논한다. 잠이 피로를 경감시키듯이, 모든 쾌락 또는 즐거움도 슬픔을 몰아내는 데 기여한다. 눈물과 탄식도 사람이 느끼는 것을 표현하는 동작이나 말들을 통해 그것을 외부로 드러냄으로써 내적 고통을 경감시킨다. 친구들 사이의 동정은 슬픔을 이겨내는 또 하나의 위로이다. 왜냐하면 그것은 그들이, 우리를 짓누르는 무게를 함께 나눈다고 생각하게 만들기 때문이고, 특히 그들이 우리를 향해 품고 있는 사랑을 보여주기 때문이다. 그럼에도 불구하고 슬픔에 맞서는 가장 강력한 치유책은 진리관상(眞理觀想), 곧 지혜(智

---

10. I-II, 37, 1-4.

慧) 사랑을, 자신의 시련 속에서 기뻐할 수 있는 정도로, 심지어는 순교자들처럼 고문을 당하면서도 기쁨을 발견할 수 있을 정도로 명상하는 데 있다. 이리하여 영적 관상이 가져오는 기쁨은 그의 느낌들에도 반향을 미칠 수 있다. 마지막으로, 잠[睡眠]과 목욕(沐浴)은 성 암브로시우스와 성 아우구스티누스에 따라 우리의 건강 상태를 회복시켜줌으로써 슬픔과 투쟁한다.[11]

성 토마스는 자신의 논고를 슬픔과 고통에 관한 평가로 마무리한다. 그 대상이 어떤 특정 종류의 악이기 때문에, 슬픔은 어떤 부정적이고 염려스러운 측면을 지니고 있다. 그러나 악에 대해 슬퍼하고 후회하는 것이 선한 것은 악의 현존 때문이다. 그러므로 우리는 모든 슬픔이 다 악하다고 말해서는 안 된다. 슬픔이 선할 수 있기 때문에, 우리는 스스로 그것이 하나의 참다운 선인지, 아니면 단순히 어떤 유용한 선이기만 한 것인지를 물어야 한다. 슬픔은 그것이 이성의 올바른 판단으로부터 오고, 악에 대한 의지의 거부가 뒤따른다면 덕스러울 수 있다. 이런 의미에서 우리는 그리스도께서 하느님의 위로를 약속하신, 슬퍼하는[고통을 겪는] 사람들의 참행복을 떠올린다. 슬픔은 그것이 우리로 하여금 무엇보다 먼저 악[죄]을 회피하거나 속죄를 통해 그것에 맞섬으로써 악이나 죄를, 그리고 예컨대 세상 재화의 풍요와 같은 죄의 기회들을 피하도록 움직이는 만큼 유용하다. 쾌락이 선에 대한 갈망을 증진시키는 것과 마찬가지로, 슬픔은 악을 피하려는 경향을 증진시킨다. 슬픔은, 그것이 불쾌하기 때문에, 고통과 마찬가지로 악 가운데 최악일 수 없다. 만일 우리가 참으로 악한 것을 다루고 있는 중이라면, 그것을 그러한 것으로 간주하지 않거나 그것으로부터 피하려 들지 않는 것은 더 나쁠

---

11. I-II, 38, 1-5.

것이다. 만일 우리가 어떤 외양적(外樣的) 악을 다루고 있는 것이라면, 슬픔은 참된 선을 상실하는 것보다 크지 않다. 그것의 크기에 관해서라면, 슬픔은 가장 큰 슬픔으로 인도하는 것이 아닌 것이다.[12]

고통과 슬픔에 관한 성 토마스의 연구는 그것에 대한 관심과 중요성을 위해 중요하다. 그에게 슬픔이란 단순히 주관적인 느낌이기만 한 것이 아니다. 오히려 쾌락이 선의 한 표지이듯이, 슬픔은 그것의 원인이 되는, 우리 안에 있는 악의 한 표지이다. 이리하여 악의 경우와 마찬가지로 도덕생활 전체가 연루된다. 아퀴나스를 따르는 윤리학자들은 어쨌든 기쁨에 주목하는 것 이상으로 슬픔에 주목하지 않았다. 단지 느낌으로만 간주될 때, 슬픔과 기쁨은 오로지 그 도덕성 논의에서 부속품 정도의 역할을 할 뿐이다.

7.3. 성찰

아퀴나스의 조심스러운 연구는 고통에 관해 성찰하라는 초대이다. 우리는 그것에 관해 생각하기를 좋아하지 않지만, 그것은 인간 생활의 모든 측면에서 그것의 현존이 느껴지게 만든다. 고통은 즐거움이나 기쁨만큼 현존하고 있고, 그것들보다 더 크게 느껴진다. 이것은 우주를 관장하는 신적 섭리의 작업에서 하나의 약점 또는 실패일까? 고통이 없는 세상이 더 훌륭하고 더 아름다운 것이 아닐까? 그러나 고통이 우리를 안내하고 더욱 성장시키기 위해서 하느님이 사용하시는 수단일 수는 없었을까? 우리는 기꺼이 즐거움과 고통이 하느님께서 우리를 당신께 인도하

---

12. I–II, 39, 1–4.

시기 위해서 사용하시는 두 손이라고 말할 수 있다. 만일 우리 삶속에 오직 즐거움만 있었더라면, 우리는 그것들을 즐기는 것으로 만족하고 거기에 머물렀을 것이다. 만일 우리가 오로지 고통밖에 몰랐다면, 우리는 머릿속을 온통 두려움이나 벗어날 궁리로 가득 채우고 풀이 죽어 있었을 것이다. 즐거움과 고통의 교차는 우리로 하여금 한 가지를 피하고 다른 것 안에서 진보할 수 있기 위해서 천천히 나아가도록 촉구한다. 이리하여 우리는 고통에 어떤 유익함이 있는지를 경험을 통해서 발견할 수 있다. 고통은 어떤 식으로 우리에게 봉사할 수 있는가? 물론 우리는 그것을 좋아하지 않기 때문에, 그것은 아무짝에도 쓸모가 없다고 대답하고 싶어 한다. 그렇지만….

즐거움이 달콤하고 고통이 쓰다는 것은 누구나 알 수 있다. 성 토마스에 따르면, 이것이 바로 우리가 어떤 선을 소유하는 것보다 그것의 상실을 더 크게 느끼는 이유이다.[13] 후자는 우리에게 상처를 주고 고통스럽게 만들지만 전자는 정상적인 것으로 여겨지고 우리를 평온하게 해준다. 고통의 고됨은 우리에게 실체(實體), 곧 실재(實在)의 핵심 부분의 고됨을 드러내주는 표지가 아닐까? 우리에게 상처를 끼침으로써 고통은 우리로 하여금 그 이상을 관통하기 위해 첫인상을 넘어가도록, 단순한 외양을 넘어 사물들의 존재에 보다 심층적으로 도달하도록 압박한다. 고통은 또한 우리로 하여금 무엇이 가장 인격적인지를 묻도록 만들기 때문에도 고되다. 고통이 그 원인들과의 투쟁을 의미하는 것임에도 불구하고 그것을 받아들이는 데 동의할 것인가, 아니면 그것을 거절할 것인가? 우리 자신이 고통에 의해서 형성되도록 할 것인가, 아니면 그것에 저항할 것인가?

---

13. I-II, 35, 1.

고통은 저항하는 그 존재에게 우리를 인도한다. 동시에 그것은 우리로 하여금 그것이 변할 수 있다는 것, 그것이 존재에서 비존재로, (그리고 우리의 관점에서) 소유에서 상실로, 즐거움에서 고통으로 넘어갈 수 있다는 것을 경험하게 해준다. 그것은 또한 염세주의(厭世主義, pessimism), 곧 세상을 온통 악으로, 존재를 나쁜 것으로 보는 세계관으로 인도할 수도 있다. 섭리의 다른 손길이 개입하는 것이 바로 여기이다. 고통의 오솔길을 받아들이는 이들에게 그것은 우리가 상실하게 되는 것들보다 더 높은 선들, 내면적 선들에 대한 우리의 자유로운 수용에 의해 획득하게 되는 성질들이 존재한다는 것을 보여준다. 이것이 바로 덕들, 실재에 일치하는 우리 행위들의 자연적 열매들이다. 고통을 통해서 우리는 보다 깊은 삶이 우리 안에서 태어날 수 있다는 것을 발견하게 된다. 새로운 생명을 탄생시키는 기쁨을 알기 위해 출산의 극심한 고통을 겪어야 하는 여인처럼 말이다.

고통의 수용, 우리 앞에 열리는 길에 말려듦은, 우리의 심층부에 있는 새로운 존재, 우리의 영적 존재를 깨닫게 해준다. 이 존재는 우리 부모들의 경우처럼 바깥으로부터 우리에게 주어지는 것이 아니라, 그것을 형성하는 것이 우리 자신이고, 그것을 내면으로부터 존재하게 만드는 것이 바로 우리 자신이다. 놀라운 것은 이 과정이 우리의 수용, 우리의 동의처럼 대단히 개인적이라는 점이다. 동시에 그것은 우리에게 맞선다는 점에서 우리에게 낯선 것이다.

영적 존재에 대한 경험은 우리가 덕을 통해 쌓는 진보에 따라 형성되는 존재라는 것, 그것이 정상을 향한 등정에서처럼 언제나 올라가는 식물과 비교되는 성장(成長)에서 성립된다는 것을 우리에게 보여준다. 동시에 그것은 실재와 직면할 때에 요구되는 겸손을 통한 내려옴이고, 이기심과의 투쟁 때문에 이르게 되는 작아짐이다. 이리하여 기쁨과 고통은 말하자면 생물학적으로 영성 생활 안에서 결합된다. 그러나 고통은 기쁨에 봉사한다. 고통은 기쁨을 정화하고 특히 그것을 외적인 즐거움을 넘어 우리가 '심중의(cordial)' 존재, 곧 감각들의 동요나 악습들의 공격과 현혹에 대해 저항할 수 있는 존재라고 부를 수 있는 것으로 끌어올림으로써 기쁨에 기여한다.

덕들로 무장하고 성령의 선물들로 강화된 영성 생활의 오솔길은 든든하고 보장된 길이다. 그 오솔길은 또한 길고 넉넉하며 놀라움으로 가득 차 있다. 참으로 우리의 존재를 의식하게 됨으로써 우리는, 가끔 우리 존재의 목적을 비추어주는 조명(照明)의 순간에 우리가 우리 자신을 창조한 것이 아니라는 것을 새삼 깨닫게 되는, 우리의 도덕적 창조(道德的 創造)에 대해서 말할 수 있다. 우리는 창조되었고, 이 창조는 우리 자신을 넘어 멀리까지 계속된다. 우리의 가장 깊은 흉중(胸中)에서는 창조되지 않은 존재로서 '나는 존재하는 자(Qui sum)이다'라고 선언할 수 있는 유일한 창조주가 발견된다.

바로 이 높이에서 기쁨과 고통, 우리에게 존재를 주시는 분을 발견하는 기쁨과 우리가 그분 앞에 설 때 느끼게 되는 우리의 허무성(虛無性)에 대한 자각에서 비롯되는 고통이 한데 합쳐진다. 여기서 존재와 비존재, 생명과 죽음이 함께 만난다. 왜냐하면 우리는 그것을 자아(自我)에 대해 죽지 않고서는 경험할 수 없기 때문이다.

이 기쁨과 고통의 결합이야말로 사랑의 특성이 아닐까? 그것은 악을 사랑하고 추구하는 문제가 아니듯이, 고통을 사랑하고 추구하는 문제가 아니다. 만일 그렇게 한다면, 그것은 하나의 전도(顚倒)일 것이다. 그러나 만일 우리가 사랑한다면, 우리가 사랑하는 그것이나 우리가 사랑하는 그 인격을 위해서 오로지 고통을 겪을 뿐이다. 사랑은 우리를 촉발하고 우리에게 그것을 평가하는 법을 가르치고 우리를 존재로 부르는 참다운 사랑의 수준으로 끌어올리고 정신과 마음이 성장하도록 하기 위해서 고통을 필요로 하는 것으로 보인다.

우리는 이렇게 해서 가장 놀라운 신비에 의하여 당신 아드님을 위해서 여기 이 지상에서 가장 큰 고통, 곧 우리 앞에 질문의 여지가 없는 당신 사랑의 표지로 서 있는 십자가의 고통을 선택하신 하느님의 바로 그 깊은 뜻을 만나게 되는 것이 아닐까?

8. 유머의 덕

우리는 유머(humor)를 좋아하고, 그것을 높이 평가한다. 그런데 유머가 어떻게 덕과 조화를 이룰 수 있단 말인가? 덕은 진지하고 자신의 일에 집중되어 있다. 덕은 빗나가게 만들 수 있는 것으로부터 눈길을 돌린다. 아무리 봐도 덕은 유머와 웃음으로 낭비할 시간이 없어 보인다. 덕은 사물들을 진지하게 대하는 데 반해, 유머는 그것들의 즐거운 측면을 지적한다. 어떻게 하면 덕과 유머를 화해시킬 수 있을까? 우리는 어떻게 보여줄 수 있을까? 어떻게 하면 덕스러운 사람의 근엄한 얼굴을 유머로 빛나게 만들 수 있을까? 웃을 줄 모르는 덕이란 무엇이란 말인가? 덕이 우리가 통상적으로 생각하는 것보다 더 유머와 밀접하게 연결되어 있을 수는 없는 것일까? 유머가 지성적 덕의 한 측면일 수는 없는 것일까?

유머에 대해서는 일반적인 정의가 없다. 어쩌면 그것이 최선일지 모른다. 왜냐하면 유머는 사전들에서 정의하고 있는 생각들이 서로 다투는 일종의 놀이(게임)와 같기 때문이다. 유머는 흔히 실재 중에서도 즐겁거나 기묘한 측면들을 제시하는 사고방식이라고 정의된다. 유머는 참으로 인간 정신의 (실재로부터 취한 특정 특성들을 자기 것으로 삼아, 그것들을 일찍이 본 적이 없거나 즐거운 방식으로 대조시킴으로써 사람들의 웃음을 자아내는) 역량의 특수한 발현이라고 할 수 있다. 어떤 사람이 재치 있다고 불리는 것은 그의 유머 감각 때문이다. 유머는 특정한 발상의 전환, 곧 남들을 즐겁게 하는 것과 그들에게 웃음을 자아내게 만드는 것 사이의 대조를 포착할 수 있는 경향을 가리킨다.

8.1. 에우트라펠리아 또는 재치

성 토마스 자신은 특별히 유머에 소양이 있어 보이지 않지만, 놀이와 농담(jocosa)의 유용성을 일종의 '휴식'(quies), 곧 지적 노동 이후의 유용한 이완으로 인정하고 있다. 아퀴나스는 아리스토텔레스를 따라 『신학대전』의 한 문(問) 전체를 놀이에 할애하고,[1] 그것들이 익살과 촌스러움 사이의 중용인 하나의 덕, 곧 '에우트라펠리아' 또는 재치(머리 회전이 빠름, 재치의 원천)의 대상임을 보여준다. 그는 이 덕을 그 자체로 절제(節制, temperantia)라는 추요덕의 일부인 절도(節度, modestia)에 부속하는 것으로 보고 있다.

성 토마스를 따라 우리는 유머를 놀이들과 그것들을 지도하는 '에우트라펠리아'(재치)와 연결시킬 수 있다. 일종의 정신적 놀이 또는 언어 유희라 할 수 있는 유머는 그것이 이성에 합치되는 정도에 따라 덕스러울 수 있다. 그러나 성 암브로시우스 같은 다른 저자들은 농담이 성경에서 발견되지 않기에 거룩한 가르침인 신학 속에서 차지할 자리가 없다고 논한다. 더욱이 아리스토텔레스에 따른 덕에 의해서 함축된 절도는 유머를 구성하는, 일찍이 본 적이 없고 자발적인 창의성(創意性)을 충분히 고찰하고 있지 않다.

---

1. II-II, q.168.

8.2. 덕에서의 지성의 역할

덕에 관한 숙고는 유머의 언급에 의해서 보충될 필요가 있는 것으로 여겨진다. 덕은 그것을 매료시키는 선을 향한 선택과 활동에 의해서 자유롭게 가담하는 의지의 작품이다. 근대의 주의주의는 도덕적 행위의 본질로서의 의지에 강조점을 두었다. 그것은 반복을 통해서 덕을 발생시킨다. 인간이 개입하는 모든 진지한 일들은 이렇게 이해된 덕에 집중된다. 이런 전제 아래, 유머는 오로지 쉽사리 부질없는 짓으로 치부될 수 있는 어떤 부대현상(附帶現狀), 하나의 일탈쯤으로 여겨질 수 있을 뿐이다.

만일 우리가 도덕생활에서 의지에 참여하는 것과 똑같이 지성적 인식에도 참여하기를 원한다면, 유머의 문제를 덕과 연관 지어 재고하는 데로 이끌리게 된다. 참으로 선을 알아보고, 직관과 이성 사이의 상호작용을 통하여 그것에 이르는 길, 다시 말해 (그것에 이르기 위해서 우리가 수행해야만 하는) 구체적인 행위를 식별하는 것은 바로 우리의 지성적 인식이다. 또한 이 과정은 자신을 쇄신하는 최선의 가장 새로운 수단을 발견하는 행위로 특징지어진다. 그 발견의 기원에서는 상이한 성질들 사이의, 멀리 떨어져 있는 실재들 사이의, 그리고 대립하는 특성들 사이의 대조로서 경이(驚異)와 경탄(驚歎)이 발견된다. 유머는 정확히 이 대조들을 집중 조명하는 하나의 표현 형식이다. 그러므로 그것은 덕의 형성과 실천에서 한 자리를 차지하고 나름의 역할을 수행할 수 있다.

8.3. 유머의 원천

방금 말한 것을 이해하기 위해서는 우리 마음속에 있는 유머의 원천으로 돌아가야 한다. 그 기원에서는 어떤 새로운 것을 향해 우리 지성이 한 단계 도약함과 같이 즐거움의 원인이 되는, 사물들의 두 측면 사이의 대조(對照)에 대한 포착이 발견된다. 물론 이 움직임은 그 자체로 도덕적인 것이 아니지만, 그것이 예컨대 덕과 악습 사이의 비교와 같은 도덕성에 적용된다면 도덕적이 될 수 있다. 유머러스한 판단과 (기쁨을 주는 정신의 진화를 함께 초래하는) 어떤 것의 도덕적 성질 사이에는 유비적(類比的) 관계가 있다. 이리하여 우리는 도덕적 이해 또는 덕스러운 판단에 있어서 유머의 한 형식을 구별할 수 있다. 그것은 덕스러운 행위의 우월성, 순수한 기쁨의 원인, 그리고 가려져 있는 악습의 모순들을 명민하고 정교한 비교를 통해 간명하게 드러내는 데에 있다. 예를 들면 교만한 자의 떠벌임, 무의미하고 허황된 이야기, 무절제한 자의 어리석음을 관찰하는 고상한 사람의 생각들을 겸손하게 듣는 모습을 보는 데에서, 그리고 뿐만 아니라 우리 자신을 되돌아보고, 우리가 저지를 수 있는 실수들을 숙고하며, 정념들이 우리에게 제시하는 실책들을 바라보는 데에 유머가 있을 수는 없을까?

8.4. 유머와 덕

더욱이 유머는 인생의 여러 사건들의 부정적인 측면을 바라보려는 경향에 맞서 싸움으로써 덕에 도움이 될 수 있다. 유머는 우리를 유혹하는 피로감을 멀리 떼어버릴 수 있게 해주고, 그 매력으로 우리를 놀라게 할 수 있는 전망을 드러내 보여준다. 이리하여 유머는 사물들 안에서 최선의 것, 우리로 하여금 가치 있는 어떤 것을 건설할 수 있게 해주는 적극적인 면을 보기 위하여 수행해야 하는 투쟁에 기여한다. 유머는 덕을 지탱하는 데 필요한 도덕적 낙관주의를 증진시킨다.

이런 의미에서 우리는 유머가 모든 덕들에 수반되고, 인생관의 일부라고 말할 수 있다. 그것은 그것이 지니고 있는 힘에 결합되어 있는 그 빛남으로부터 전개된다. 그것은 덕 자체가 그러하듯이, 사려 깊은(신중한) 덕이지만 넓고도 깊다. 그것은 우리와 남들의 삶을 포용할 수 있지만, 그것을 빛나게 하고 그것에 기쁨을 가져오기 위해서 (차라리) 실재적인 것 속에 뿌리를 두고 있다. 이런 방식으로 유머는 참사랑이 자양분을 제공하는 덕스러운 업적을 수행하는 데 필요한 기쁨에 이르는 길을 정화한다. 이런 식으로 이해될 때, 그것은 지혜의 한 능력임이 드러난다. 그의 관점의 넓이와 그의 인간적인 것에 대한 감각으로 미루어 볼 때, 현명한 사람이란 유머를 구성하는 특성들을 대조함으로써 그것들을 포착하고 표현하는 데 가장 적합한 사람이 아닐까?

8.5. 유머와 미소

통상적으로 우리는 유머를 웃음과 결부시킨다. 앙리 베르그송(Henri Bergson)은 그의 고전적인 책에서 웃음이라는 주제에 관해서 말하고 있다.[2] 유머가 덕으로부터 전개되기 때문에, 유머는 덕의 미소라고 말하는 편이 더 낫다. 참으로 미소는 웃음보다 좀 더 사려 깊고 덜 물리적이다. 베르그송에 따르면, 미소는 웃음처럼 그 대상과 관련해서 둔감함 또는 냉정함을 전제하지 않고, 그렇다고 그것을 평가절하하지도 않는다. 미소는 오히려 어떤 특정한 공감, 그것을 향한 어떤 특별한 종류의 존중으로부터

---

2. Henri Bergson, *Le Rire: Essai sur la signification du comique*, Paris, Presse Universitaires de France, 1959.

온다. 이 점에서 미소는 덕과 아주 잘 어울린다.

유머는 인간의 자유의 표지라고 덧붙이기로 하자. 곧 인간의 조건의 특성들을 포착하고 그것들을 새롭고도 다채로운 방식으로 정리하는 지성의 자유와 자신을 멀리서부터 바라보기 위해서 유머에 의해 자기 자신을 모든 억압의 방벽 너머로 들어 높이는 의지의 자유의 표지이다. 자유에 봉사하는 위치에 놓이게 될 때, 유머는 자유의 보증자가 되고 그것을 즐거운 것으로 만든다. 우리는 이렇게 말할 수 있다: 유머가 없는 곳에는 자유도, 덕도 없다고.

그러므로 각각의 덕에는 그 성격의 표지와 그 진보의 조건과 같이, 또는 그것으로 하여금 어디로 가고 있는지를 볼 수 있게 허용해주는 일별(一瞥)과 같이, 그것에 상응하는 특정 유형의 유머들이 있다고 믿는다. 지혜로운 사람은 그 현명함에 의해서, 절제력 있는 이는 그 통제력 때문에, 용감한 사람은 분명 그 저항력 안에서, 그리고 인내롭고 선견지명이 있는 사람은 그 정의를 사랑함 안에서, 각각 유머가 자아내는 미소의 의미를 상상하는 것은 우리 각자의 몫이다. 유머는 덕스러운 사람을 기분 좋게 만들고, 그 기쁨을 오래 유지하게 만든다.

요컨대 창세기 설화에서 창조의 하루하루가 끝날 적마다 "그리고 하느님께서 보시니 좋았다."라고 반복하고, 마지막에 가서는 "그리고 하느님께서 보시니 참 좋았다."라고 반복적으로 전해줄 때, 하느님의 정신 안에서 이는 일말의 유머와 그분의 얼굴에 피어난 미소를 볼 수는 없을까? 우리가 하느님께 유머를 돌리기를 거절할 수 있을까? 그것을 우리에게 주신 분이 바로 그분이 아니던가?

9. 침묵의 덕

윤리학자들은 더 이상 침묵에 대해서 말하지 않는다. 혹자는 이 주제에 관해 단 하나의 항목도 배정하지 않은 채 그리스도교적 도덕성에 관한 어휘사전 또는 신학사전을 집필할 수 있다. 도덕성에 관한 오래된 교본들은 그렇게 배정하지 않았다. 성 토마스 자신도 그의 작품에서 침묵을 연구 대상으로 삼지 않는다. 그렇다면 우리는 침묵을 침묵으로 건너뛰어야 하는가? 침묵은 어떠한 문제도 야기하지 않는가? 아니면 도덕성에 어떤 특별한 관계가 있는 것인가?

그런데 침묵은 우리가 이성적 존재자들인 한에서 어떤 고유하게 인간적인 행위, 곧 말의 발설과 관계가 있다. 따라서 우리가 말해야 할 때와 침묵을 유지해야 할 때를 식별하는 것은 필요하지 않은가? 웅변적인 침묵이 있다. 기도하는 방법을 위한 자리가 있듯이 침묵에 한 자리를 배정하는, 연설에 관한 덕이 있지 않을까?

더욱이 침묵의 문제는 오늘날 세계에서 대중을 위한 소통 수단이자 우리에게 가용한 수단으로 이해된 대중매체의 발달과 더불어 새로운 차원을 띠게 되었다. 이 소통 수단들은 말들에 관련될 뿐만 아니라 듣고 특히 보는 것(라디오, TV, 또는 기계 소음)에 관한 모든 것과 관련되어 있다. 잡음을 듣는 습관은 어떤 사람들 안에 정념의 한 형식을 발생시키게 된다. 활동을 그것이 산출하는 소리와 동일시함으로써, 그들은 침묵이, 잡음을 만들어내어 채워야 할 어떤 빈자리에 지나지 않는다는 인상을 가지게 된다. 심지어 그들의 느낌들조차도 영향을 받는다: 그들은 침묵을 견딜 수 없게 된다.

9.1. 침묵에 관한 성찰

만일 '잡음을 향한 정념'(a passion for noise)이라고 부름직한 것의 희생물이 되기를 피하고자 한다면, 침묵과 그 본성과 우리 삶 속에서 그것의 역할에 관한 성찰이 매우 유용할 것이다. 말들을 다루는 모든 훈련 분야에서는 침묵의 척도가 요구된다. 이리하여 우리는 발언(speech)의 숙련과 나란히 침묵의 덕에 관해 말할 수 있다.

먼저 자연이, 낮과 밤의 경우에서 보듯이 활동과 교차되는 것으로서 침묵을 필요로 하는 것 같다는 점에 주목하기로 하자. 우리는 육체적이고 정신적인 힘을 재충전하기 위해서 밤의 침묵 속 휴식을 필요로 한다. 침묵은 '텅 빔'(emptiness)이 아니다. 그것은 오히려 우리의 활동과 사고 차원에서만큼이나 생리학적 차원에서도 생명 전개과정의 한 양식이다. 경험은 우리에게 예컨대 밤이 분별력을 가져다준다는 것, 수면 자체가 우리 정신 속에 흥미로운 생각들을 솟아나게 만들어준다는 것을 가르쳐준다. 밤의 침묵은 우리가 생각하는 것 이상으로 결실이 풍부하다. 하지만 그 작용은, 어둠 속에서 이루어지는 어떤 것처럼 우리에게 가려져 있다.

침묵의 영역은 방대하다. 우리는 그것에 관하여 세 가지 서로 다른 차원, 곧 발설된 말의 차원, 발설되지 않은 말(내면적 말)의 차원, 그리고 마지막으로 잡음 일반의 차원으로 나누어 생각해

볼 수 있다. 발언을 가장 개인적인 활동이라고 간주할 수 있는데, 그것은 우리의 생각, 우리의 느낌을 표현하고, 그것을 듣는 이들에게 전달한다. 그렇다면 침묵의 첫 번째 의미는 말하지 않는 것, 침묵을 유지하는 것이 될 것이다. 그러나 이 대립의 이면에는 어떤 상응이 숨어 있다. 말은 오로지 침묵이라는 배경 위에서만 들릴 수 있고, 다시 포착되기 전에 반드시 침묵으로 되돌아가야 한다.

우리가 발설하는 각각의 단어는 그것을 구성하는 소리에 의해서 다른 단어들과 구별되지만, 또한 그것들을 가르는 다양한 침묵의 길이에 의해서도 구별된다. 질료적으로 말하더라도 단어들은 이해되기 위해서 침묵을 필요로 한다. 더욱이 우리는 우리의 말을 듣는 이들의 침묵을 필요로 한다. 그것이 없이는 우리의 말들이 효과를 내지 못하고 허탕을 칠 것이다. 우리는 침묵이 말을, 말하는 사람들과 듣는 사람들이라는 양쪽 끝에서 감싼다고 말할 수 있다. 침묵은 예컨대 각 단어 사이에 일정 여백을 남겨 놓는 글쓰기에서처럼, 심지어 우리의 단어들 각각 사이에도 끼어든다.

9.2. 내적 침묵

우리는 우리 안에 있는 말의 원천으로, 곧 우리가 정신 안에서 형성하고 스스로에게 말하는 '내면적 말'(verbum internum)로 돌아갈 때 침묵을 발견한다. 참으로 우리는 생각과 느낌을 형성하고, 그것들에 서술적 형식을 주며, 명료하게 보기 위해서 그것들을 우리 자신에게 표현하고, 또한 남들에게 전해줄 필요가 있다. 이것이 발생하기 위해서는 먼저 그것들을 우리 자신 안에서 포착해야 한다. 이것은 성찰(省察)의 일이다. 우리는 침묵이 성찰의 특전적인 자리라고 말할 수 있다. 성찰하기 위해서는 눈과 귀를 닫아야 하고, 모든 외부적 잡음들을 차단하여 마음을 가라앉히고, 어떤 의미에서는 내면적 침묵에 돌입할 필요가 있다.

성찰은 우리를 위해 놀라움을 마련해놓고 있다. 그것은 새로운 세계를 발견하는 길로 접어들게 해주며, 우리를 소크라테스가 철학의 주요 과제라고 제시한 자기 발견의 길 위에 올려놓는다. 거기에서 우리는 교차로에 서 있음을 깨닫는다: 무엇보다 먼저 우리는 각종 잡음으로 매혹하는 외부 세계에 매몰되어 있기 때문에, 내면적 침묵의 소로에 올라타기 위해서, 또 우리 자신을 발견하기 위해서, 그리고 생각과 활동들의 질서에서 가장 개인적인 것을 발견하기 위해서, 그것에 등을 돌리도록 초대되고 있다. 원하는 것을 생각하고 활동하고 선택할 우리의 능력을 직접적으로 지각하는 것은 우리가 접근해 가는 침묵의 심장부에 있다. 외부적 활동이 잡음을 만드는 데 반해, 우리는 질서에서 첫째인 내면적 활동 자체가 알려지기 위해서 침묵을 요구한다는 점에 주목한다. 침묵은 바로 말의 원천에 있다. 바로 그렇기 때문에 지혜를 추구하고 있는 사람들은 그들의 직업이 무엇이든지 간에 침묵 속에서 즐거움을 취한다.

자기 발견은 신비들을 가지고 있다. 우리가 자신 안에, 우리의 고독 안에 들어가면 갈수록, 그만큼 더 남들과 가까이 있고 그들에게 의존한다는 것을 경험하게 되는 것은 어떻게 된 일인가? 우리는 이미 다른 이들이 어린 시절에 우리에게 가르쳐준 언어를 통해서 남들에게 의존하고 있다. 만일 그것이 없다면 우리가 할 수 있는 전부는 우리 입으로 잡음을 만들어내는 것뿐이다. 우리는 모국어 안에서 우리 자신을 가장 잘 표현하고, 또 그것을 말하는 사람들을 가장 편안하게 느낀다.

우리는 또한 단어가 좀 더 개인적일수록, 그것을 이해하는 사람들 안에서 좀 더 큰 반향을 발견하게 된다는 것을 깨닫게 된다. 왜냐하면 그들을 바로 그 인격성 안에서 접촉하고, 그들은 그것 안에서 자기 자신을 보기 때문이다. 산상 설교에서 예수는 1인칭으로 말하고 있다: "나는 너희에게 말한다." 그리고 여러 세기를 통하여 그분의 말씀은 웅변가들과 철학자들의 가장 위대한 말들보다 더 많은 사람들을 더 내밀하게 움직였다. 성찰의 침묵 속에서 형성된 말은 외부로 확장될 수 있다.

우리의 내면적 경험을 성찰할 때, 우리는 그것이 영적인 빛, [곧] 그 선성과 아름다움으로 우리를 매혹시키지만 동시에 요구되고 있는 진리의 경험에 의해서 지배된다는 것을 인정하게 된다. 그것은 그것에 복종하는 사람들을 조명하고, 인도하고, 활기를 불어넣는다. 그것에 예수의 말씀을 적용할 수 있을 것이다: "나는 길이요 진리요 생명이다."(요한 14,6) 강하면서도 부드러운 이 빛은 우리를 성찰의 침묵보다 더 깊은 침묵으로 인도한다. 그것은 참다운 말씀을 듣고 (우리가 스스로의 힘만으로는 포착할 수 없고 그것이 스스로를 드러낼 때에만 접근할 수 있는) 그 빛을 보는 사람의 존재 전체의 침묵이다. 그것은 또한 우리 안에서 신앙이 자라나도록 우리로 하여금 밤을 경험하게 만든다. 이 신앙은 우리로 하여금 새로운 것을 배우고 (우리 안에서 삶의 원천이 되는) 보다 높은 빛을 환영하기 위해서 우리로 하여금 아는 것에 눈을 감게 만드는 낯선 덕이다. 신앙은 우리에게 가장 깊고도 가장 높은 말씀인 바로 하느님의 말씀을 받아들일 수 있도록 가장 큰 침묵을 요구한다. 우리가 볼 수 있듯이, 침묵은 언제나 말씀에 수반된다. 그것은 모든 인간의 말과 모든 인간적 생각을 뛰어넘는 하느님의 말씀에서 정점에 이르게 된다.

9.3. 침묵의 덕

의식 생활의 모든 차원에서 침묵의 역할은 인간의 발언을 규제하는 덕과 유사한 침묵의 덕이 있어야 한다고 설정하도록 유도한다. 알량한 생각들을 가지고 있을 때에는 더욱 그러한, 침묵할 줄을 모르는 수다쟁이들이 있다. 또한 침묵 속에서 편안해 하는, 때로는 지나치게 입이 무거운 사람들도 있다. 이 덕은 올바른 중용, [곧] 서로서로 지지하고, 그것들의 효력을 보증하기 위해서 지성적이고 도덕적인 활동에 봉사하는, 발언과 침묵 사이의 일종의 균형에서 성립된다. 말의 사용에 관한 훈련은 문법학자와 웅변가의 기술의 규칙들에 필요할 뿐만 아니라 화자(話者)에게도 필요하다. 이 훈련은 우리가 말하기 시작하는 순간부터 필요하다.

발언과 침묵을 다스리는 덕은 욕구들에 대한 통제를 보증하는 절제라는 추요덕에 연결된다. 그것은 '맑은 정신'(sobrietas)의 한 형식이다. 이 덕은 술의 음용을 1차적 대상으로 삼지만, 유사한 방식으로 단어들의 사용을 포함하는 데로 확장된다고 성 토마스는 말한다.[1] 절제의 부분들에 관해서 아퀴나스는 "친구들과 다른 사람들 사이의 말들"의 조절을 절도 아래에 자리매김하는 안드로니쿠스(Andronicus)를 언급한다.[2] 천사적 박사는 비록 자신이 '벙어리 황소'(bos mutus)라는 별명을 지니고 있었음에도 불구하고 덕들을 탐구하는 자리에서 용감하게 침묵을 다루고 있다는 점에 주목하라.

침묵의 덕은 외부적 말들의 규제를 훨씬 넘어간다. 그것은 덕

---

1. II-II, q.149, a.1.
2. II-II, q.143, a.1.

들이 내면적 말로부터 전개되는 한에서 모든 덕들에 대해 그 활동을 실행한다. 각각의 덕이 우리 안에서 꼴을 갖추고 우리의 활동들을 지도하기 위해서, 우리 자신의 것이 되기 위해서, 우리 안에 뿌리를 내리기 위해서, 성찰의 침묵 안에서 우리의 조심스러운 경청을 필요로 한다. 나무뿌리들이 땅 속에 자신들을 숨기는 것과 마찬가지로 우리의 침묵 속에 자신을 묻어야 한다. 하느님의 말씀이 우리 안에 발생시키는 신앙, 희망, 그리고 참사랑은 우리를 (우리를 사랑하시는 하느님 현존[성자를 통하여 성령 안에서 성부께]의 비밀 속에서 하느님의 자녀들로 만드는) 출산 행위의 침묵 속으로 받아들이면서, 신적 내면성으로까지 그것들을 개방시킴으로써 우리의 내면성을 심화시킨다. 사랑하는 누군가의 **현존**이 그 어떤 말들의 교환보다 더 값진 것과 마찬가지로, 신학적 덕들도 우리를 우리의 말들을 넘어 하느님의 말없는 현존으로 인도한다. 이리하여 우리는 하느님이 그분 앞에서 침묵을 유지하며 흠숭하도록 가르치기 위하여 우리에게 말을 건네신다고, 그리고 그분의 분별력 있고 결실 풍부한 방식으로 우리에게 가장 잘 말씀하시는 곳이 바로 여기라고 말할 수 있다.

9.4. 성경 안에서의 침묵

침묵에 대해서 말하는 성경 텍스트가 많은 것은 아니다. 그렇지만 그것들은 하느님의 침묵과 인간들의 침묵에 관심이 있다. 하느님은 예를 들어 이집트의 맏이들을 치실 때처럼, 침묵의 한가운데에서 행동하신다. "부드러운 정적이 만물을 뒤덮고 시간은 흘러 한밤중이 되었을 때, 당신의 전능한 말씀이 하늘의 왕좌에서 사나운 전사(戰士)처럼 멸망의 땅 한가운데로 뛰어내렸습니다."(지혜 18,14-15) 즈카르야 예언자는 이렇게 선포한다.

"모든 인간은 주님 앞에서 조용히 하여라. 그분께서 당신의 거룩한 처소에서 일어나셨다."(즈카 2,17) 묵시록에서는 이런 말씀을 듣는다: "어린양이 일곱째 봉인(封印)을 뜨으셨을 때, 하늘에는 반 시간가량 침묵이 흘렀습니다."(묵시 8,1)

시편은 하느님께 여러 번 간청한다. "주님, 당신께 제가 부르짖습니다. 저의 반석이시여, 제 앞에 말없이 계시지 마소서. 당신께서 제 앞에서 침묵하시어 제가 구렁으로 내려가는 이들처럼 되지 않게 하소서."(시편 28[27],1) "제 기도를 들으소서, 주님. 제 부르짖음에 귀 기울이소서. 제 울음에 잠자코 계시지 마소서. 저는 당신 집에 사는 이방인, 제 조상들처럼 거류민일 따름입니다."(시편 39[38],13)

그분의 말씀을 듣고 그분의 도움을 기다리기 위해서는 하느님 앞에서 침묵을 지켜야 한다. "당신을 바라는 이에게, 당신을 찾는 영혼에게 주님은 좋으신 분. 주님의 구원을 잠자코 기다림이 좋다네."(애가 3,25-26) "침묵과 희망 속에 너의 힘이 있을 것이니."(이사[불가타] 9,15) "하느님 앞에서 말씀을 드리려 네 입으로 서두르지 말고, 네 마음은 덤비지 마라. 하느님께서는 하늘에 계시고, 너는 땅 위에 있으니, 너의 말은 모름지기 적어야 한다."(코헬 5,1)

지혜 문학은 자주 침묵을 추천하고 있다. "때에 맞지 않는 꾸지람이 있고, 침묵을 지키면서도 현명한 이가 있다. 성을 내는 것보다 꾸짖는 것이 얼마나 더 나은가? 자기 잘못을 솔직히 고백하는 이는 수치를 면하리라. 폭력으로 정의를 실천하려는 자는 욕정에 사로잡힌 내시가 처녀를 범하려는 것과 같다. 침묵을 지키면서 지혜로워 보이는 이가 있는가 하면, 말이 너무 많아 미움을 받는 자도 있다. 대답할 줄 몰라서 침묵을 지키는 자가 있는가 하면, 말할 때를 알고 있어서 침묵을 지키는 이도 있다.

지혜로운 사람은 때를 기다리며 침묵하지만, 허풍쟁이와 바보는 때를 놓친다."(집회[벤 시라] 20,1-7) "미련한 자도 잠잠하면 지혜로워 보이고, 입술을 닫고 있으면 슬기로워 보인다."(잠언 17,28)

사도 바오로는 테살로니카 신도들에게 남들의 일에 참견하는 게으름에 관하여 경고하고 있다. "그러한 사람들에게 우리는 주 예수 그리스도의 이름으로 지시하고 권고합니다. 묵묵히 일하여 자기 양식을 벌어먹도록 하십시오."(2테살 3,12) 침묵은 그리스도의 수난 여정에서, 재판관들 앞에서의 그의 침묵에서 특별히 풍부한 의미를 지니고 있다. "그러자 대사제가 일어나 예수님께, '당신은 아무런 대답도 하지 않소? 이자들이 당신에게 불리한 증언을 하는데 어찌된 일이오?' 하고 물었다. 그러나 예수님께서는 입을 다물고 계셨다."(마태 26,62) "그러나 수석 사제들과 원로들이 당신을 고발하는 말에는 아무 대답도 하지 않으셨다. 그때에 빌라도가 예수님께, '저들이 갖가지로 당신에게 불리한 증언을 하는데 들리지 않소?' 하고 물었으나, 예수님께서는 어떠한 고소의 말에도 대답을 하지 않으셨다. 그래서 총독은 매우 이상하게 여겼다."(마태 27,12-14) 그리스도인들은 예수가 이렇게 해서 고난받는 종에 관한 이사야의 예언을 채운 것이라고 이해하였다. "학대받고 천대받았지만 그는 자기 입을 열지 않았다. 도살장에 끌려가는 어린 양처럼 털 깎는 사람 앞에 잠자코 서 있는 어미 양처럼 그는 자기 입을 열지 않았다."(이사 53,7)

9.5. 영성신학 전통에서의 침묵

교회 역사 안에서 침묵에 관한 가르침은 영성적 경험과 결부되어 발전되었다. 이 발전은 『영성사전』(*Dictionnaire de le Spiritualite*)의 침묵에 관한 항목에서 추적된다. 첫 번째 증인의 말을 들어 보자. 성 아우구스티누스는 『고백록』에서 자신이 어머니 모니카를 따라 하느님의 지혜로 인도된 과정을 묘사하고 있다. "우리에게서 육신의 소란이 잠잠해진다고 하자. 흙과 물, 그리고 공기의 표상들이 잠잠해진다고 하자. 하늘이 잠잠해지고 심지어 영혼도 스스로 잠잠해져 더 이상 스스로 사유하지 않으면서 스스로를 넘어선다고 하자. 꿈이며 사상(事象)을 띠는 계시며 모든 언어와 모든 기호며 변화하는 중에 생겨나는 온갖 사물이 오로지 잠잠해진다고 하자. 만약 누가 들어준다면, … 이런 말을 하고서 저것들은 더 이상 말이 없어지고, 잠잠해져 자기들을 만드신 분에게 귀를 쫑긋 세운다고 하자. 그래서 그분 홀로 말씀을 하신다고, 저것들을 통해서 말씀하시지 않고 친히 말씀하신다고, 그리하여 우리가 그분의 말씀을, 육신의 혀로나 천사의 음성으로나 천둥소리로나 수수께끼 같은 비유를 통하지 않고 듣는다고 하자. 이 사물들 안에서 저희가 사랑하는 분은 그분이니까, 그분 말씀을, 이것들 없이 그분 말씀을 듣는다고 하자. 방금 우리 자신을 한껏 뻗쳐서 쾌속의 사유로 영원한 지혜, 모든 것 위에 항속하는 영원한 지혜에 가닿았듯이 한다고 하자."[3] 히포의 주교의 생각에 따르면, 이 길은 은총의 도우심에 힘입어 모든 그리스도인들에게 열려 있다.

보다 후대의 전통에서도 신비신학적 극과 수도자적 극이라는 두 극을 구별할 수 있다. 신비신학 전통에서는 디오니시우스 아레오파지타의 가르침이 지배적이다. 그는 초월적인 하느님이 당신 자신을 계시하시는 저 침묵을 모든 말들을 넘는 곳에 자리매김한다. 모리스 드 강디약(Maurice de Gandillac)이 말하듯이, 침

---

3. Augustinus, *Confessiones*, IX, 10, 25: tr. Eng.: *Saint Augustine: Confessiones*, tr. Vernon J. Bourke, Washington, Fathers of the Church, 1953, pp.252-53(=국역본: 『고백록』, 성염 옮김, 경세원, 2016, 334쪽).

묵은 "심지어 신비주의적 저술들의 정점에 알려져 있지 않은 것들을 넘는" 곳으로까지 인도한다. "거기에서는 신학의 단순하고 절대적이며 불사불멸의 신비들이 빛나는 침묵의 어두움 속에서 계시된다. 참으로 우리가 어떻게 자기 눈을 감아야 할 줄을 아는 이들의 정신을, 아름다움보다 더 아름다운 광채로 채우는 … 이 어두움의 비밀들을 배우는 것은 바로 침묵 속에서이다."[4]

수도원 제도의 도래는 우리를 조직화된 침묵으로 인도한다. 침묵은 참으로 공동체 생활의 올바른 질서를 유지하고, 하느님의 말씀을 듣고 묵상하며, 기도를 보장하고 관상(觀想)으로 인도하기 위해서 필요하다. 침묵은 말씀을 들을 시간이 그 위에 접목되는 수도 생활의 기초가 된다. 성 베네딕투스의 규칙서는 침묵에 관한 한 짧은 장을 포함하고 있다. "말하고 가르치는 것은 스승의 일이고, 침묵하고 듣는 것은 제자의 일이다." 규칙서는 수도원의 다양한 부분들에 침묵을 부과하는데, 거기에는 손님들에 관련된 내용도 포함되어 있다. 카르투시오회와 같은 일부 수도회들은 관상을 위한 좀 더 많은 몫의 침묵으로 특징지어진다. 수도 생활에서 침묵의 자리는 하느님의 말씀을 듣기 위한 관상 생활에 주어지는 중요성과 더불어 자라난다. 이 경우에 침묵은 한 가지 필수 덕, 곧 특별한 형식의 '맑은 정신'의 덕이다.

---

4. Maurice de Gandillac, *Theologie mystique*, 997b.

10. 분노와 덕

분노(憤怒, ira)와 관련해서는 분명 누군가를 화나게 만들 수 있는 뭔가가 있다. 참으로 철학에서든 신학에서든 많은 윤리학자들은 분노를 하나의 결점, 영혼의 한 질병으로 간주하고, 그것이 덕스러운 삶에 기여할 수 있는 역량을 부정한다. 분노는 주요 정념 가운데 하나로서 정념들의 조건을 함께 공유하고, 따라서 이성에 반대되는 것으로 간주된다. 정념 없이 사는 것과 마찬가지로 분노 없이 사는 것이 하나의 이상일 수 있을까? 하지만 에너지와 불을 박탈당한다면, 덕이란 과연 무엇이 될 것인가?

분노는 우리 일상생활의 일부이다. 한 작은 대립, 우리에게 들이대는 어떤 사물, 또는 우리를 성가시게 구는 어떤 사람은 우리를 화나게 만들고, 우리를 다치게 만드는 것을 걷어 차버리고 싶게 하거나, 불쾌한 말에 어떤 악담으로 응수하도록 만들기에 충분하다. 욕설은 분노의 한 자발적인 표현이다. 우리의 분노가 가끔 억눌린다는 것은 사실이다. 하지만 이것은 분노가 우리 마음속에 남아 있지 않다는 의미는 아니다. 왜? 왜냐하면 분노는 몰인정한 느낌이기 때문이다.

분노는 현세에서의 그 누구와도 동행한다. 분노의 도덕적 성격을 식별해내기 위해서는 그 본성, 그 동기, 그 형식들을 성찰할 필요가 있다. 분노를 억제하는 것은 언제나 선한가, 아니면 때때로 선한가? 만일 그러하다면 어떤 조건에서 그러한가? 정념 일반의 경우에 그러하듯이, 학자들은 분노의 문제에 대해 의견이 갈라진다. 아리스토텔레스와 그의 추종자들은 분노를, 그것이 이성에 의해서 다스려지고 지나침을 피한다는 조건 아래, 도덕생활의 한 긍정적인 차원인 것으로 간주한다. 반면에 스토아학파에서는 '아타락시아'(ataraxia), 곧 모든 정념들의 일소(一掃)를 추구한다. 이들은 분노를 덕과는 반대되고 영혼의 한 질병이라는 이유로 억압할 것을 요구하고 있다.

우리는 또한 근대 윤리학자들이 분노를 최소한으로 취급했다는 점을 지적해야 한다. 크리스티앙 데루엔(Christian Derouesne)은 최근의 한 작품에서 이렇게 말하고 있다. "감정들의 본성에 관한 일반적 논의가 얼마나 각각의 개별적 감정에 대한 연구를 어둡게 만드는지를 관찰하는 것은 놀랍다. 특히 분노에 바쳐진 연구 문헌은 거의 존재하지 않는다."

성 토마스는 나름대로 자신의 정념들에 관한 논고에서 분노에 관해 길게 논하고, 나중에 다시 한 번 친절의 덕과 연관된 측면을 따로 다루고 있다.[1] 그러나 후대의 윤리학자들은 토마스가 가르치는 것을 요약하는 것으로 만족하고, 분노의 죄가 되는 측면을 강조하거나 많은 경우 그것을 몽땅 누락시켰다.

분노가 피해야 할 허물일 수 있는 것과 마찬가지로, 일정한 조건 아래에서 덕스러운 삶에 어떤 긍정적인 기여를 한다는 점을 보여줄 수는 없을까? 게다가 우리는 분노를 어느 정도까지 하느님과 천사들에게 적용할 수 있을까? 우리는 이 주제에 관한 고전적 사상가들, 특히 먼저 아리스토텔레스와 그에 응수하는 세네카를 조사할 것이다. 그런 다음에 성경과 성 토마스의 의견과 그 원천들을 살펴본다. 마지막으로, 이제껏 검토한 것들에

---

1. I–II, qq.46–48; II–II, q.158.

대한 우리의 의견을 말하기에 앞서 몇몇 근대 사상가들을 간략히 훑어볼 것이다.

10.1. 아리스토텔레스와 세네카

어휘 검토로 시작해 보자. '분노'라는 단어는 '담즙'(bile)이라는 뜻의 그리스어 단어 '콜레'(chole)에 뿌리를 두고 있다. 그것은 이 느낌의 생리학적 차원을 가리킨다. 참으로 우리는 '화가 났다'라는 것을 가리키기 위해 '누군가의 담즙이 끓어오르다'라는 표현을 쓴다. 라틴어 '이라'(ira)에 대해서 말하자면, 이것은 '분노하는' 또는 '분개하는'(irascibile)이라는 형용사를 우리에게 제공한다.

『투스쿨룸 대화』(*Tusculanae Quaestiones*)에서 키케로는 아리스토텔레스의 제자들의 견해를 우리에게 제공하고(동시에 비판하고) 있다. 그들은 자연이 우리의 선을 위해 정념들을 주었다고 주장하고, 심지어 분노를 예찬하며 그것이 용기를 위한 자극제라고 말하기까지 한다. 화를 내는 사람은 적을 공격하려는 열의를 훨씬 더 많이 가지고 있다. 또한 강한 권위치고 분노가 수반하는 얼마간의 거칠음을 보이지 않는 경우는 없고, 훌륭한 연설가 치고 촌철살인의 문구가 없는 경우도 없다. 요컨대 사람 치고 분노가 없는 사람은 없을 것이다.[2]

네로의 스승이었던 세네카(Seneca)는 『분노론』(*De ira*)이라는 제목의 작품을 썼는데, 거기에서 칼리굴라 [황제]의 범죄들에 관하여 생각하는 데 있어서 분노의 해로움을 묘사하고 있다. 그는 유리한 아리스토텔레스의 관점에 반대되는 입장을 취한다. 세네카에 따르면, 분노는 정념들 가운데 가장 무섭고 맹렬하여 일종

---

2. Cicero, *Tusculanae Quaestiones*, IV, 19, 43.

의 일시적 미침과 같다. 그것은 인간의 본성에 위배되는 재앙이다. 분노는 심지어 전투나 전쟁에서조차 아무 소용이 없다. 왜냐하면 그것은 사람을 경솔하게 만들기 때문이다. 그 누구도 이미 강한 게 아니라면 화를 낸다고 해서 더 강해지는 것은 아니다. 이성은 옳다고 판단하는 반면에, 분노는 올바른 것이란 그렇게 판단되는 것이라고 자만한다. 그것은 진리가 그것에 대해 반대해 올 때, 진리 자체에 맞서 일어선다. 오직 덕만이 위대하고, 만일 평화를 이루지 않는다면 그 누구도 위대하지 않다. 포시디니우스(Posidinius)는 분노를, 우리가 생각하기에 우리에 대해 불의를 저질렀다고 생각하는 사람을 처벌하려는 욕망이라고 정의한다. 그래서 그것은 온전히 본능적인 것이 아니라, 자신이 받은 어떤 모욕에 대해 복수하려는 데 대한 이성의 동의이다. 그것은 고통을 낳는 것을 즐거워하고 야만성으로 이끈다.

아리스토텔레스와 대조적으로, 세네카는 부끄러운 행동들에 대해 분노를 사용하는 것을 승인하지 않는다. 왜냐하면 이 순간에 지혜로운 사람은 동요할 것이고 불행해질 것이기 때문이다. 사람들 안에는 사람들의 수만큼이나 개탄해야 할 악습들이 많다. 오히려 지혜로운 사람은 죄를 짓거나 실수한 사람을 용서하고, 의사가 환자들을 대하듯이 그들의 잘못을 평온하게 바로잡아야 한다. 이것이 쉽지 않아 보이는 만큼, 우리는 지속적인 명상과 규칙적인 훈련을 통해 모든 분노를 단연코 중단해야 한다. 덕들의 실천은 쉽고 행복으로 인도하지만, 악습에 노예화되는 것은 많은 노력을 요구한다.[3] 야만족들(독일인들과 스키티아인들[흑해와 카스피해 북방 민족들])에게 힘을 주는 분노는 아직도 그

---

3. [*역자주] 내용이 뒤바뀐 듯하지만, 원문에 따라 글자 그대로 번역했다. 전후 문맥을 조심스럽게 살펴야 할 것 같다.

야만적 상태에 남아 있다. 그들이 그것을 지배한다기보다는 그것이 그들을 지배하고 있다. 그들의 조건은 아직도 불완전하다. 누구든 이성에 의해서 지도되지 않고는 똑바로 갈 수 없다.

세네카는 영혼을 형성하기가 아직 쉬운 젊은 시절에 행하는 교육부터 시작해서, 분노에 대한 치유책들을 길게 논하고 있다. 분노는 각자의 기질에 달려 있고, 습관에 의해서 재강화된다. 분노에 대해 투쟁하고 (보다 나은 판단을 내리기 위해) 그 충족을 유예하는 것은 시간이 필요하다. 우리는 우리를 모욕하려는 뜻이 없는 것들로 인해, 즉 대상들, 동물들, 어린이들에 대해, 자연적 현상들에 대해, 혹은 신들이나 정의를 세우는 역할을 하는 행정관들에 대해 자극을 받아서는 안 된다. 분노에 대한 최선의 치유책은 기다릴 줄을 아는 것이다. 적당한 일과 놀이가 이것에 도움을 줄 수 있다. 그러나 부자들이나 전도유망한 지위를 추구하는 자들은 분노를 일으킬 수 있다.

우리는 우리에게 거슬리는 것을 쉽게 믿고 또 그것을 쉽게 나쁘게 해석하도록 만들어졌다. 따라서 자신의 분노를 억제하고, 심지어 자신을 거슬러 우리에게 반대하여 말하는 사람의 송사를 변론까지 하는 것이 필요하다. 우리는 우리 자신의 신빙성을 불신해야 하고, 사소한 것들에 관하여 흥분하지 말아야 한다. 우리는 그 누구도 결점이 없을 수 없다는 것, 인간의 본성은 온갖 종류의 악습에 젖은 영혼들을 낳을 수 있다는 것, 하지만 한 사회, 한 나라의 구성원으로서 서로 아껴주어야 한다는 것을 납득해야 한다. 분노를 우정으로 변화시키는 것보다 더 영광스러운 일이 또 있을까? 이리하여 로마인들은 충실한 동맹국들은 없고 오직 최악의 적들만 두고 있었다. 심지어 엘리트로부터 받은 모욕을 무시하는 것이 위대한 영혼의 특징이다.

세네카는 짜증내는 사람이 거울을 들여다보거나 내면 성찰을

할 때의 추한 모습을 상세하게 묘사하고 있다. 그에 따르면, 분노는 그 고유의 벌이다. 그것은 성급함과 폭력에 의해서 다른 악습들로부터 구별된다. 그것은 영혼의 깊은 구렁이다. 분노는 나이를 가리지 않고, 어느 인종도 예외를 두지 않으며, 심지어 어떤 민족 전체를 사로잡을 수도 있다. 자기 자신을 분노에 맞서 지키기 위해서는 그것이 끼치는 해악을 바라볼 필요가 있다. 그것은 남들의 슬픔을 기뻐하고 그들에게 악을 행하려고 하며, 논쟁을 부추겨 전쟁의 원인이 된다. 다른 한편, 자기 분노를 장악하고 있는 이들은 평화와 절도 속에 산다. 이 평온을 얻기 위해서 데모크리투스는 사적으로나 공적으로, 여러 가지 일을 추구하거나 우리의 힘을 넘는 일들에 대해서 진력하지 말라고 권고한다. 우리는 호기심을 피해야 하고, 악의적인 연설을 유머로 대하거나, 소크라테스가 그의 재판에서 했듯이 자극을 받았을 때 침묵을 지켜야 한다. 아우구스투스 황제는 그를 모욕하는 자들에 대한 절도의 모범이었다. 우리를 모욕하는 자들에 대해 관용적인 태도를 취하기로 하자. 왜냐하면 우리가 남들에게서 비난할 만한 것으로 발견하는 것을 우리 자신 안에서도 발견하기 때문이다. 어떤 모욕을 앙갚음하기보다는 용서함으로써 치유하는 것이 더 낫다. 아무도, 남들에게서 본 것[결함]이 자기 자신 안에도 있는 것을 좋아하지 않는 법이다. 우리가 받은 것에 대해 감사의 마음을 품기로 하자.

우리를 화나게 만들고, 개개인 간에 그리고 도시와 도시 사이를 싸움으로 이끄는 것은 돈 문제이다. 우리 자신을 분명하게 바라보고 화를 퇴치하기 위해서는 저녁때 퇴근하기 전에 그날의 태도를 뒤돌아보는 것이 좋다. 마지막으로 우리는 남들의 분노를, 시간을 내서 그리고 의사가 환자를 대하듯이 역지사지(易地思之)하여 친절함으로 진정시킬 필요가 있다.

결론적으로, 우리의 선하거나 나쁜 평판으로 고민하는 대신에 규칙적인 명상과 선에 대한 갈망을 통해 우리 자신의 영혼을 위해 평화를 추구하기로 하자. 분노를 완화시키는 것이 아니라 그것을 몽땅 제거하자는 것이다.

10.2. 성 토마스 아퀴나스

명백히 성 토마스는 세네카의 『분노론』을 알지 못했다. 자신의 『명제집 주해』에서 그는 오직 분노에 대한 단 하나의 암시만 하고 있다. 희망에 관해서 말하자면, 그는 욕정적 정념과 분노적 정념을 구별한다. 그는 분노가 다른 정념들과 다르다는 것과 반대되는 정념이 없다는 것을 지적한다.[4] 전통적 스콜라학의 가르침은 아직 분노에 대한 연구를 포함하고 있지 않았다. 천사적 박사가 이 주제에 관한 논고를 발전시킨 것은 오로지 그 자신의 착상에 의해서이다. 그는 덕들에 기초를 둔 그의 도덕성의 조직화를 통해, 그리고 정념들이 덕스런 삶에 기여할 수 있다는 관념을 통해 그리로 이끌렸다.

『신학대전』에서 토마스는 키케로의 『투스쿨룸 대화』를 언급하는데, 거기에는 아리스토텔레스의 견해가 담겨 있었고, 그래서 그에게 강력한 철학적 기초가 제공되었다. 그는 또한 교부들의 전통, 특히 요한 다마세누스가 다양한 정념들을 짧게 검토하고 있는 『정통신앙론』에도 의존하고 있다. 요한은 분노를 "담즙의 농담(濃淡)이나 혼합으로 인해 심장 주변의 피가 끓어오름"이라고 정의한다. "이로부터 '담즙'이라는 뜻의 그리스어 이름 '콜레'(chole)와 '콜로스'(cholos)가 온다. 그렇다면 분노는 앙갚음하려

---

4. *In Sent.*, III, d.26, q.1, a.3.

는 열망이다. 참으로 우리가 어떤 불의를 견디거나 우리 자신이 누군가의 희생물이라고 믿을 때, 우리는 괴로워지게 되고 이 느낌은 그 순간부터 갈망과 분노의 혼합이 된다." 그런 다음에 요한은 분노를 세 종류로 구별한다. 그 첫 번째 움직임에서 그것은 '콜레', 곧 담즙이라고 불린다. 그리고 그것이 지속되거나 그 불의의 기억에 초점을 맞출 때, 그것을 '잔류'라는 의미로 '메니스'(menis)라고 부른다. 마지막으로 분노가 앙갚음 할 기회를 잡았을 때, 그것을 '휴식하고 있다'(keinai)는 의미에서 '코토스'(kothos, 휴식)라고 부른다. 이렇게 해서 분노는 이성의 한 속성이자 갈망의 정당화가 된다.

토마스는 또한 그레고리우스 마뉴스에 따른 일곱 가지 주요 악습의 일반화를 고찰한다. 그레고리우스에 따르면 교만으로부터 질투가 오고, 그 다음에 분노가 오는데, 이 분노는 말다툼, 영혼의 동요, 모욕, 외침, 분개, 독성(저주) 등을 일으킨다.[5]

분노에 대한 토마스의 연구는 두 부분으로 구성된다. 제2부 제1편에서 분노는 정념들에 관한 논고 안에 들어 있고, 분노의 본성을 개진한다. 제2부 제2편에서는 그것이 덕스러워지거나 악습적이 될 수 있는 역량, 친절함과의 연관성 등에서 그 도덕성에 대해 분석된다. 성 토마스의 전망은 분명 그가 분노를 어떻게 이해하고 있는지에 대한, 넓은 의미에서의 도덕적인 전망이다.

이제 아퀴나스의 연구를 짧게 요약해 보자. 분노는 비록 여러 정념의 도움으로 야기되기는 하지만, 특수한 정념이다. 분노는 이중의 대상을 가지고 있다: 하나는 선으로 간주된 앙갚음이고, 다른 하나는 우리에게 해를 끼친 그 사람이다. 분노는 하나의

---

5. II-II, q.158, a.7.

느낌이고, 그것에 자신의 이름을 준 '분노적 욕구'의 하나이다. 그러나 그것은 또한 이성의 행위로서, 명령이 아니라 앙갚음하려는 의지를 촉발하는 불의에 대한 고발이다. 분노는 음식이나 성에 대한 갈망과 같은 욕망보다 덜 자연적이다. 그러나 그것은 이성에 참여하기 때문에, 어떤 의미에서는 인간에게 더욱 자연적이다. 분노는 각자의 기질에 따라 다양하며, 다른 정념들보다 더 우리를 뒤집어놓기 때문에, 불[火]에 비교할 수 있다. 그것은 어떤 유산처럼 우리에게 전해 내려온다. 분노보다는 증오(미움)가 훨씬 더 악한데, 왜냐하면 증오는 분노가 하듯이 정의의 이름으로가 아니라, 악을 그 자체로 원하기 때문이다. 엄밀히 말해, 우리는 상상의 결과가 아니라면 무생물이나 앙갚음을 더 이상 받을 수 없는 죽은 사람에 대해서는 화를 낼 수 없다. 분노는 다른 사람을 향한 정의의 틀 안에 새겨진다. 이리하여 우리는 오로지 비유적 의미에서만 우리 자신에 대하여 화가 난다고 말할 수 있다. 마지막으로 아퀴나스는 요한 다마셰누스를 따라 분노의 세 가지 종류를 구별한다.[6]

그런 다음에 토마스는 분노의 원인들을 논하고, 그 치유책을 연구하겠다고 예고하지만, 명백히 그렇게 하는 것을 망각하고 만다. 분노의 본질적 동기는 분노를 겪게 되는 자에게 저질러지는 어떤 불의 안에서 발견된다. 분노는 불의를 저지르는 자의 존중의 결핍과 악의에 대해서 역겨워한다. 그것은 그것을 부당하게 겪는 사람의 탁월함에 뿌리를 두고 있거나, 혹은 가장 약한 사람이 더 쉽게 학대를 당하는 것처럼 그의 나약함으로부터 온다.[7]

---

6. I-II, q.46, aa.1O8.
7. I-II, q.47, aa.1-3.

분노의 결과는 다양하다. 분노는 그것을 촉발하는 슬픔에 반대되는 일종의 즐거움을 수반한다. 앙갚음의 희망에서 야기된 이 즐거움은 일단 그 앙갚음이 이루어지고 나면 그치게 된다. 분노는 그 사람의 정신 안에서 그 모욕을 되살려냄으로써 생생하게 유지된다. 분노는 가장 격렬한 정념이고 사랑에 대한 봉사로 심장을 움직여, 그 사랑에서 모든 장애물들을 제거하고 싶어 한다. 그것이 감정들 안에서 그리고 심지어는 몸 안에서 촉발하는 움직임들 때문에, 분노는 어떤 다른 정념보다도 이성의 사용을 저지한다. 그것은 말하는 것을 어렵게 만들 수 있고, 심한 경우에는 침묵에 빠뜨릴 수도 있다.[8]

토마스는 제2부 제1편에서 친절함의 덕과 관련해서 행위자의 도덕적 성질(성격)을 논한다. 친절함은 분노가 야기하는 동요 때문에 진리에 관한 우리 판단의 한 장애물 역할을 함으로써 분노를 억제한다. 그는 모든 정념을 악한 것으로 간주하는 스토아학파를 언급하지만, 그것들을 이성의 척도에 따라 선하거나 악한 것으로 보는 소요학파와 아우구스티누스의 편을 든다. 토마스는 분노가 올바른 이성과 일치된다면 정당하고 칭찬할 만하다는 관념을 지지한다. 그는 이성에 앞서고 그것을 올바름에서 돌아서게 만들며 따라서 악한, 선행(先行)하는 분노와 악습들을 겨냥하고 선하며 공로가 되고 칭찬할 만한, 후속하는 분노를 구별한다. 분노는 만일 그것이 선행하거나 불완전하다면 경죄이지만, 그것이 정의와 사랑에 반대되는 복수(revenge)를 추구한다면, 그 내밀하고 외적인 폭력 때문에 대죄(사죄)가 될 수 있다. 분노는 증오보다 덜 심각하지만, 그 맹렬함과 충동성 때문에 그것과는

---

8. II-II, q.48, aa.1-4.

차이가 난다.⁹

토마스는 분노를 세 종류로 가르는 아리스토텔레스의 구별로 돌아와 그것을 설명한다. 그것은 그 기원에 있어서 날카롭고, 그 지속에 있어서는 신랄하며, 그 복수의 추구에 있어서는 힘겹거나 심각하다. 토마스는 또한 통제와 제어를 벗어난 원한을 품은 분노로 나뉘는 위-그레고리우스 니쎄누스(Pseudo-Sanctus Gregorius Nissenus), 곧 네메시우스(Nemesius)의 구분도 언급한다. 분노는 여러 악습의 어미이기에 추요죄(樞要罪)이다. 참으로 그레고리우스 마뉴스에 따르면, 분노는 마음속에 분개와 복수를 불러일으키고, 입으로는 고성이나 하느님과 이웃에 대한 신성모독을 서슴지 않고, 모욕하는 태도와 언쟁을 일삼는다. 마지막으로, 토마스는 요한 크리소스토무스를 따라 분노의 결핍이 하나의 악습, 곧 어떤 정당한 원인에 대해 그 느낌에 상응하는 움직임의 부재(不在)에 의해서 처벌하려는 의지의 결핍(缺乏)일 수 있다는 것을 인정한다.¹⁰

『신학대전』은 또다시 예루살렘 성전의 장사꾼들을 쫓아낸 그리스도(요한 2,13-17)와 관련해서 분노를 다룬다. 마태오가 전해주듯이(마태 26,38) 그리스도가 슬픔을 경험했다는 것을 이미 확립했기 때문에, 토마스는 그분이 복수하려는 갈망이 추가된 분노를 경험했다고 연역한다. 그러나 우리는 이성에 반대되는 분노의 악습과 그리스도의 경우에 신적 경배를 위한 당신 열정의 표현으로서 정의의 질서와 일치되는, 의로운 분노라고 불리는 것을 구별해야 한다.¹¹ 그는 이 분노가 우리에게 그러하듯이 그

---

9. II-II, q.158, a.1, ad1; aa.1-4.
10. II-II, q.158, aa.5-8.
11. III, q.15, a.9.

리스도의 관상의 기쁨을 뒤집어엎지 않는다고 덧붙인다.

10.3. 성 프란치스코 살레시오

우리는 온화(gentleness)의 사도인 성 프란치스코 살레시오를 생각하지 않고는 분노에 대해 말할 수 없다. 그의 『신심생활 입문』에서 성인은 이웃을 향한 자신의 온화함과 자기 자신을 향한 온화함에 대해서 다룬다.[12] 그가 온화에 대해서 말하는 것은 한 신학자로서보다는 오히려 경험이 풍부한 선배로서이다. 그는 자신의 가르침을 스스로 마음이 온유하고 겸손하다고 표현하시는 예수의 말씀에 기초하고 있다. 그는 먼저 온화와 겸손이 어떤 사람들의 경우처럼 말에만 있어서는 안 되고, 우리의 마음속에도 있어야 한다고 경고한다. 무엇보다 그는 그 어떤 핑계로도 가능한 한 화를 내지 말아야 한다고 권고한다. 의심의 여지없이 우리는 우리 자신 안에서 그리고 다른 이들 안에서 악습들을 억눌러야 하지만, 무엇보다 온화하고 평화롭게 억눌러야 한다. 아우구스티누스가 말한 것처럼 정의롭고 공정한 분노에 가담하기를 수용하기보다는 거부하는 것이 더 낫다. 왜냐하면 아무리 작은 문제라고 하더라도 그것이 수용되었다는 사실에 의해서 그것을 제거하기가 어렵기 때문이다. 그 까닭은 그것이 하나의 빨대처럼 들어가지만 순식간에 커져 하나의 들보가 되기 때문이다.

분노를 온건하고 지혜롭게 사용하기를 원하는 것보다는 분노 없이 사는 편이 더 낫다. 우리는 그저 마음을 뒤집어놓을 뿐인 충동적인 방식으로 분노를 억눌러서는 안 된다. 분노에 맞서 싸우기 위해서는 먼저 하느님의 도우심을 청하는 편이 낫다. 만일

---

12. St. Francis, *Introduction to the Devout Life*, cc. 8-9.

화가 나 있다면, 온화라는 반대되는 행위에 의해서 그 탓을 메꿔야 한다. 우리는 위대한 인물들과 마찬가지로 가장 온화한 방식으로 언행에 있어서 온화와 친절을 비축해야 한다.

마지막으로 우리는 자신에 대해 화를 내는 것도 피해야 한다. 화를 냈던 것에 화가 나는 경우에도 마찬가지다. 우리는 온화한 말로 자기 자신을 통제해야 한다.

10.4. 하느님의 분노

그렇다면 우리는 어떤 의미로 하느님의 분노에 대해서 말할 수 있을까? 문제가 되는 것은 [당연한 말이지만] 하느님께는 그 어떠한 감각 기관(facultas)도 없고, 어떠한 정념도 없다는 것이다. 성 토마스는 분노를 하나의 감정으로, 분노적 욕구에 속하는 한 정념으로 정의한다. 그에 따르면 이것이 바로 분노의 적절한 의미이다. 따라서 그는 분노를 비유적인 방식으로 하느님께 돌리려고 한다. 그의 설명은 이렇다. 우리에게 처벌은 분노의 결과이고 그 표지이기 때문에, 우리는 분노를 징벌하는 신적 정의라고 부른다.[13] 그러므로 우리는 인간적인 분노와의 유비를 통해서 하느님의 분노에 대해 말한다.

교부 시대에 락탄티우스(Lactantius, 4세기)는 하느님의 분노를 부정하는 철학자들과는 반대로 신적 분노의 실재를 뒷받침하기 위해서 『하느님의 분노에 대하여』(De ira Dei)를 썼다. 락탄티우스는 분노를 선성과 연결시켜 네 가지 가설을 검토한다. 첫째, 그는 하느님 안에 선성이 없이 분노가 존재하는 경우를 가정한다. 그러나 이 가설은 합리적이지 못하고, 또 아무도 지지하지 않는

---

13. I, q.19, a.11.

다. 둘째, 에피쿠로스주의자들에 따르면, 하느님 안에는 분노도 없고 선성도 없다. 이런 냉정한 신이라면 섭리에 관련된 문제를 통째로 부정할 것이다. 셋째, 스토아주의자들에 따르면, 하느님 안에는 선성은 있지만 분노는 없다. 하지만 과연 악을 행하는 자들을 미워함이 없이 선을 사랑할 수 있는 것일까? 넷째, 그러므로 우리는 하느님 안에는 선성과 분노가 공존한다는 것, 그리고 심지어 하느님은 분노하게 되었을 때 변하기도 한다는 것을 인정해야 한다.

더욱이 우리는 성경, 특히 구약성경이 가끔은 강한 의미로 이해되는 하느님의 분노에 대해 말하고 있다는 점에 주목해야 한다. 이스라엘 백성은 자신의 하느님을 분노하는 분으로 지각하였다. 그 백성이 황금 송아지를 경배했을 때, 주님은 모세에게 다음과 같이 선언하셨다: "내가 이 백성을 보니, 참으로 목이 뻣뻣한 백성이다. 이제 너는 나를 말리지 마라. 그들에게 내 진노를 터뜨려 그들을 삼켜버리게 하겠다." 모세가 탄원하자, 하느님께서는 다행히도 당신 백성에게 내리겠다고 위협하신 그 재앙(악)을 거두셨다.(탈출 32,9-14) 시나이 산에서 하느님은 당신 자신을 분노에 더디고 은총과 신의로 가득한 하느님이지만, 아버지가 저지른 죄를 반드시 3대, 4대의 자손들에게까지 갚으시는 분으로 드러내신다.(탈출 34,5-7)

예루살렘 성전의 파괴와 바빌론 유배는 유다 왕국의 불충실에 대한 하느님의 분노에서 비롯되었다: "예루살렘과 유다가 주님을 분노하시게 만들었기에, 주님께서는 마침내 그들을 당신 앞에서 쫓아내셨다."(2열왕 24,20) 시편은 가끔 하느님의 분노에 대해 말하면서, 그것을 흔히 그분의 자비와 연결시킨다: "[주님께서는] 당신의 격분(진노)을 말끔히 거두시고 당신 분노의 열기를 돌리셨습니다. … 끝끝내 저희에게 진노하시렵니까? 당신의 분노를 대대로 뻗치시렵니까? … 주님 저희에게 당신 자애를 보이시고 저희에게 당신 구원을 베푸소서."(시편 85[84],4,6,8) 시편 2편은 당신의 백성을 거슬러 전쟁을 벌이는 국가들에게 경고한다: "주님께서 그들을 비웃으신다. 마침내 진노하시어 그들에게 말씀하시고, 분노하시어 그들을 놀라게 하시리라."(시편 2,4-5)

복음사가들은 하느님의 성전을 기도의 집이 아니라 시장터로 만들어버린 장사꾼들을 난폭하게 내쫓으셨을 때의 예수의 분노에 대해 말하고 있다.(마태 21,12-13 및 병행구절들) 이 이야기는 우리의 신학적 성찰에 기초가 될 것이다.

이 텍스트들을 읽으면서 우리는 그것들이 그 용어의 절절한 의미에서 실제적 분노이자 심지어 모범적 분노를 다루고 있다는 느낌을 갖게 된다. 의심의 여지없이 하느님으로부터, 또는 그리스도로부터 나오는 분노는 상처받은 마음에서 나오는 것이 아니라, 반대되는 죄들에 의해서 모욕을 당한 정의와 경건에 대한 사랑에서 나온다. 우리는 일종의 영적인 분노, 곧 온갖 형태의 불의와 거짓에 대한 의로운 사람의 끓어오르는 마음과 정신의 자발적 반응을 다루고 있는 중이다. 이리하여 우리는 하느님께 고유한 영적 감수성의 현현으로서의 덕에 묶여 있는 분노를 허용하는 데에로 이끌리게 된다. 이런 종류의 영적 감수성은 또한 감각적 감정의 수준으로까지 확산될 수 있다. 이런 분노는 덕의 힘은 지니고 있지만, 정념들의 경우처럼 무질서를 초래하지는 않는다.

이리하여 우리는 모든 덕이 각기 분노를 가지고 있다고 말할 수 있다. 의로운 사람이라면 불의를 참을 수 없고, 정숙한 사람은 부정(不貞, impuritas)을 견딜 수 없으며, 정직한 사람은 거짓을, 용기 있는 사람은 비겁을 참지 못한다. 합리적이라는 것, 곧 우리의 느낌과 행위들에 빛을 던지는 이성과 깊이 일치된다는 것은 이런 종류의 분노에 속한다. 그것은 악습과 죄들을 단죄하지만, 동시에 사람들을 단죄하는 것이 아니라 그들이 개선되기를 바라도록 만든다. 더욱이 영적인 분노는, 그것에 봉사하는 사랑처럼 개인적인 한계를 넘어 사회적 차원에 이를 수 있다. 이리하여 그것은 교회의 선익을 위해서 뿐만 아니라 자신의 안전이나 독립을 위해, 그리고 그 물질적이고 도덕적인 진보를 위해 투쟁하는 한 백성의 송사(訟事)를 지지할 수 있다. 이런 식으로 이해될 때, 우리는 분노를 하느님께 직접 돌릴 수도 있다. 정의로부터 나오는 분노는 정의처럼 하느님 안에서 충만히 표현되면서도 그분의 자비와 조화를 이루고 있다.

그러므로 분노와 덕의 관계는 다양하다. 분노의 느낌은 덕에 의해서 규제되어야 한다. 분노는 덕으로부터 그 기준과 조정을 받는 동시에 덕에 일정한 열기를 제공한다. 영적 분노는 덕을 동반하고 그 고유한 대상에 대한 느낌으로부터 나온다. 그것은 덕의 에너지와 그 명민함을 드러낸다.

마지막 문제가 남아 있다. 우리는 분노를 조절함으로써 분노를 위한 여백을 만들 수 있는가, 아니면 그것을 완전히 추방해 버려야 하는가? 다시 말해 분노는 덕과 연합될 수 있는가, 아니면 그 자체로 악한가? 성 토마스는 칭찬할 만하고 규제된 어떤 분노를 인정하고 있다. 성 프란치스코 살레시오는 분노를 적절하게 사용하기를 원하기보다 분노 없이 살려고 노력하는 것이 최선이라고 믿는다.

이 문제는 이성이 개입하기 전에 폭발해서 이성의 승인 아래 실현되는 감각적인 분노와 가장 직접적으로 연관된다. 이 최초의 충동은 비난과 그 징벌적 반응을 씨앗으로 포함하고 있다. 그러므로 그것은 생각할 시간을 가지고, 어떤 즉각적인 잘못 개념된 표지를 교정하는 데 알맞은 태도를 취하며, 사태를 부당하게 함부로 재단하지 않기 위해 걸러서 받아들이고, 명석하게 받아들여질 수 있도록 최대한 노력하는 등 제어하고 교정하려는 노력을 요구한다. 이러한 것이 자신의 느낌들을 가라앉힐 수 있는, 위대한 자기 통제를 전제하는 친절함(상냥함)의 덕의 업적이다. 자신의 판단을 교란하는 이 모든 것을 전제할 때, 모든 분노를 다 제거한다는 것은 하나의 이상처럼 보일 것이다.

영적 분노에 관해서 말하자면, 그것은 덕 자체로부터 오고 덕으로부터 활력을 얻는다. 그것은 악습과 죄에 맞서 전투를 벌이는 데 도움을 주고, 진리와 선에 적극적으로 봉사한다. 또한 그것은 정신을 관장하고 의지를 강화한다. 이리하여 우리가 영적 단죄(靈的 斷罪)라고 부를 수 있는 것이 존재한다. '최후심판'은 바로 이것을 충만히 표현한 것이다. 우리가 이런 종류의 분노에서 벗어나야 하느냐는 문제는 제기되지 않는다. 오히려 그것을 평화의 업적이자 덕들 및 성령의 선물들과 결합되어 있는 진리의 봉사자로서 배양해야 한다. 그것은 영적 강인함의 한 현현이다.

11. 경건

인간 정념들에 대한 연구에서 우리는 우리를 하느님께로 인도하고 종교에 대한 감각과 그 실천을 제공하는 느낌으로서의 경건(敬虔, pietas)에 대한 여백을 마련해야 한다. 물론 종교는 감각적 질서를 뛰어넘는 대상을 가지고 있다. 그러나 또한 우리의 느낌들을 움직이고 우리의 상상력을 자극하는 표현방식들을 가지고 있다. 경건은 하나의 강력한, 또는 심지어 (불경[不敬]의 경우에 잘 드러나듯이) 널리 퍼지기까지 하는 정념이 될 수 있다. 이리하여 경건은 영적이고 감각적인 두 종류를 지니고 있는데, 그 가운데 어느 하나가 우세할 수 있는 감정이다.

느낌과 생각들이 시간에 따라 달라지는 것처럼 경건도 마찬가지다. 중세와 가톨릭 르네상스 시절은 경건 문제에 있어서 결실이 풍부한 시기였다. 18세기는 이성의 이름으로 경건에 맞서 싸웠다. 이어지는 세기에 낭만주의(浪漫主義)는 그것을 되돌려놓았고, 오늘날 전례 쇄신은 개인적인 신심들을 주변부로 밀어냈다. 교부 시대에 서로 깊이 결합되어 있던 이성과 느낌들 사이의 관계는 근대 합리주의가 도래하면서 대립적인 관계가 되어버렸다. 교회 자체 안에는 신학적 탐구와 경건 사이에, 신학자와 영성가 사이에 어떤 긴장이 있다. 우리 시대에 이상(또는 학문을 향한 열정이라고 말할 수도 있을 것이다)은 경건이 자아내는 느낌들을 경건의 대체물로 삼으려는 경향이 있다. 종교적 감정은 학문과 양립될 수 없는가?
　제2차 바티칸 공의회는 경건에 대한 새로운 길을 열었다. 성경 및 (트리엔트 공의회 이래 라틴어로 거행된) 전례(典禮)와의 직접적 접촉을 빼앗기고 나서, 가톨릭의 경건함은 주일 미사 봉헌을 본질적인 것으로 견지하면서도, 스스로를 예수 성심, 성모 마리아, 그리고 성인들에 대한 사적인 신심 형식으로 표현하였다. 당대의 정신에 따르면, 경건은 성령과 성령의 자극보다는 율법과 그 요구들에 대한 복종을 강조하려는 경향이 있었다. 이런 종류의 경건은 또한 모두가 따라야 하는 도덕생활을 엘리트 집단에 제공되는 영성으로부터 분리시켰다. 오늘날 경건은 쇄신되도록, 곧 스스로를 다시 한 번 더 성경과 최선의 전통, 특히 시편으로부터, 그리고 영적 경험과 연관되어 배양되도록 요청받고 있다. 그러나 그 과정에서 경건은 하느님의 실존을 의문에 붙이고, 종교를 하나의 자유롭게 선택된 종교적 느낌으로 바라보는 합리주의를 만났다. 경건 관념은 종종 빈약해지고 협소해졌다. 그것은 그 매력을 잃어버렸다. 우리는 손쉽게 여성들이 경건하다는 것을 인정하지만, 어떤 경건한 남자에 대해서 말하는 것은 그의 강인함을 의문에 붙이는 것이라고 간주된다.
　우리는 독자가 경건함의 충만한 의미를 하느님 감각과 연결시켜 재발견하는 것을 도와주고 싶다. 경건은 우리를 작아지게 만들고 슬프고 지겹게 만드는가, 아니면 덕과 성령의 선물들이 그러하듯이 완성과 기쁨을 가져다주는가? 경건은 신심 행위들과 혼동되거나 복음서에서 발견되는 종교적 느낌만큼 넓어질 수 있는가?

11.1. 경건의 의미

경건한 것을 표현하는 단어는 라틴어 pius와 pietas로부터 왔다. 그것은 종교적 경건 또는 자녀적 효심의 느낌들을 가리키는 희랍어 단어 '에우세베스'(eusebes), '에우세베이아'(eusebeia)에 대한 번역어다. 그런데 그 단어의 의미는 바뀌었다. 성 토마스에게 그것은 정확히 부모나 국가에 바치는 헌신(worship)이라는 의미를 가지고 있다. 후대에 우리는 '신심'(devotion)과 같게 되는 그 용어의 내면화와 일반화를 보게 될 것이고, 그래서 경건은 그리스도교 생활 전체를 포함하게 된다. 이것이 현재 그 단어의 의미이다. 『로베르 프랑스어 사전』에 따르면, 경건은 하느님께 대한 봉사, 종교의 의무와 실천에 열렬히 투신함을 가리킨다. 그 단어의 종교적 의미가 가족적이고 사회적인 의미에 비해 가장 중요한 것이 되었다.

그렇지만 우리는 경건이라는 단어가 오늘날에는 선호되지 않는다는 점을 지적해야 한다. 『영성생활 사전』(*Dictionnaire de la vie spirituelle*)이 그것을 다루는 단일한 항목을 가지고 있지 않은 데 비해, 다른 것들은 겨우 몇 줄 허용할 뿐이라는 사실은 놀랄 만한 일이다. 다행히 『영성사전』(*Dictionnaire de spiritualite*)은 그것을 한 항목에서 고대로부터 중세를 거쳐 현대에 이르기까지 제법 길게 다루고 있다. 그러나 우리는 먼저 성경을 살펴보기로 하자.

11.2. 성경

pietas라는 단어는 대중라틴어 성경(Vulgata)에 그리 자주 등장하지 않는다. 가장 중요한 텍스트는 이사야서에 들어 있는 성령의 선물 목록이다. 그 목록의 끝에 가서 칠십인역본(Septuaginta)

과 불가타역본은 하느님께 대한 인식과 두려움 사이에 경건을 부가한다: "그러나 이사이의 그루터기에서 새싹이 돋으리라. 그의 뿌리로부터 새 순이 돋으리라. 주님의 영이 그에게 머무르신다: 지혜의 영과 이해의 영, 조언과 힘의 영, 지식과 경건과 두려움의 영이."(이사 2,1-11)

신약성경에서는 특히 티모테오 1서에서 그 단어를 만난다. 경건[의 덕]은 특히 하느님을 섬기겠다고 고백하는 여인에게 추천되고 있다(2,10). 육체를 단련하기보다는 경건(신심)을 단련하는 것이 더 낫다.(4,8) 경건(신심)은 돈보다도 더 유익하다.(6,6) 우리는 정의, 신앙, 참사랑, 인내, 친절함과 더불어 경건을 추구해야 한다. 이런 것이 "훌륭한 싸움"이다.(6,11-12) 또한 베드로 2서에서 경건에 대한 또 다른 언급을 만나게 된다: "당신이 지니신 하느님의 권능으로 우리에게 생명과 경건(신심)에 필요한 모든 것을 내려 주셨습니다. … 그러니 여러분은 열성을 다하여 믿음에 덕을 더하고, 덕에 앎을 더하며, 앎에 절제를, 절제에 인내를, 인내에 경건(신심)을, 경건에 형제애를, 형제애에 사랑을 더하십시오."(1,3-7) 이것이 교부들과 중세 스콜라학자들 가르침 뒤에 있는 텍스트이다. 경건(신심)은 신앙, 사랑, 인내와 함께 덕들 사이에 자리를 잡는다.

교부들과 더불어, 경건이라는 단어의 의미는 이교도들의 불경(不敬)에 맞서는 그리스도교적 신앙을 가리키는 지경으로까지 확대된다. 또한 영지주의와 아리우스주의를 거스르는 정통교리를 의미하기도 한다. 그렇기 때문에 아우구스티누스는 경건을 경배(敬拜)의 바깥에, 그리고 참사랑의 안쪽에 있다고 본다: "그리스어로 '라트레이아'(latreia)라고 불리는 하느님 섬김은 성사를 통해 표현되건 아니면 우리 내부에서 수행되건 하느님께 돌려져야 한다. 우리 모두가 다함께 그분의 성전이면서, 또 우리 각자가 그분의 성전들이다. 그분은 만인의 화합 속에, 그리고 동시에 개개인 속에 거처하시기로 작정하신 까닭이다. … 하느님을 향해 오를 때, 우리의 마음이 곧 그분의 제단이다. 그분의 외아들을 제관(祭官)으로 세워 우리는 하느님과 화해한다. … 하느님 대전에서 우리가 신실하고 성스러운 사랑으로 불탈 때, 우리가 우리 자신과 우리에게 있는 그분의 선물을 그분께 바치고 돌릴 때, 참으로 향긋한 향불을 그분께 살라서 바치는 셈이다."[1]

11.3. 성 토마스 아퀴나스

성 토마스는 경건을 정의의 덕의 맥락 속에서 성령의 선물 가운데 하나로 검토하였다. 『명제집 주해』 제3권에서 그는 종교와 경건과 정의의 덕의 부분들을 언급한다. 그에 따르면, 종교는 우리를 하느님과 결합시키지만 경건은 부모와 국가에 바쳐진 헌신(worship)이다.[2]

종교와 경건 사이의 이 구별은 『신학대전』에서 발견된다.[3] 아퀴나스는 먼저 정의의 잠재적 부분으로 간주되는 종교의 덕에 관한 긴 연구에 착수한다. 왜냐하면 그것은 하느님 자신(우리는 우리가 그분으로부터 받은 것을 동등한 척도로 그분께 돌려드릴 수 없다)을 대상으로 삼고 있기 때문이다. 종교는 우리 자신을 우리의 원리요 최종 목적이신 하느님께로 향하도록 만들고, 다양한 행위들에 의해서 실현된다. 그 행위들 가운데 어떤 것들은 신심과 기도처럼 내적 행위이고, 다른 것들은 흠숭, 희생, 서원, 기도

---

1. Augustinus, *De civitate Dei*, X, 3(『신국론』, 성염 옮김, 분도출판사, 2004, 999쪽).
2. *In Sent.*, III, d.34, q.3, a.2, sol.1.
3. II-II, qq.81-99.

등과 같이 외적 행위들이다. 미신과 같이 종교에 반대되는 죄들을 일별한 다음에 부모와 국가에 대한 헌신으로 이해된 충효(경건) 탐구가 뒤따른다. 좀 더 뒤에 가서는 성령의 권능을 통해 우리 아버지이신 하느님께 바치는 경배와 봉사처럼, 가족적 효심(경건)의 맥락 속에서 정의된 경건의 선물들 탐구가 이어진다.[4]

이렇게 개념하고 이런 식으로 나눈 다음에 토마스는 종교에 관한 논고에서 오늘날 우리가 이해하는 것처럼 경건에 관해 논한다. 당대의 문제의식에 따라 토마스는 '종교'(religio)라는 단어에 대한 상이한 설명을 언급하는 것으로 시작한다: 신적 경배와 관련되는 것을 키케로가 말한 대로 '다시 읽기'(re-legere: 키케로), 우리가 소홀히 취급했던 하느님을 다시 선택하기 또는 자주 읽기, 또는 아우구스티누스가 말하는 하느님과 '다시 연결시키기'(re-ligare) 등이다. 어떤 경우든 종교는 우리의 틀림없는 기원이자 최종 목적, 곧 죄가 우리로 하여금 잃어버리게 만들었고 신앙을 통해 다시 발견하게 된 하느님과 우리를 결합시킨다.[5]

엄밀하게 말해, 종교는 우리로 하여금, 당신의 지혜와 선성으로 만물을 창조하고 다스리시는 분(그 덕분에 그분은 '아버지'라고 불릴 만하시다)인 하느님께 마땅한 것을 돌려드리도록 준비시키는 덕이다. 그것은 그분의 탁월성과 초월성 덕분에 하느님께 마땅한 영예를 돌린다는 점에서 다른 덕들과는 구별된다. 비록 그것이 하느님께 향하고는 있지만, 종교는 대신덕이 아니다. 왜냐하면 그것은 하느님을 그 직접적 목적으로 삼지 않고, 그분을 공경하여 바치는 희생과 봉헌물(현금)처럼 신적 경배에 관련되기 때문이다. 이 점에도 불구하고 종교의 덕은 도덕적 덕들보다

---
4. II-II, qq.101&121.
5. II-II, q.81, a.1.

상위에 있다. 왜냐하면 하느님께 마땅한 것을 그분께 돌려드림으로써 다른 덕들보다 더 하느님께 밀접하기 때문이다. 종교는 그 자체로 완전한 하느님의 영광에 아무것도 보태는 것이 없다. 오히려 그것은 우리에게 유익하다. 특정 활동들과 감각적 표지들에 의해서 그것은 우리의 마음 안에서 우리를 하느님께 결합시키는 영적 행위들을 발생시킨다. 그것은 이처럼 좀 더 중요한 내적 행위들과 그것들로 질서 지어져 있는 외적 행위들로 구성되어 있다. 종교는 거룩함과 동행한다. 그것은 모든 덕들의 업적을 하느님께로 질서 짓기 때문에 두드러진다. 그러나 종교와 거룩함은 기본적으로 동일하다.[6] 그리고 경건(신심)이나 기도 같은 내적 행위들과 흠숭, 희생, 서원, 약속, 탄원, 구송(口誦)기도 같은 외적 행위에 관한 연구가 이어진다.[7]

종교를 연구한 다음에 토마스는 (마땅한 존중을 표현하고 필요한 경우 봉사까지도 포함하는 일정한 신심을 바쳐야 하는) 부모와 가족뿐만 아니라 각자의 조국에도 해당되는 경건의 덕을 다룬다.[8] 아퀴나스에게 있어서 경건은 종교와 달리 하느님을 대상으로 삼지 않고, 자녀적 헌신(devotio)과 동일시된다.

성령에 의해 우리 안에 형성된 경건의 선물에 대해 말하면서 토마스는 그것을 하느님의 아버지 되심과 연결시킨다. 그는 종교가 하느님을 창조주로서 고찰하는 데 반해 경건의 선물은 그분을 아버지로 본다는 점에서, 경건과 종교의 덕을 구별한다.[9]

---

6. II-II, q.81, aa.1&3-8.
7. II-II, qq.82-91.
8. II-II, q.92, aa.1-2.
9. II-II, q.121.

11.4. 성 프란치스코 살레시오

가톨릭 경건(신심)에 대한 위대한 증인인 프란치스코 살레시오는 자신의 『신심생활 입문』의 바로 첫머리에서부터 주제인 신심을 정의하는 수고를 하고 있다: "신심은 완전한 참사랑에서 성립되며, 따라서 그것은 우리를 하느님의 계명을 지키는 데 적극적이고 기꺼운 용의를 가지고 부지런하도록 만들어줄 뿐만 아니라 한걸음 더 나아가 우리가 획득할 수 있는 모든 선한 업적들을(가령 우리에게 강요되지 않고 다만 암시되고 권고되기만 할 뿐인 것들까지도) 열렬한 사랑으로 수행하도록 자극하기도 한다." 그는 신심을 예찬한다: "모든 성인들을 통해서 말씀하시는 성령과 우리의 복된 주님 자신이 봉헌된 삶이 사랑스럽고 유쾌하며 행복한 삶임을 보증하고 계시다." "신심은 달콤함의 왕관, 덕들의 여왕, 참사랑의 완성이다."[10]

이런 식으로 소개된 신심은 성 토마스에 따르면, 더 이상 종교처럼 하나의 단순한 도덕적 덕이 아니다. 오히려 그것은 자유와 그것이 촉발하는, 기꺼이 활동에 임할 태세로 특징지어지는 참사랑의 완성을 표현한다. 봉헌 생활은 그리스도교적 삶의 완성을 의미한다. 그렇기 때문에 그것은 영혼들에 대한 사목적 보살핌을 위해 집필된 프란치스코 살레시오의 저서 제목이 될 수 있었던 것이다. 영적 경험의 영역에서 신심 또는 경건은 신앙, 희망, 참사랑이라는 대신덕들로부터 분리될 수 없다.

---

10. Saint Francis de Sales, *Philothea, or Introduction to the Devout Life*, tr. John C. Reville, SJ, Philadelphia, The Peter Reilly Company, 1942, 3, 5, 6.

11.5. 『가톨릭교회 교리서』

『가톨릭교회 교리서』는 특히 신심의 대중적 형식들에 관심을 기울인다: "성사적 전례와 준성사들 외에도 교리교육은 신앙인들 가운데 실천되고 있는 경건과 대중 신심의 형식들을 설명해야 한다. 그리스도교적 백성의 종교적 감각은 언제나 교회의 성사 생활을 둘러싸고 있는 다양한 경건 형식들, 예컨대 유해(遺骸) 공경, 성지순례(聖地巡禮), 성체거동(聖體擧動), 십자가의 길, 전례적 춤, 묵주기도, 메달 등 속에서 표현을 발견하였다." 그것은 또한 성체조배와 성모(聖母) 신심에 대해서도 언급한다.[11]

『가톨릭교회 교리서』 제4부는 그리스도교적 기도에 할애되고 있다. 그것은 성경과 교회의 삶 속에서의 기도, 그 다양한 형식, 그리고 거기에 요구되는 노력 등을 다룬다. 그리고 복음 전체의 요약이라 할 수 있는 '주님의 기도'로 마무리한다. 이리하여 기도는 그리스도교적 경건의 특전적 표현이 된다.

11.6. 성찰

종교에 관한 성 토마스 아퀴나스의 가르침은 신학에서 하나의 고전이다. 아직도 그가 사용한 관념들은 (우리가 설명해야 하는) 진화를 겪고 있다. 오늘날 '종교'라는 용어는 더 이상 직접적으로 하나의 덕을 의미하지 않고, 하느님을 알게 해주고 그분을 영예롭게 만드는 가르침들과 예식의 총체를 의미한다. 한편 경건의 의미는 확장되었다. 첫째, 그것은 부모와 국가를 향한 헌

---

11. *CCC* 1674, 1178, 971. *Catechism of the Catholic Church*, Washington, Unite States Catholic Conference, 1994.

신 이전에 하느님께 대한 신심을 의미한다. 그러나 다른 측면에서는 경건의 의미가 개인적 신심을 가리키는 것으로 협소해졌다. 종교적 감정과 동일시되기 때문에, 경건은 스콜라학 시대에 발전된 신학과 이성적 탐구로부터 닻을 올리게 되었다(unmoor). 경건은 자신이 지성인들 가운데서보다도 일반인들 가운데에서 더 강하다는 것을 보여주었다. 경건은 또한 그것이 그 한 표현이 되었던 대신덕들에 좀 더 가까워졌다. 우리는 이 점을, 신심을 참사랑의 완성으로 규정한 프란치스코 살레시오의 저술들 속에서 보았다.

그러므로 문제는 복잡하다. 우리는 오늘날 경건을 어떻게 덕들 가운데 자리매김하는가? 우리는 경건을 덕들의 테두리 안에, 그리고 성령의 선물들 가운데 자리매김하는가? 어떻게 경건에 그 충만한 의미를 주고, 그리스도교적 삶 속에서의 역할을 보여주는가?

우리는 경건을 그 대상인 하느님을 찬미하고 그분께 봉사하는 영적인 감정으로 정의할 수 있다. 이 감정은 우리의 영으로부터, 선과 행복에 대한 갈망과 연관된 우리의 하느님 감각으로부터 온다. 그것은 우리의 의지를 연관시키고, 우리의 느낌들과 소통한다.

우리는 경건에 성 토마스가 묘사하는 종교의 특성들을 적용할 수 있다. 경건은 단순히 하나의 감정이 아니다: 그것은 하나의 덕, 곧 반복된 선행들에 의해서 발전되는 하나의 항구하고 활동적인 성향이다. 그것은 우리에게 행동할 갈망뿐만 아니라 인격적인 기쁨도 준다.

경건은 무엇보다 먼저 찬미의 형식, [곧] 신적 존재의 능력과 초월성뿐만 아니라 자연과 인류 안에서의 그분의 업적에 대한 예찬이다. 복음의 빛 속에서 기도는 삼위일체적 차원을 획득한

다: 우리는 성령 안에서 그리스도를 통해서 아버지께 기도한다. 우리가 교회의 심장부에서, 전례 안에서, 그리고 공인된 사적 신심들 안에서 하느님을 경배할 때 경건을 실천한다.

비록 이론상 경건을 대신덕들로부터 구별할 수는 있지만 구체적으로 경건은 대신덕들, 특히 참사랑으로부터 분리될 수 없다. 참사랑을 하느님과의 우정이라고 정의함으로써 성 토마스는 하느님과 신앙인들 사이에, 그리스도의 중재를 통해서 자연적 관계를 넘어가는 어떤 상호성을 확립한다. 그것은 하느님의 말씀과 인간의 말 사이의 교환에서 영적인 대화로서, 그리고 은총의 선물 안에서 성사들을 받음으로써 드러날 수 있다.

성 토마스는 우리가 하느님께 드리는 기도와 영예로써 그분의 영광에 아무것도 보탤 수 없다고 말한다.[12] 이것은 하느님이 우리의 찬미에 무관심한 채로 있다거나 혹은 우리의 찬미가 단순히 순전한 의무의 문제라는 것을 의미하는 것이 아니다. 우정은 참사랑에서 그 최고의 형식으로 발견될 수 있는, 상대방에 대한 느낌을 포함한다. 그 안에서 우리는 (우리 안에 하느님을 향한 사랑의 촛불을 밝혀주는) 우리를 향한 하느님의 사랑을 경험한다. 하느님은 무감각하기는커녕 당신 자신이 사랑에 있어서 우리의 스승임을 보여주고, 우리를 어떤 의미에서는 그리스도에 의해 당신의 가족으로, 당신의 자녀들로 인도하신다. 사도 요한에 따르면, "하느님의 사랑은 우리에게 이렇게 나타났습니다. 곧 하느님께서 당신의 외아드님을 세상에 보내시어 우리가 그분을 통하여 살게 해주셨습니다."(1요한 4,9) 우리는 또한 '거저'(gratis)라는 것이 사랑의 한 특징이고, 그 자유와 짝을 이룬다는 점에 주목한다. 하느님은 우리에게 의존하시는 것이 아니기 때문에, 우리

---

12. II-II, q.82, a.7.

를 거저 순수하게 사랑하실 수 있다. 그분은 이것을 육화의 신비와 구원하시는 수난에서 보여주신다. 인간적 사랑이 이미 신비롭다. 신적인 사랑은 우리를 가장 위대한 신비로 안내하는데, 그것은 우리의 이성을 조롱하기 위해서가 아니라, 신앙의 나침반(컴퍼스)을 든든하게 쥐고 있는 이들을 위해 어두움 자체를 빛에 이르는 길로 만듦으로써 우리의 이해를 채우기 위해서이다.

종교의 덕과 마찬가지로 경건은 하나의 상급 덕이다. 왜냐하면 그것은 우리가 하느님께 좀 더 가까이 다가가도록 만들어주거나 혹은 그 자체가 하느님에 의해서 접근되는 최선의 길이 되도록 해주기 때문이다. 경건은 참사랑에 의해 강화되어 모든 덕들을 함께 모은다. 이렇게 해서 경건은 도덕성에 일반적 영향을 미친다. 그것은 덕들과 활동들에 하느님께 대한 감각, [곧] 바로 느낌들을 관통하고 (그리스도교적 삶의 해석자들이자 촉진자들이 될) 상상력과 기예에 영감을 주는 뚜렷하고 강한 향취가 스며들게 만든다.

경건과 성령의 활동 사이의 연관성을 다시 한 번 더 확고하게, 그리고 (성령의) 선물들에 관한 가르침과의 연속선상에서 확립하는 것이 중요하다. 경건은 주로 느낌의 문제가 아니고, 의무적이거나 직무 이외의 실천도 아니며, 영감의 문제이다. 성 토마스는 종교가 경건의 덕보다 더 크지만, 경건의 선물은 종교의 덕보다 더 크다고 말한다.[13] 경건과 종교를 함께 고찰한다면, 우리는 경건의 선물이 종교적 삶의 정점에 있다고 말할 수 있을 것이다. 그것은 그것의 표현인 예배에서 실행되는 성령의 충동(instinctus)이다. 자발적이고 창조적인 움직임인 이 충동은 단지 인격적이기만 한 것이 아니라 교회적이기도 하다. 그것은 우리

---

13. I-II, q.112, a.2.

를 개인적으로, 모델이자 그 완전한 표현인 교회의 기도에 참여하도록 인도한다.

경건은 참사랑 및 다른 덕들과 연결되어 있다는 사실로부터 힘을 얻어 충만함에 이르고, 한 사람의 삶 전체를 하느님께 바쳐지는 예배로 만든다. 그렇지만 '경건'이라는 용어가 동시에 기도와 예배에 연결되어 있다는 좀 더 제한된 의미를 보존하고 있다고 덧붙이기로 하자. 무엇보다도 만일 경건이 다른 덕들에 영감을 불러일으킬 수 있다면, 우리는 기도하기를 좋아하는 사람을 두고 '경건하다'고 말할 수 있을 것이다.

12. 일과 덕

일(labor)과 덕(virtus) 사이의 연결고리는 무엇인가? 우리를 일로 내모는 느낌 또는 정념이 있는가? 혹은 일이 그것에 수반되는 노고 때문에 우리를 퇴박하는가? 우리는 흔히 인간의 정념들 가운데 일에 대한 감각을 꼽지는 않는다. 하지만 일은 덕의 실행을 선호하지 않는가? 그것은 또한 실패하고 마비시키는 활동인 것과 마찬가지로 과도하고 침투적인 활동이 될 수는 없을까? 어쨌든 일은 인생에 큰 몫을 차지한다. 우리는 생계를 위해 열심히 일해야 하지 않는가? 실업자가 되는 것보다 더 지겹고 해로운 일은 아무것도 없지 않은가? 누구든 의무로서도 필요로서도 일 문제에 직면해야 한다.

아직도 가톨릭 윤리학자들은 일요일에 육체노동을 금하는 것을 제외하고는, 일 문제를 간단히 다루고 있다. 우리는 또한 신학자들이 일의 신학에 관한 논고를 발전시키지 않았다고 말할 수 있다. 그것은 전통적인 문제가 아니었다. 성 토마스 자신은 수도회에서 그들이 육체노동을 해야 하는지를 숙고하는 기회에 오로지 부수적으로만 일에 대해 말한다. 게으다는 비난을 받았던 탁발수도회(托鉢修道會)를 옹호하기 위해서 그는 자신의 손으로 일해야 할 네 가지 이유를 열거한다: 1) 자신의 생활비를 벌기, 2) 많은 악의 원천이 되는 게으름에서 벗어나기, 3) 속죄의 실행으로서 욕망을 제어하기, 4) 자선의 한 수단으로서.[1] 토마스는 도덕성의 틀 안에서 일 문제에 관해 집필할 생각을 하지 않았다. 그는 자신이 육체노동을 (인간이 손으로든, 발로든, 혀로든 생계를 해결하는) 모든 고용관계(직업)들로 이해한다고 설명한다. 그는 여기서 교사로서, 저술가로서, 그리고 설교가로서의 자기 자신의 일을 생각하고 있는 것일까?

이 고찰들은 우리로 하여금 인간의 일 문제를 성찰하라는 초대이다. 우리는 정확히 '덕 윤리'(Virtue Ethics)의 틀 안에서 일이 덕의 삶에 얼마나 기여하는지를 살펴봄으로써 그렇게 할 것이다.

12.1. 일의 정의와 형식들

먼저 우리가 일을 어떻게 이해하고 있는지를 규정하는 것이 필요하다. 그 용어는 말이나 소의 징을 박을 때 그들을 통제하기 위해 사용하는, 세 개의 기둥으로 이루어진 장비를 가리키는 대중 라틴어의 '트리팔리움'(tripalium)으로부터 유래되었다. 후대에 그것은 고문 도구를 가리키게 되었고, 이것으로부터 고통을 당하는 사람의 상태나 출산의 고통을 가리키던 고대 프랑스어 단어 '트라베예'(traveillier)와 '트라바예'(travaillier)가 나왔다. 현대 프랑스어에서 그 용어는 일(업적)을 산출하려고 행하는 인간의 활동 전체를 의미하고, 또한 그 사용의 빈도와 다양성을 보여주는 상당수의 뉘앙스들을 포함할 수 있다.[2]

사회학자와 철학자들은 일의 정의에 관해 토론을 벌인다. 통상적으로 그들은 일을 우리가 그 대가를 지불받아야 할 어떤 것

---

1. II-II, q.187, a.3.
2. *Le Petit Robert, Dictionnaire de la lange francaise*, ed. A. Rey et J. Rey-Debove, Paris, Le Petit Robert, 1990.

으로, 입법화의 대상으로 이해한다. 우리가 볼 때, 일은 네 가지 요소를 포함하고 있는 것으로 보인다: 그것은 어떤 더 이상의 목적을 가지고 있는 대상을 성취하기 위해서, 어떤 주어진 문제에 대해 기울이는 오랜 노력으로 구성되는 인간적 활동이다. 이런 것이 집을 짓는 목수의 일이고, 시계를 조립하는 시계공의 일이며, 자신의 제자들을 위해 강의를 준비하거나 책을 집필하는 교수의 일이다. 교수들은 이익을 위해서나 봉사하려는 열망에서 일할 수 있다.

윤리학자들로서 우리는 여하한 일의 원천인 인간의 노력이라는 차원의 전망으로부터 일을 이해함으로써, 일이라는 단어의 의미가 지성적이고 도덕적인 노동을 포함할 수 있도록 확장해야 한다. 이렇게 하기 위해서 우리는 일을 물질적 이익 관념으로부터 일정 정도 떼어놓아야 한다. 예컨대 지적 노동은 그것에 드는 시간 덕분에 실제적 일이다. 하지만 비록 교수가 이런 노동에 의해서 자신의 생계를 꾸린다고 하더라도, 특수한 보상은 다른 질서의 것, 곧 진리에 대한 포착과 그것을 향유함이다. 성 토마스는 그를 돕는 여러 필경사를 고용할 정도로 지적인 일의 기수였다. 그럼에도 불구하고 그가 책을 읽고 성찰하고 집필하고 가르칠 때 그의 목적은 자신의 빵을 얻기 위해서라기보다는, 진리를 발견하고 드러난 진리를 알려주려는 것이었다.

길게 이어지는 노고는 일의 두드러진 [특징적] 요소이다. 우리는 길게 이어지는 인간의 노고가 성취되어야 할 어떤 특수한 목적을 위해 변형되는 질료에 영향을 미칠 때마다, 일에 대해서 말할 수 있다. 도덕적 노력은 그것이 그 목적을 달성하기 위해서 반복과 지속을 요구하는 한, 이처럼 일의 이름을 받을 자격이 있다. 분명 일은 그 질료에 의해서 조건 지어져 있다. 그것이 나무, 철, 또는 금으로 일하는 데 요구되는 상이한 기술들로 구성된 육체노동에 오게 될 때, 이미 그러하다. 그 차이는 그 질료가 모두 다른 질서의 것일 때 더 커질 것이다: 지적인 일이 한 가지일 것이고, 도덕적이고 영적인 일이 다른 한 가지일 것이다. 특히 우리의 관심을 끄는 것은 분명 이 마지막 두 가지이다. 왜냐하면 그 질서 안에서 덕들이 발견되기 때문이다. 도덕적 일은 활동하는 인격들을 그 소재 또는 직접적 대상으로 삼고 있고, 또 그들의 변형, 그들을 완성하는 그들의 선성과 덕들에 있어서의 진보를 그 목적으로 삼고 있기 때문에 다른 종류의 일들과는 구별된다. 도덕적 일은 내면적이고 인격적이며 그 고유의 규칙들을 가지고 있다. 이 규칙들은 의심의 여지없이 도덕성에 관한 책에서 관념들로 표현될 수 있지만 (그것들의 요구되는 형상이 가리키는) 효과적인 활동을 그들의 목적으로 삼고 있는 도덕 법칙이다.

12.2. 도덕적 일

참으로 도덕적 일은 인간 노동의 모든 형식을 결합시킨다. 활동할 때, 그것은 말과 글로써 정신의 도구인 육체를 가담시킨다. 그것은 성찰에 의해서 지성을 채택하고, 특히 행동하려는 자유로운 결단에 의해서 의지를 채택한다. 통상적으로 일에 관해 말할 때, 우리는 먼저 외적 소재(materia)를 생각하게 된다. 하지만 도덕적 일은 (모든 일과 온갖 종류의 활동의 원천인) 인간 주체(subjectum humanum)를 그 고유 소재로 가지고 있기에 특수한 방식으로 이 이름을 받을 자격이 있다. 도덕적 일은 심지어 육체노동까지도 인간화하는 가장 인간적인 일이다. 이것이 덕과 일치되는 일의 종류이다.

도덕적 일은 인간 자신에 관련되는 것이기 때문에 두 가지 차원을 가지게 되는데, 하나는 지적 차원이고, 다른 것은 엄밀히 말해서 도덕적 차원이다. 인간이 행동으로 이끌리기 위해서 해야 하는 첫 번째 과제는 성 토마스가 『신학대전』에서 하듯이, 그 완성이 무엇이며 그것의 행복은 무엇에서 성립되는지를 발견하기 위해 인간 본성과 그 목적에 관해 성찰함에서 성립된다. 이것이 덕들이 발견되어야 하는 틀과 그들의 선성을 위한 조건들이 무엇인지를 규정한다. 그것은 이처럼 옛적부터 덕 윤리가 현명, 정의, 용기, 절제라는 사추덕(四樞德)을 둘러싸고 구성되었다는 것이다. 그리스도교는 여기에 하느님을 본다는 어떤 보다 높은 행복으로의 신적인 부르심을 계시함으로써 신앙, 희망, 참사랑의 덕을 추가한다. 이 대신덕들은 성령의 은총의 작용을 통해서 하느님을 그 직접적 대상으로 삼고 있는데, 그것들은 성령의 선물들을 통해서 사추덕을 완성한다.

도덕적 일은 그 지적 차원에서 지혜, 이해, 그리고 지식의 덕들을 채택하고 그것들을 활동에 적용할 것이다. 노동은 지식을 얻는 데 필요할 것인데, 그것은 선에 관해 자연적으로 알려지는 제1원리들의 빛 속에서 이루어지고, 도덕적 활동을 형성하고 그것에 명령을 내리는 현명(prudentia)의 판단으로 이끈다. 현명은 해롭고 금지된 것, 곧 죄를 회피하는 것으로 그치지 않는다. 그것은 구전적 덕(virtus integralis)이고, 현재의 상황에서 가장 잘 할 수 있는 것이 무엇인지를 식별하는 데 이용된다. 이런 판단은 현명을 덕들의 길잡이로 삼고 있는 관찰과 성찰의 일(작업)을 요구한다.

다른 도덕적 덕들도 우리에게 특별한 일의 형식을 요구한다. 흔히들 우리가 반복적 행위들에 의해서 덕을 획득한다고 말한다. 하지만 여기서 분명히 해야 한다. 왜냐하면 우리는 단순하게 어떤 습관, 곧 실제로는 인격적 연루됨을 축소하는 자동적 응답으로 이끌게 될 어떤 질료적 반복을 말하는 것이 아니다. 오히려 우리는 무엇을 행하는지에 있어서 그리고 그것들을 수행하는 데 있어서 진보로 이끄는 선성을 증대시키는 일련의 행위들을 말하고 있다. 활동적 경험을 통해서 우리는 우리의 행위에 대한 좀 더 큰 숙련을 획득할 것이고, 좀 더 절제되고 좀 더 용감하며 좀 더 정의롭고 좀 더 현명해질 것이다. 이렇게 우리 안에는 습관이 아니라 '습성'(habitus), 곧 우리로 하여금 올바르고 점점 더 낫게 행동할 수 있게 해주는 지속적 태세(dispositio)들이 형성된다. 불행히도 성 토마스의 시대에 통용되던 '습성'이라는 단어는 '습성'이라는 본래의 강한 의미를 간직한 채 우리의 현대 언어로 전해지지 못했다. 우리는 그것을 대체할 단어를 가지고 있지 못하다. 이것은 우리의 문화 속에서 진정한 덕 윤리를 가지고 있지 못하다는 부재(不在)의 표지이다.

그런데 덕은 특수한 일, 점점 더 잘 행동하기 위한 자기-제어(self-mastery)의 노력으로 이루어진다. 그것이 바로 덕을 유지하고 성장시키기 위한 조건이다. 다른 모든 일처럼 그것은 우선 피곤해지고 심지어 (출산처럼) 고통스럽기까지 하다. 그러나 조금씩 그것은 우리 안에 도덕적 선성, 덕스러운 행위의 맛을 발전시키고, 어떤 깊고 내밀한 만족을 가져다준다.

덕의 일은 인격적이고, 동시에 객관적이다. 왜냐하면 그것은 우리 자신을 풍요롭게 만들고 남들에게도 이로운, 지속되는 아름다운 일(작품)의 창조를 목표로 삼고 있기 때문이다. 그것은 선하고 아름다우며 유익한 완성품을 성취했을 때 기쁨을 가져다준다. 이 전망에서 볼 때, 일은 사회적 차원을 얻을 수 있고, 가정에서부터 국가에 이르기까지 모든 수준에서 사회 자체의 조직화를 겨냥하고 있다. 이 수준(차원)에서 그것은 정치적, 입법적, 그리고 사법적이 되지만, 아직도 그 도덕적 함축을 보존하고 있다.

만일 우리가 '일'이라는 단어의 의미를 방금 한 것처럼, 육체노동으로부터 도덕적 일에 이르기까지, 그 원천인 인간의 노력으로부터 확장한다면, 우리는 일이 인간의 자유(自由)와 연결되어 있다는 것을 볼 수 있다. 참으로 자유는 선과 악 사이에 선택하거나 원하는 것은 무엇이든 원할 적마다 행할 수 있는 능력에 있다기보다는 가치 있는 일들을 창조할 수 있는, 점차적으로 획득된 능력에 있다. 그것은 기예(技藝)의 영역에서 초보 견습생이 갑자기 멋진 걸작을 만들어낼 수 없듯이, 역량[곧, 요구되는 힘]을 갖추지 못한 자에 의해서는 이루어질 수 없는 일이다. 이런 의미에서 일은 우리 자유의 구성 요소라 할 수 있다. 실상 일정한 탁월함으로 행동하는 데 필요한 저 불가결한 덕들을 획득하기 위해 요구되는 일이 없이는 우리는 이 자유를 충만히 실행할 수 없다. 일은 예컨대 덕들을 획득하는 데 그러한 것처럼, 우리 행위들의 성질의 조건이다.

12.3. 영적인 일

신앙인의 삶 안에서 그리스도와 성령의 은총의 개입은 우리가 방금 전에 일과 덕들에 관해 말한 것을 의문에 부치는 것으로 보이는 근본적 문제를 야기한다. 일(업적)이 아니라 신앙만으로(sola fide) 의화(義化)된다는 사도 바오로의 명제는 일에 묶여 있는 덕의 가치를 무효로 만들고, 그것을 교만과 죄의 혐의자로 만든다. 이리하여 개신교에서는 신앙의 이름으로 일들과 함께 덕들마저 회피한다. 이런 신앙관은 참으로 일 또는 도덕적 노력에 관해 말할 것이 아무것도 없단 말인가?

가톨릭의 가르침은 이 대립들 속에 갇혀 있지 않다. 그리스도는 우리의 신앙에 계시와 은총이 제시되도록 만드는데, 이것은 희망과 참사랑을 통해서 (그것들로부터 흘러나오는 활동이 우리의 일이자 동시에 하느님의 일인 그런 방식으로) 우리의 사적인 의지와 조화롭게 작동한다. 부르심[김命]과 신적 은총은 1차적이고, 우리의 기여는 2차적이며, 능동적 순종의 형식을 취한다. 신앙은 수행할 일거리가 없이는 우리를 내버려두지 않을 것이지만, 이 노동이 신적인 것이 되고 동시에 우리의 것이 되는 방식으로 우리를 교회 안에서 작용하시는 성령의 일과 연결시킨다. 이것이 바로 우리가 영적인 일이라 부를 수 있는 그것이다. 우리의 일이 무엇이든지 간에 우리는 그것을 우리의 소유라고 주장할 수 없다. 왜냐하면 하느님이 그것을 우리 안에서 시작하는 분이고, 그 스승이시기 때문이다. 처음부터 그분은 우리에게, 우리가 신적인 일에 참여하기 위한 조건들로서 수용적인 태도와 동의를 요구한다. 그러나 이 태도는 만일 우리가 하느님의 뜻과 일치되는 일에 가담되어 있지 않았다면, 그리고 우리가 성령의 영감을 따르지 않았다면 공허할 것이다.

여기서 영적 경험에 따르면, 성 토마스가 덕과 성령의 선물 사이에 확립하는 긴밀한 관계가 참된 것으로 확인될 수 있다. "선물들은 성령의 영감을 따를 채비를 갖춘 인간의 완전성들이다. … 성령의 선물들은 인간과 성령의 선물들 사이의 관계를 도덕적 덕들과 이성 사이의 관계와 동등한 것으로 정립한다. 곧 이 덕들은 우리로 하여금 이성에 신속하게 복종하도록 만들어주고, 성령의 선물들은 비슷한 방식으로 우리를 성령의 충동들에 잘 반응하도록 준비시켜준다."[3]

성 토마스에게 있어서 성령의 선물들은 덕들만큼, 아니 그 이상으로 그리스도교적 도덕생활의 일부이다. 왜냐하면 그것들은 우선적인 그리고 상급의 충동이기 때문이다. 그렇기 때문에 토마스는 제2부 제2편에서 선물을 덕과 연결시키는 일에 관심을

---

3. I-II, q.68, a.3.

기울인다. 후대의 윤리신학자들은 성령의 선물들을 무시하고, 그것들을 기껏 어떤 엘리트에 관한 일종의 영적 부록쯤으로 간주하며, 때로는 심지어 그것들이 통상적인 길을 벗어난다고 하여 불신하기까지 한다. 그들은 성령의 영감들 대신에 법적 의무들을 도덕성의 기초로 삼게 될 것이다.

그러므로 성령은 우리를 우리의 일로부터 면제시켜주지 않는다. 오히려 정반대이다. 그러나 그분은 우리에게 (그분이 스승으로서 주도권을 쥐고 있고, 우리는 복음을 안내 삼아 일하는 일꾼들인) 새로운 행동 방식을 가르친다. 이러한 것이 엄밀히 말해, 도덕적 일과 구별되지만 그것과 결합되어 작업하는 영적인 일이다. 영적인 일(labor spiritualis)의 한 가지 두드러진 특징은 그것이 기도로 시작하고 또 규칙적으로 기도로 돌아온다는 점이다. 왜냐하면 우리가 (우리로 하여금 일하도록 움직이고 우리에게 영감을 주는) 성령의 은총을 받는 것은 바로 기도에 의해서이기 때문이다.

예수는 우리에게 자신의 설교와 치유 이전에 행한 고독한 기도의 모범을 보여준다. "다음 날 새벽 아직 캄캄할 때, 예수께서는 일어나 외딴 곳으로 나가시어 그곳에서 기도하셨다."(마르 1,35) 비록 그것이 물러남과 여유를 요구한다고 하더라도, 기도는 영혼 깊은 곳에서, 정신과 마음의 차원에서, 모든 노력의 근저에서 일어나는 일이다. 우리는 기도가 하느님으로 하여금 일하시도록 하여 우리 삶 안에 개입하게 만들고, 우리로 하여금 그분의 모범을 따라 잘 일하도록 준비시켜주는 것이라고 말할 수 있다.

우리는 영적인 일, 도덕적인 일, 그리고 육체적인 일을 구별하였다. 그렇지만 실상 인간의 경험에서 그것들은 서로 유사하다. 참사랑은 신앙과 희망과 마찬가지로, 영적인 차원과 도덕적 차원에 갇혀 있을 수 없다. 그것들은 구체적으로 물질적 과제들에 있어서 육체의 사용으로, 궁핍한 이들과 남들을 위한 봉사로, 우리 각자의 처지에 따라 요구되는 의무들을 신중히 채움으로써, 그리고 우리가 착수하는 모든 선한 일들 안에서와 마찬가지로 매일의 과제들 안에서 실현된다.

오순절(五旬節)에 제자들에게 내린 성령은 하늘로부터 내려와 그들 하나하나 위에 머무는 불꽃 형상을 취했다. 그때 신앙인들은 그들이 받은 은총을 행동으로 드러냈다: "그들은 재산과 재물을 팔아 모든 사람에게 저마다 필요한 대로 나누어주곤 하였다."(사도 2,45) 마지막으로 예수의 가르침과 삶은, 우리가 그리스도의 일이라고, 그리고 심지어 (그리스도께서 몸소 십자가를 지시고, 그곳에 못 박히도록 손을 내밀었기 때문에) 육체적 노동이라고까지 규정할 수 있는, 십자가 위의 죽음으로 끝장나지 않았던가? 우리는 이런 주제들을 대단히 길게 전개할 수 있다.

이미 보여준 것처럼, 우리는 일(노동)을 육체적인 일, 기예적(技藝的) 일, 도덕적 일, 그리고 영적 일 등 여러 수준에서 이해할 수 있다. 분명히 창세기는 일을 고통스러운 것으로, 죄에 대한 벌로 제시하고 있다. 그러나 그것은 일이 인간에게 자연적인 것이 아니라 필연적이어서 우리가 그것을 사랑하게 될 수 없다는 의미는 아니다. 우리가 행동하는 곳이면 어디에서나 일과 마주치게 될 것이고, 그래서 우리는 인간을 '일하는 존재자'라고 정의할 수도 있다. 인간적 일은 특히 덕들과 묶여 있다. 이 덕들은 일할 수 있는 역량들, 다시 말해 각자의 영역에서 어떤 선택된 일을 성취할 수 있는 역량들이라고 그 성격을 규정할 수 있다. 그것들은 우리로 하여금 하느님의 영에 의해 하느님의 활동 안에 참여하도록 만들어주는 대신덕들을 포함해서 그들의 소재(materia)에 상응하는 일에 의해 획득되고 완성에 이르게 된다.

13. 휴식과 여가

일 다음에, 라틴어로 'quies'와 'otium'이라는 '휴식'과 '여가'에 대해 말하는 것은 지극히 자연스럽다. 첫 번째 단어는 영어의 quiet나 quietude 같은 단어들로 이어진다.

휴식이라는 주제는 더 이상 신학사전이나 철학사전, 또는 도덕성에 관한 단행본을 저술하는 현대 집필가들의 관심사가 아닌 것으로 보인다. 대부분의 학자들은 그것을 취급조차 하지 않는다. 하지만 우리는 『성서신학사전』(*Vocabulaire de theologie biblique*)의 한 항목과 좀 더 역사적인 『영성사전』(*Dictionnaire de spiritualite*)에서 또 하나의 항목을 발견한다. 명백히 윤리학자들은 의무적 휴일인 주일에는 일하지 말라는 금지령의 경우가 아니라면 휴식에 관해 관심을 기울여야 한다고 느끼지 않는다. 그저 결의론(決疑論)적 관심, 곧 어떤 일이 주일의 휴식에 반대되는 것으로 금지되고 또 어떤 것이 허용되는지를 알고 싶을 뿐이다.

그렇지만 성경과 교부들의 저술에서는 이 '휴식'이라는 주제가 대단히 중요했다. 왜냐하면 그것이 삶이 지향하는 것, 곧 참 행복을 가리키는 데 도움이 되었기 때문이다. 죽은 이들을 위한 전례는 이 점을 분명히 보여준다. 장례미사의 초대송에서는 "주님, 그들에게 영원한 안식을 주소서! 영원한 빛을 그들에게 비추소서!" 하고 노래한다. 윤리학자들에게 있어서 휴식은 단지 법적인 의무일 뿐인가, 아니면 그것이 바로 그리스도교 생활의 목적을 구성하는가? 그리고 우리는 그런 휴식을 어떻게 이해해야 하는가?

휴식과 일의 관계는 우리가 일의 주체에 관해 구별 지었던 다양한 질서들, 곧 육체적 또는 물리적 질서, 도덕적 질서, 그리고 영적 질서를 다시 찾도록 초대한다.

13.1. 육체적 휴식

휴식(休息)의 첫 번째 의미는 부정적이다. 『라루스 사전』(*Larousse Dictionary*)에 따르면, 휴식은 움직임의 부재, 부동성 또는 활동이나 일을 멈추는 사실을 의미한다. "휴식!"은 물리적 활동을 그만두라고 내리는 명령이다. 그렇지만 이 휴지(休止)는 적극적인 지향을 담고 있다: 노력을 기울인 뒤에 우리의 한정된 힘을 회복하기 위해서는 휴식이 요구된다. 살아 있는 유기체 안에서 휴식은 단순히 어떤 충만한 중지가 아니라 하나의 회복 시간이다. 일요일 휴식은 식사를 준비하거나 가축들을 돌보는 등의 특정 경우를 제외하고는, 무엇보다 먼저 이런 물질적인 의미에서의 육체노동에 대한 금지로 이해될 수 있다.

창세기에서 창조는 일곱째 날에 휴식으로 마무리되는 하느님 자신의 일로 제시된다. "그래서 하느님께서는 이렛날에 복을 내리시고 그날을 거룩하게 하셨다. 하느님께서 창조하여 만드시던 일을 모두 마치시고 그날에 쉬셨기 때문이다."(창세 2,3) 이것이 사람들에게는 안식일이라는 십계명의 계명으로 표현된다. "안식일을 기억하여 거룩하게 지켜라. … 주님이 엿새 동안 하늘과 땅과 바다와 그 안에 있는 모든 것을 만드시고, 이렛날에는 쉬었기 때문이다. 그러므로 주님이 안식일을 강복하시어 그날을 거룩하게 하신 것이다."(탈출 20,8-11) 우리는 쉽게 일과 휴식이 인간 경험을 하느님과 그분의 일에 적용한 일종의 투사(投射), 곧 신적 활동을 인간학적으로 표상한 것이라고 생각할 수 있다. 하지만 성경에서는 사정이 정반대이다: 하느님의 일은 먼저 창조 활동으로, [곧] 존재(esse)라는 선물에 의한 그 본성(本性, natura)의 형성으로 온다. 그 결과는 인간의 일이 우리의 차원에서 창조의 한 형식이라는 것인데, 이것은 (그날을 축복하고 거룩하게 만드시는 하느님을 본받는 데에서 완성되는) 과업의 선성을 충족시켜주는 휴식으로 마무리된다. 일과 휴식은 신적인 일에 대한 참여, 거룩한 기쁨과 감사에서 절정에 달하는 신적인 일의 지속이 된다. 우리가 볼 수 있듯이, 물리적 일과 휴식에 관해 말하면서도 성경은 그것들을 하느님의 일과 휴식을 그 모델로 삼음으로써 그 안에 영적인 의미를 불어넣는다. 이런 텍스트들은 우리에게 (하느님이 우리를 그리로 초대하시는) 휴식의 풍부함에 대한 실마리를 제공한다. 휴식은 우리가 행한 일의 완성이자 즐김으로 꽃피어난다.

13.2. 지적 휴식

지적 휴식은 물질적 일을 요구하는 것과 함께 갈 수 없다. 지적 양성, 연구, 그리고 탐구는 시간과 일정한 우선성을 요구한다. 특히 어떤 새로운 종합을 창안하기 위해서 배운 것을 한데 모으는 성찰은 (새로운 관념을 만들어내고 그것을 사용하기 위해서 요구되는) 사고의 집중을 위해서 다른 모든 활동의 유보를 요구한다. 성찰은 자신의 모든 힘을 요구하는 풍요로운 정신 활동이다.

그러므로 지적 삶은 그것을 수행(실행)하기 위해서 물질적(육체적) 휴식을 필요로 한다. 더욱이 그것은 (그것의 모든 노력에 화관을 씌우는) 고유한 휴식으로 향하려는 경향이 있고 경탄(예찬)에서 끝난다. 우리는 이것에 의해서 (일이나 활동의 한 조각 아름다움에 사로잡힘에서 오는) 기쁨을 이해한다. 경탄이란 우리 눈에 비친(또는 우리가 이해한) 아름다움에 대한 성찰과 같다. 그러한 것으로서 경탄은 그 자발성 안에서 순수하고 참되다. 우리는 우리가 쓰거나 다른 누군가가 쓴 어떤 것에 대해, 그것이 선하거나 아름답다면 경탄할 수 있다. 이것이, 우리가 진리의 봉사자에 불과하면서도 마치 우리 앞에 있는 진리의 주인이기라도 하듯이 우리 자신에 대한 경탄이 되지 않도록, 자랑하지 않도록 경계해야 한다. 이런 정신의 휴식은 지성적 일에 대한 통상적인 보답이다. 그것은 그 각각의 영역에서 탐구의 추구와 그 발전을 선호한다.

13.3. 도덕적 휴식

이미 살펴본 것처럼, 도덕적 일이란 우리의 실천이성이 의지 및 그 감각 기관들과 함께하는 협력이다. 우리는 그 발전에 있어서 두 단계를 구별할 수 있다. 도덕적 성찰은 지금 당장 구체적으로 무엇을 해야 하는지에 대한 결정을 그 직접적 목표로 삼고 있다. 성 토마스에 따르면, 이러한 것이 계명 또는 '명령'(imperium)으로 이끄는 선택이다: "이것을 해라! 저것을 하지 마라!" 이것은 실천적 판단의 단계이다. 그러나 후자는 나중에 우리가 현세에서 추구하는 궁극적 목적, 동시에 성찰의 원리이자 우리 활동들의 최종 목적으로 질서 지어지게 된다. 이것에 비추어 도덕적 질서에서 두 겹의 질서를 구별할 수 있다.

모든 휴식 가운데 첫째로, 올바른 도덕적 판단과 올바른 삶에 의해서 성취되는 내면적 평화가 있다. 이것은 올바르게 처신하였을 때 초래되는 것으로 이어지는 행위에 의해서 유지되고 강화되는, 우리가 "평온한 양심"(conscientia tranquilla)이라고 부르는 그것이다. 이것이 바로 덕이 가져다주는 평화이다. 덕처럼 이 평화도 항구하며 추동하는 힘이므로 규칙적인 진보를 보장한다. 참으로 도덕적 휴식은 정적(靜的)이지 않다. 왜냐하면 우리는 그 안에 머물며 마치 그것이 최종 목적이기라도 하듯이 그것을 즐길 수도 없기 때문이다. 그것은 역동적이며 우리로 하여금 이 평화가 자라나도록 도와주는 더 많은 선한 활동들로 기울도록 만든다. 육체적인 휴식과 달리 도덕적 휴식의 대상은, 노력에 의해서 소진(消盡)된 힘을 복원하는 것이 아니다. 덕은 실행된다고 해서 피곤해지는 것이 아니기 때문이다. 오히려 덕은 우리 안에서 활동함으로써 새로운 힘을 제공한다. 그것은 우리로 하여금 행동하도록, 그리고 좀 더 용이하게 행동하도록 만든다. 그것은 하나의 '습성'(habitus), 곧 정확히 활동할 수 있게 되고, 갈수록 더 잘 행동할 수 있게 되는 능력이다.

두 번째 단계에서, 우리의 도덕적 활동들은 확립되고 우리 삶 전체를 구성하는 요인들에 따라 질서 지어진다. 결과적으로 적절한 때에 그리고 때로는 아주 일찍감치 각자는 자신의 삶을 최종적이고 지배적인 목적을 향해 설정할 결정적 선택으로 이끌리게 된다. 이 선택은 인간에게 자연스럽고 불가피하며 인격적이다. 그것은 동시에 단순하고 풍부하며, 즉각적으로 일련의 문제들을 제기한다. 그것은 행복에 관한 문제들을 포함하고 있다: 나의 행복과 불행은 어디에 있는가? 그것은 선성 또는 완전성에 관한 질문 속에 뿌리를 내리고 있다. 나를 선하게, 또는 더 낫게, 또는 악하게 만드는 것은 무엇인가? 그것은 사랑에 관한 질문에 기초하고 있다. 나는 무엇을 가장 사랑하는가? 내가 가장 사랑하는 사람은 누구인가? 나는 무엇을 미워하고 혐오하는가? 이 질문들 자체는 진리 문제에 의존하고 있다: 나의 참된 행복, 진정한 완성, 참다운 사랑은 무엇인가?

우리 각자는 이런 질문들을 던지고 있고, 이에 대해 (그것을 의미 있게 만들려고 분투노력하는, 추론되고 분절화된 사고로부터라기보다는) 깊고 내밀한 경험으로부터 응답하고 있다. 그럼에도 불구하고 행복과 사랑에 관한 우리의 응답은 우리의 모든 활동을 관통하고 있고, 복음서가 말해주듯이 볼 줄 아는 눈과 들을 줄 아는 귀를 가지고 있는 이들은 우리의 행위와 말들에서 그것을 알아볼 수 있다.

행복과 사랑의 질문에 대한 참되고 정확한 응수는 그 질문들 자체만큼이나 깊고 방대한 우리 정신과 마음에 휴식을 가져다준다. 이런 휴식은 결코 도덕적 질문들과 관련해서 마치 그것들이 이미 해결되기라도 한 것처럼 무관심을 발생시키지 않는다. 오히려 정반대다. 그것은 우리 안에 (스스로를 자기 자신과 남들에게 소개하고 몸 전체에 덕들을 흩뿌리며, 그것들 속으로 지속되는 힘과 뚜렷하고 확실한 기쁨을 불어넣는) 특수한 문제들을 해결할 역량을 증대시키는 기본적인 보장을 만들어낸다.

13.4. 영적 휴식

우리는 이미 영적인 일이 신앙의 행위에 의해서 우리를 성령의 일과 연합시키고, 은총에 의해 우리 안에서 작용한다는 것을 살펴보았다. 거기에 하느님께서 일곱째 날에 쉬셨다고 말해주는 창조 이야기가 의미하는 신적 휴식에 대한 내용이 뒤따른다. 『신학대전』 제1부에서 성 토마스는 한 문(問)을 이 신적 휴식을 해명하는 데 할애한다.[1] 그는 정신의 차원에서 이 휴식을 두 가지 방식으로 이해할 수 있다고 말한다. 곧 그것은 창조하기를

---

1. I, q.73.

그친 것을 의미하거나, 우리가 갈망하는 것을 충만히 성취한 것을 의미할 수 있다. 일곱째 날 하느님이 쉬셨다는 것은 무엇보다 먼저 (창조한 것들 안에서 행동하기를 계속하면서도) 새로운 피조물들을 만들기를 그쳤다는 의미이다. 그때 성 토마스는 아우구스티누스를 따라, 하느님이 피조물을 필요로 하는 것도 아니고 당신 자신 안에서 자신의 참행복과 휴식을 발견한다고 지적한다. 하느님이 그것들에 명령을 내리는 데에서 휴식했다고 전하고 있지만, 그분이 이를 위해 그것들을 필요로 하는 것이 아니라, 그것들을 만드신 다음에 당신의 영원한 휴식으로 되돌아갔다는 것이다. 우리는 또한 이 일곱째 날의 휴식을 하느님이 당신의 창조 작업을 완성하고 당신 자신 안에서 휴식한 것이라고 이해할 수 있다. 그런 다음에 당신 자신을 인간들을 위해, 오직 당신 안에서만 그들의 휴식(안식), 완성, 참행복을 발견할 수 있는 분으로서 내어주시는 것이다.

구체적으로, 우리에게 그리스도의 은총의 개입은 그리스도인의 생활에서 활동에 대한 관상의 우위, 개인적인 주도권보다는 하느님 말씀에 대한 주의 기울임과 성령께 순종함의 우위로 인도한다. 이제부터 명상과 기도는 성찰과 선택보다 우위를 차지하고, 사유와 활동의 창조적 원천으로서의 하느님 현존 중의 침묵의 휴식으로, 그리고 동시에 완성시키고 행복하게 만드는 목적으로 인도할 것이다. 이것은 하느님 자신의 휴식에 거저 자유롭게 참여하는 것이다.

영적 휴식은 독특한 방식으로 성령을 향한 수동성과 수용성을 개인적 활동과 한데 묶는다. 우리 자신이 그런 휴식으로 이끌릴수록 우리는 성인들의 생애에서 만나볼 수 있듯이 하느님에 따라 행동할 수 있을 것이다. 마르타와 마리아의 예(루카 10,38-42)는 활동과 봉사에 대한 관상적 경청의 우위를 조명해준다. 여기서 그것은 하느님이 당신의 완전성 안에서 당신 자신 안에 휴식함으로부터 전개되는 신적 활동에 대한 환대(歡待)이다. 이는 사도들의 경우에 그랬던 것처럼 어떤 자연적 힘을 능가하는 사도적 활동으로 인도할 수 있다.

우리는 또한 영적 휴식을 이 휴식의 위격적 특성과 일치되게 성삼위(聖三位)의 신비와 연관 지어 설명할 수도 있다. 지성이 그 충만한 인식에서 휴식을 발견하고 의지가 그 완전한 사랑 안에서 휴식을 발견하는 것처럼, 하느님의 말씀인 아드님과 사랑의 성령도 아버지 안에서 휴식을 발견한다. 바로 이 사실에 의해서 성부는 성자와 성령 안에서 휴식한다. 우리는 복음서들 안에 들어 있는 그리스도의 말씀을 경청하고 묵상할 때, 그리고 성령에 의해서 우리 안에 일깨워진 참사랑의 움직임들에 우리 자신을 일치시킬 때 이 신적 휴식에 참여한다. 분명히 우리의 관념과 말들은 이런 풍요롭고 고양된 일들을 설명하기에는 너무도 보잘것없다. 그러나 다행히도 영적 경험에서 은총은 가장 비천한 이라도, 곧 단적으로 믿기를 감행하고 평화롭게 복종하는 법을 아는 이들도 그것들을 사용할 수 있도록 만든다.

14. 덕과 스포츠

윤리학자들은 스포츠에 관해 그리 많은 말을 하지 않았다. 스포츠는 일반 계명이나 법적 의무의 대상이 될 수 없는, 어떤 자유롭고 2차적 중요성밖에 지니고 있지 않은 활동이 아니던가? 이것이 바로 그 단어의 어원 자체가 의미하는 내용이다. 현재도 사용되고 있는 그 단어는 고대 불어에서 즐기는 것을 의미하는 '데스포르트'(desport)로부터 유래된다. '즐긴다'는 것은 놀이를 한다(play)는 것을 의미한다. 이리하여 윤리학자의 과업에서 스포츠는 일종의 후식(dessert) 같은 의미라고 할 수 있을 것이다.

하지만 인생에서 스포츠는 이론(異論)의 여지없이 중요한 자리를 차지하고, 어떤 진정한 열정(passion)을 일으킬 수 있다. 이것을 알려면 신문을 보기만 하면 된다. 제1면의 표제어들이 종종 스포츠 소식이기도 하고, 일간 신문의 한두 면은 언제나 각종 스포츠 소식과 해설이 차지한다. 이것은 많은 독자들이 비록 직접 참여하지는 않더라도 각종 스포츠에 관심을 기울인다는 사실을 알려주는 뚜렷한 지표이다. 모든 정념과 모든 활동에 연관된 기준과 덕의 문제가 스포츠에 적용될 수 있다. 윤리학자들은 이 문제를 무시할 수 없다.

비록 그 단어가 무엇을 의미하는지 모든 이가 알고 있다고 하더라도, 우리가 스포츠라는 말로 무엇을 의도하는지를 정의하는 것이 좋다. 그것은 경쟁의 틀 안에서 일정한 규칙이나 용도에 따르는 조직화된 훈련들로 이루어진 육체적 활동을 의미한다. 그 단어는 또한 자신의 건강을 증진시키려는 개인적인 육체적 활동을 가리키기도 한다. 스포츠는 또한 자전거나 자동차 같은 도구 또는 기계들을 이용할 수도 있다.

고대 세계에서 스포츠는 특히 기원전 7세기 그리스 문화에서 올림픽 경기가 잘 보여주듯이 상당한 역할을 하였다. 그 중요성을 알려주는 단적인 사실은 올림픽 경기에 따라 연도를 헤아렸다는 점이다. 394년 테오도시우스 1세 황제의 명으로 금지됐던 올림픽 경기는 근대에 이르러 1894년에 다시 복원되었고, 4년마다 정기적으로 개최된다. 이 게임들은 국제 스포츠 경연의 절정을 이루는데, 거의 모든 스포츠 종목을 포함하고 있다. 스포츠가 이처럼 문화생활의 맥락에 포함된다는 사실은 많은 것을 시사한다. 스포츠는 개인적 차원에서든 사회적 차원에서든 육체와 정신의 상호의존성을 잘 드러내 보여준다.

스포츠의 중요성을 이해하기 위해서는 단적으로 우리의 어린 시절을 상기하는 것으로 충분하다. 어린이에게는 놀이가 주된 활동이다. 어떤 의미에서는 공부나 성인들이 그에게 부과하는 다른 활동들과는 별도로, 그것만의 고유 세계를 구성한다. 우리는 놀이에서 편안함을 느끼고, 그로부터 창조적 정신과 탁월함을 향한 갈망이 연마된다. 우리는 친구들과 놀고 달리고 자전거를 타고 수영을 한다. 레슬링을 하고 춤을 추고 새로운 것을 발견하고 경쟁하는 데에서 쾌감을 느낀다. 나이를 먹으며 얼마간의 변형을 겪기는 하지만 이런 경험이 사라지지는 않는다. 그것은 감각지각이 지성의 활동에 그러하듯이, 심리학적인 기초를 이루고 있다. 그것은 육체의 차원에서 처음으로 맛보는 자유의 경험이고, 정신의 차원에서도 그것이 느껴지도록 만들어, 그로부터 그 단어와 영상을 얻게 된다. 바로 이것이 예수가 제자들에게 "어린이와 같이 하느님의 나라를 받아들이지 않는 자는 결코 그곳에 들어가지 못한다."(마르 10,15)라고 말할 때 의도한 것을 시사해주는 실마리가 아닐까? 우리는 이 안에서, 하느님에 대해 유덕한 삶을 사는 법을 훈련하고 있는 어린이의 감수성 풍부한 자유를 보존하라는 초대를 읽을 수 있다.

사도 바오로는 그리스도교적 금욕주의의 요구들을 묘사하는 데 있어서 당대의 운동 경기들과의 비교를 서슴지 않았다. "모든 경기자는 모든 일에 절제를 합니다. 그들은 썩어 없어질 화관을 얻으려고 그렇게 하지만, 우리는 썩지 않는 화관을 얻으려고 하는 것입니다. 그러므로 나는 목표가 없는 것처럼 달리지 않습니다. 허공을 치는 것처럼 권투를 하지 않습니다."(1코린 9,25-26) 사도는 자신을, 겸손에 반대되는 경쟁심을 피하면서도 그리스도에 따라 개인적 선을 추구하는 영적 경기자에 견준다. 그러므로 우리는 그리스도교적 생활의 요구와 양식들을 묘사하기 위해 스포츠로부터 영감을 끌어낼 수 있다. 시시각각으로 날마다 삶의 길에서 항구함을 요하는 '걷기'와 등산이 있다. 그리고 갈망과 사랑의 활력에 열정적으로 응답하는 '달리기'가 있다. 사도 바오로는 고통과 노고를 수반하는 전투의 위험을 대변하는 권투연습(shadowboxing), 권투 시합, 레슬링에 대해 말한다. 우리로 하여금 장애물을 뛰어넘게 만드는 '점프', 곧 도약도 있다. 지배적인 억견(臆見)의 조류를 거슬러 투쟁하는 이들의 용감한 '수영'이 있다. 그리고 규칙과 세칙을 따르며 공동생활로 불림을 받은 이들의 '합숙 훈련'이 있다. 독자는 이런 비교를 더 계속할 수도 있을 것이다.

도덕성의 과제는 우리 행업의 성격을 규정하고 그 기준을 확립하는 데에서 성립된다. 스포츠는 육체와 정신 모두에 유익한 물리적 활동으로서 유용하다. 그러나 그것은 다른 모든 활동들이 그렇듯이 지나침이나 모자람에 치우칠 수 있다. 우리는 인생에서 스포츠에 지나치게 많은 비중을 둘 수 있고, 심지어 지적이거나 종교적인 활동을 희생시키면서까지 주요 활동으로 삼을 수도 있다. 이런 지나침은 특히 우리가 벌 수 있는 돈 때문에 스포츠에 가담할 때, 돈이 끼어듦으로써 부추겨질 수 있다. 그때 스포츠는 광고를 통해 방대한 차원을 획득하게 되는 하나의 재정적 사업으로 변질된다. 여기에 스포츠를 왜곡시킬 진정한 위험이 도사리고 있다. 다른 한편, 우리는 또한 정신의 삶을 훼손시킬 정도로 스포츠를 백해무익한 것으로 폄훼하거나 시간낭비로 간주함으로써 미수(未遂)의 죄를 범할 수도 있다.

여기서 우리는 고전적인 도덕성의 과제와 마주하게 된다. 곧 두 극단 사이에서 각자에게 알맞게 올바른 중용을 식별하는 것이다. 문제는 매우 구체적으로 제시될 수 있다: 하루나 일주일에 얼마만큼의 시간을 스포츠 활동에 할애해야 하는가? 또한 우리의 건강과 인격 성장에 기여하려면 활동들의 위계에서 스포츠에 어떤 자리를 배정해야 하는가?

우리의 행위에서 칭송할 만한 가치가 있는 균형 잡힌 기준을 확립하는 덕에 관해 말하면서, 아리스토텔레스는 이 덕들 가운데 상당수가 어떤 고정된 이름을 가지고 있지 않지만 그럼에도 불구하고 그것들을 분명하게 이해하기 위해서는 이름 지어 부르는 것이 필요하다고 지적한다.[1] 스포츠의 실천이 바로 이런 경우다. 우리는 그것들을 규제하는 덕을 '스포츠 정신'(sportivity)이라고 부를 수 있는데, 이것은 현명이나 절제와 다르지 않은 도덕적 성격을 지니고 있다고 할 수 있다. 더욱이 '스포츠 정신'은 스포츠가 개인의 삶에서 차지하는 역할에 따라 다양할 수 있다.

---

1. Aristoteles, *Ethica Nic.*, II, 7.

분명 스포츠에 몸담고 있거나 가르치는 전문 체육인 안에서는 그것이 좀 더 클 것이다. 그러나 모든 사람이 다 자신의 건강을 유지하고 덕들을 실천할 수 있도록 물리적 훈련을 필요로 하는 덕분에 체육을 실천하도록 불리었다. 그리고 지금 여기서 이해하고 있는 것과 같은 '체육'(athletic)이라는 용어도, 우리가 경기에서 평등 원리에 대한 존중뿐만 아니라 일정한 상호 존중을 함축하고 있다는 의미로 '공정한 경기'(fair play)라고 부르는 정신과 의지의 성질을 가리킨다.

15. 심리학과 덕

 심리학은 오늘날 자기 자신 및 남들과 관련된 심리적 사실, 느낌, 관념, 태도에 관한 과학적 탐구를 가리킨다. 따라서 우리는 이 과학과 덕들 사이의 관계가 어떤 것인지 물을 수 있다. 과학이 그것들을 다루어야 하는가? 만일 그렇다면 어떻게 다루어야 하는가?

 우리는 피에르 다코의 『근대 심리학의 놀라운 승리』[1]를 소개하는 기회에 그 문제를 분명히 지적한 바 있다. 이 책은 대단히 훌륭하다. 그것은 심리학을 정상적이고 비정상적인 인간 행위의 모든 형식에 대한 학문 또는 예술이라고 정의한다. 심리학의 목표는 인격 완성에 유익한 정신적이고 심리적인 균형(aequilibrium)의 달성이다. 저자는 먼저 교육의 원초적 역할을 강조한다. 이어서 그는 피로와 좌절과 겁먹음을 바라보고, 그가 (잠재의식과 무의식과 더불어 있는) 정신의 동굴학(speleologia)이라고 부르는 것, 성적 충동, 그리고 명망 있는 심리학자들에 따른 복잡성, 신경질과 정신이상, 질병과 심신병행 치료법, 다양한 구분에 따른 성격과 기질을 살펴본다. 그리고 삶의 기술을 마무리하기에 앞서 교육, 청소년기, 성(性), 마지막으로 의지에 각각 하나의 장

---

1. Pierre Daco, *Les prodigieuses victoires de la psychologie moderne*, Paris, Marabout Press, 1960.

(卓)이 할당된다.

이 작품의 특성 가운데 하나는 독자가 자신의 생생한 경험과 연관 지을 수 있도록 도와주는 구체적인 범례와 더불어 인간 경험에 이르도록 하는 데 있어서의 신중함이다. 저자는 또한 연구 실태와 잘 생각해낸 성찰로부터 오는 자기 입장들의 폭과 균형에 있어서 칭송받을 만하다. 그는 심리학에 대한 훌륭한 일반적 전망을 제공한다. 그것은 잘 짜여 있고 과학적이면서도 실천적이다.

15.1. 심리학에서의 덕의 생략

책을 덮고 그것에 관해 생각하다가 나는 저자가 인간의 심리학을 개진하는 데 있어서 무언가를 빠뜨렸다는 것을 깨닫고 깜짝 놀랐다: 곧 그는 덕(德)에 관해서는 한마디도 하지 않는다! '덕'이라는 단어가 주요 용어해설이나 권말의 색인에서 발견되지 않는다. 또한 현명이나 절제, 심지어 정의 같은 특수한 덕에 대한 언급조차도 없다. 다만 용기에 관한 몇 마디가 있을 뿐이다. 문제는 명백하다: 인간 심리학 전반에 관해 글을 쓰면서 어떻게 덕에 관해 한마디도 하지 않을 수 있는가? 명백히 피에르 다코는 그것에 관해 생각조차 하지 않았다. 이 생략은 어떻게 설명될 수 있는가?

우리는 무엇보다 먼저 방법론적 이유를 내세울 수 있다. 심리학은 실증적이고 심리적 사실들에 대한 관찰로 시작하는 데 반해, 덕이 발견될 수 있는 도덕성은 인간에게 그들이 무엇을 해야 하는지[당위]를 말해준다. 심리학과 도덕성은 두 가지 서로 다른 질서에 속한다: 사실의 질서와 우리가 해야 하는 바의 질서, 곧 명령의 질서. 심리학은 도덕성에 관심이 없기에 덕들을 취급할 이유를 가지고 있지 않다.

　우리는 이 차이에 주목해야 한다. 그렇지만 그것은 특히 사람을 다루게 될 때 절대적이 아니다. 참으로 인간 현상들 가운데에서 도덕적 행위들은 짐승들과는 다른, 인간에게 고유한 것으로 나타난다. 자유로운 자기결정 능력은 매일매일 인간의 생애(生涯)를 구성하는 사실들의 연속을 산출한다. 이런 도덕적 사실들과 그것들에 기여하는 덕과 악습들을 빼버린다는 것은 인생에 관한 가장 특징적이고 가장 흥미로운 것에 대한 오해로 인도한다. 그 빈곤화와 변형에도 불구하고 심리학은 이런저런 방식으로 도덕적 사실들과 덕들을 고찰해야 한다.

　현대 심리학에서의 덕의 부재는 또한 오늘날의 주도적인 도덕성 개념, 곧 덕을 법적 계명에 복종하는 것으로 환원하는 명령, 의무, 금지의 도덕성 개념에 의해서 설명될 수도 있다. 이것에 비추어서, 심리학과 도덕성은 우리가 해야 할 것의 선언에 대한 사실들의 적극적 개진처럼 서로 상대방에게 대립적으로 설정된다. 더욱이 우리는 상이한 도덕 체계들을, 객관성에 대한 관심에서, 그것들의 가치를 논하지 않도록 조심함으로써 역사적 사실들로 묘사할 수 있다. 그럼에도 불구하고 심리학은 피에르 다코가 정상적인 것을 비정상적인 것으로부터, 건강한 행동을 병든 행동으로부터 구별할 때 행하는 것처럼, 그 인간 행위들에 대한 묘사에서 쉽사리 특정 가치에 기초한 척도들을 얼버무릴 수 있다.

　과학적 고찰들이 어떠하든지 간에 덕과 악습의 실존은 우리의 공통 경험과 각 사람에게 더 큰 중요성을 차지하는 일부이다. 우리는 우리를 괴롭히고 우리가 높이 평가하는 성질들과 우리가 승인하는 덕들의 대립자인 잘못들을 깨닫고 있다. 우리는 얼마나 자주 말하는가: 그것은 부당하다고, 그는 현명하지 못하다고, 그녀는 겁쟁이라고, 그는 절제력이 부족하다고, 그녀는 인내심이 없고 변덕스럽고, 겁 많고, 수다쟁이라고. 사실상 우리는 윤리학자들의 저술에서 드물어져버린 덕과 악습들의 이름들을 지속적으로 일상 언어에서 마주치게 된다. 이것은 일반적 경험의 한 표지이다. 그것은 '덕 윤리학'의 쇄신에 영향을 미친다. 그것이 인간들에게 올 때, 심리학과 도덕성은 완전히 분리될 수 없다. 덕과 악습들은 인간적 사실인 것으로 두드러진다.

15.2. 의지와 덕

책 끄트머리에서 피에르 다코는 대단히 흥미 있는 장을, 결정하고 활동을 명하는 의지(voluntas)에 할당하고 있다. 나는 그가 자유를, 우리가 기대하는 것처럼 자유재량으로서, 대립자들 사이의 선택이라고 말하지 않는다는 점을 지적하였다. 그것들은 사전과 색인에서 언급조차 되지 않는다. 그러나 나에게는 그가 의지의 보다 구성적인 성격에 의해 추동된 함축적인 입장을 취하는 것처럼 보인다.

의지에 관한 저자의 묘사에서 한 가지 중요한 특성, 아니 심지어 하나의 본질적인 성격은 이성에의 의존성이다: 의도적으로 행동한다는 것은 의식적인 이유들 때문에 행동하는 것이다. 그러므로 의지의 행위는 단순하게 의도하는 것이 아니라 이해의 빛 속에서, 다시 말해 우리가 해명할 수 있는 근거 있는 동기들에 의해서 작동하는 것이다. 바로 이 조건이 우리로 하여금 무의식적인 자동주의(自動主義)를 벗어날 수 있게 허용한다. 자기인식을 함축하는 의식적인 근거들이 증대될 때 의지는 증대된다. 저자는 이렇게 해서 토미스트 전통에서 가장 주도적으로 확립된 이성과 의지 사이의 올바른 연결고리를 발견한다. 의도적 행위의 이성적 성격은 그것이 (그것이 명료한 한, 용어들에 이를 수 있는) 다소 의식적인 어두운 충동들에 의존하고 있다는 것을 배제하지 않는다.

피에르 다코는 또한 노력을 요하는 것으로 특징지어지는, 널리 퍼져 있는 의지 개념을 비판한다. 그에 따르면, 노력을 요하는 의지는 고등한 의지가 아니다. 그것은 아직 불완전하고 한정된 채로 남아 있다. 의지가 의도적 노력을 기울여야 하는 것은 그 나약함 때문이다. 완전한 의지는 명백한(외양적) 노력이 없이 행동한다. 그것은 평온하고 맑고 균형이 잡혀 있으며, 강력하고 지속적이다. 그것은 건강, 심리학적 활력의 문제이다. 그런 의지는 우리 힘의 최대치를 최소의 노력으로 어떤 목적에 투여한다.

그의 관찰은 우리가 노력이 의미하는 것을 제대로 이해하는 한 정확하다. 애써 행동하고 우리 자신으로부터 필요한 힘을 끌어내도록 강요하는 나약한 의지의 노력이 있다. 그리고 어떤 활동이나 요구되는 하나의 작품을 만들어내는 데 필요한 힘을 사려 깊게 사용하는 강한 의지의 노력이 있다. 전자는 아직도 약하고, 후자는 강하다. 그러나 여기서 우리는 피에르 다코가 검토하지 않은 한 가지 중요한 질문과 마주치게 된다. 실제로, 우리는 어떤 강력하고 힘찬 의지를 지니고 태어나는 것이 아니다. 의지는 삶을 통해 훈련됨으로써 점차 우리 안에서 형성되고 강화된다. 특히 강한 의지는 우리가 행동하는 데 기여하는 감각 기관들과 몸에 대한 지배력(dominium)을 습득하게 한다. 이 지배력을 습득하는 데 있어서 덕들이 우리로 하여금 완전하게 행동하도록 해주는 능력들에 개입하는 것이 정확히 바로 여기이다. 도덕적 덕들은 예술 또는 기술에, 또는 견습과 양성을 요구하는 지성적인 것의 경쟁력에 비교될 수 있다. 그러나 그것들은 대상으로서 그 사람 자신을, 하느님, 자기 자신, 그리고 남들에 대해 도덕적으로 행동할 역량 안에 가지고 있다. 그러므로 덕들은 저 지배력이 모든 영역에서 발생하도록 보장하는 의지의 성질들이다. 지성적이건 아니면 도덕적이건 간에 덕들은 지속적인 교육과 적용의 결실이다. 의심의 여지없이 어떤 특정 탤런트, 자연적 선물, 진리나 선에 대한 감각과 사랑 등이 의지적 움직임의 기원에 자리 잡고 있다. 그러나 그것은 덕들의 도움이 없이는 적소에 배치(配置)되어 성숙에 이르지 못한다.

피에르 다코는 누구든 원하면 할 수 있다고 주장하는 것은 거짓이라고 생각한다. 참으로 할 수 있도록 원하는 것만으로는 충분하지 못하다. 선하고 훌륭하며 결실이 풍부한 일을 행하기 위해서는 덕들이 필요하다. 그는 '누구든 할 수 있으면, 원할 것이다.'라고 말하는 것이 더 낫다고 믿는다. 참으로 덕들은 우리에게 충만히 효과적으로 원하는 힘을 제공한다. 따라서 우리는 덕에 대한 연구가 의지의 지배력에 대해 설명하고 그것을 격려하기 위해서 필요하다고 마무리를 지을 수 있다.

성령의 선물들은 역설적인 방식으로 이 지배력을 증대시킬 것이다. 우리는 우리 자신을 종들로서 성령의 충동들에 예속시킴으로써, (그리스도의 은총으로부터 우리에게 와서, 심지어 우리의 나약함에까지 영적인 가치를 허용할 것이고 또한 신적 자발성에 참여하도록 허용해줄) 지배력(숙달)으로 보상을 받게 될 것이다.

16. 쓸모없는 종의 쓸모에 관하여

당신은 명령받은 것을 모두 행하고 나서 "저는 무익한 종입니다. 저는 그저 해야 할 것을 했을 뿐입니다."라고 말한다.(루카 17,10)

언뜻 보기에 자기 자신에 대한 이런 평가는 칭찬할 만한 것으로 보인다. 하지만 누가 자신이 쓸모없는 종이라는 말을 듣기를 좋아할까? 오히려 우리는 완수한 일에 대해서 칭찬받기를, 그리고 최선을 다했다는 말을 듣기를 기대하지 않는가? 이것은 정의 문제가 아닐까? 주님의 이 말씀은 그것을 우리 자신에게 적용할 때 우리 가슴에 강한 영향을 미친다.

그럼에도 불구하고 우리가 자신의 길을 넘어 하느님 지혜의 길을 성찰하고 발견하며, 또한 주님 앞에서 쓸모없다는 것을 깨달을 때 가장 쓸모가 있고 효과적일 수 있다는 것을 이해하기 위해서는 충격이 필요하다. 참으로 우리는 통상적으로 우리의 삶을 우리가 하는 일에 따라, 우리의 탤런트(능력), 직업, 역량에 따라 성취한 업적들에 대해 평가한다. 이미 학교에서 시험과 수여되는 포상의 목적은 정확히 우리의 수행, 우리의 공로에 있다. 우리는 아주 쉽게 이 모델에 기초해서 하느님의 심판을 소개한다. 더욱이 그것은 탤런트의 비유와 마태오복음서에서 발견되는 (선인과 악인이 우리가 행하거나 행하지 않은 것에 의해 구별되는) 최후 심판의 장면(마태 25장)과 일치된다.

그리스도교적 삶의 이 활동적 관점에서 우리는 그럼에도 불구하고 하나의 섬세한 문제를 만나게 된다: 곧 기도에 어떤 여백을 마련해줄 것인가? 우리는 하루 동안 기도에 얼마만큼의 시간을 할애하는가? 우리의 정신 안에서 '기도는 시간 낭비가 아닌가?'라는 질문을 던져보기로 하자. 실상 기도와 활동은 어떤 진취적인 행동과 수동적 태도처럼 서로 대립되는 것으로 보인다. 어느 하나에게 주는 것은 다른 이로부터 빼앗는 것이다. 문제는 개인적이기만 한 것이 아니다. 그것은 교회 전체로 확장되고, 기도에 우위를 두는 관상수도회들에 도전이 된다. 우리는 그 유용성이 무엇이고, 그것들이 활동 질서보다 얼마나 더 고상한 것인지를 고찰할 수 있다.

이 문제가 우리의 개인주의에 조건 지어져 있다는 것을 명심하기로 하자. 우리 자신으로 돌아와, 우리는 자신의 활동들을 그것이 우리에게 요구하는 노력에 의해서, 그리고 그것들을 수행하는 데에서 경험하는 (기쁨이 아니라) 고통에 의해서 측정한다. 우리는 그 활동을 우리 자신의 일로 느끼는 데 반해, 기도는 어떤 다른 이에게 호소함으로써 우리의 일에 대해 의존적이고 수동적이게 만든다고 느낀다. 활동은 그것이 잘 작동한다면 우리의 공로가 되며, 그것과 함께 어떤 개인적 만족을 가져다준다. 다른 한편, 기도는 혼자만의 힘으로는 우리가 그 일을 해낼 역량이 모자란다는 것을 표현하고, 우리의 호소를 듣는 분의 알맞은 응답을 칭송한다. 기도는 우리의 노력을 타인의 개입으로 대체한다. 어떻게 그것들을 조화시킬 수 있는가?

16.1. 사랑의 영향

다행히 우리가 다른 사람과의 개인적인 사랑이나 우정의 결속을 확립하는 데 성공할 때, 그리고 자신을 남들에게 개방하고 "네 이웃을 네 몸처럼 사랑하라."라는 명령에 따라 그들을 또 하나의 자기 자신으로 간주하게 될 때 전망은 변한다. 사랑의 경험은 우리가 보고 느끼는 방식을 크게 변화시킨다. 왜냐하면 그것은 우리로 하여금 타인의 활동이 우리 자신의 활동이 되고 그것을 지지하는 것으로 간주하는 것을 허용하기 때문이다. 이 경우에 기도는 우리의 활동을 사랑하는 사람과 연결시킴으로써 행동 능력을 강화하고 발전시킨다.

이런 경험은 가족 유대의 테두리 안에서, 배우자 사이에, 부모와 자식들 사이에, 형제와 자매들 사이에 자연적으로 발생한다. 가족의 심장부에서 기도는 특전적인 자발적 표현 형식이다. 왜냐하면 그것은 상호 신뢰를 표현하기 때문이다. 유용성을 넘어 그것은 애정을 유지시켜준다. 이리하여 사랑하는 사람들은 서로 상대를 위해 기도하고, 상대방에게 자기 사랑을 실천할 기회를 주는 데에서 기쁨을 느낀다.

사랑과 우정의 경험은, 그것이 진정한 것이라면 다른 무엇으로도 대체할 수 없다. 마음을 결합시키는 데에서 그것은 정신을 비추고, 홀로 우리로 하여금 타인의 활동이 우리의 것일 수도 있다는 것, 기도가 우리를 깎아내리거나 하찮게 만드는 것이 아니라 오히려 완성한다는 것을 이해할 수 있게 해준다. 기도가 없이는 그 어떤 사랑의 생활도 가능하지 않다. 기도는 사랑을 규정하는 상호성을 충족시킨다.

16.2. 하느님께 기도드리기

기도는 그분께 대한 독특한 의존성 때문에 우리와 하느님 사이의 관계에서 특별한 중요성을 지니고 있다. 우리는 그분으로부터 존재를 받았고, 그분은 우리가 추구할 수 있는 모든 선의 제1원인이다. 그분은 우리의 마음속에, 그분만이 채울 수 있고 우리 활동의 원천에 놓여 있는 행복을 향한 갈망을 심어놓으셨다. 이리하여 하느님께 기도한다는 것은 우리의 모든 활동과 심지어 바로 우리의 존재까지도, 우리가 수중에 지니고 있는 힘과 함께 포용할 수 있다. 우리는 하느님께 건강, 음식, 행동할 힘뿐만 아니라 덕들과 이해의 도덕적 선성, 그리고 의지까지도 청할 수 있고, 이 모든 것을 우리 자신을 위해서와 마찬가지로 남들을 위해서도 청할 수 있다. 청원 기도는 우리의 삶 전체로 퍼져나가고 우리의 모든 활동에 수반될 수 있다.

그럼에도 불구하고, 기도는 우리에게서 생겨나기 때문에 하느님께 대한 우리의 의존성을 인정하는 것을 전제한다. 이것은 지혜를 조달하는 지성의 노력과 우리를 겸손하게 만드는 의지의 수용을 함축한다. 그런데 이것은 자만심이 우리에게 영감을 주는 관점들과 우리를 자기사랑으로 이끄는 느낌들을 극복하려는 투쟁 없이는 이루어질 수 없다.

동시에 기도는 하느님과 우리 자신의 기원을 바라보는 방식의 한 확장으로서, 우리 안에서 봄[視]의 전환과 마음의 전환을 작업해낸다. 기도는 인격적으로 우리를 향해 신앙과 사랑을 그 응답으로 자극하고 우리를 또한 그것과 일치되게 행동하도록 움직임으로써, 우리로 하여금 그분의 업적들 안에서 드러나는 하느님의 지혜와 사랑을 발견하는 데로 인도한다. 사물은 마치 하느님이 우리에게 내면적으로 다음과 같이 직접적인 질문을 하는 것처럼 나타날 수 있다: "너는 나의 '말'을 믿느냐? 너는 내가 너를 사랑한다는 것을 믿느냐?" 이런 것이 예수가 환자를 치유하기 위해 요구한 신앙이고 로마 백부장 안에서 찬탄한 신앙이다. 또한 이런 것이 사도 바오로가 다른 어떤 업적보다도 드높인 신앙이다. 이 신앙은 하느님이 우리에게 던지시는, 우리의 모든 기도의 기원에 자리 잡고 있는 질문에 대한 응답이다.

신앙은 우리의 기도를 변화시킨다. 그것은 우리로 하여금 하느님의 세계관에 참여할 수 있도록, 우리의 삶 속에서 섭리의 태세(성향)들과 일치되도록, 교회의 지향들을 우리 자신의 것으로 삼도록 만들어준다. 이리하여 기도는 참사랑의 표현이 된다. 기도를 통해서 하느님의 활동과 우리의 활동이 하나로 일치된다.

16.3. 기도의 힘

우리의 질문으로 돌아가자: 기도는 활동을 위해 요구되는 시간을 빼앗아가기 때문에 시간 낭비가 아닌가? 하나의 비유로 대답하고 싶다. 기도가 하느님 앞에서 비밀스럽고 수동적일수록 그것은 남들을 대신하는 우리 활동들에서 더욱 강력하고 효과적이 될 것이다. 우리는 이미 이것을 복음서에서 엿볼 수 있다. 루카 복음사가는 예수가 열두 사도를 선택하기 전에 "기도하시려고 산으로 나가시어, 밤을 새우며 하느님께 기도하셨다."라고 전해준다. 명백히 예수의 고독한 기도는 그의 대중 설교와 열두 사도 선택과 그에 뒤따르는 치유의 원천이다.(루카 6,12-19) 마태오와 마르코도 역시 기도하기 위해 산으로 피해 가시는 그리스도의 이 관습을 언급한다.(마태 14,23; 마르 6,46) 예수의 기도는 그의 활동에 앞서고 그에게 인간적 능력을 능가하는 힘을 제공한다.

그리스도교적 기도의 양식을 식별하기 위해서 해야 할 최선의 길은 예수 자신의 가르침을 깊이 숙고하는 것이다: "너희는 기도할 때 골방에 들어가 문을 닫은 다음, 숨어 계신 네 아버지께 기도하여라. 그러면 숨은 일도 보시는 네 아버지께서 너에게 갚아주실 것이다."(마태 6,6) 이 구체적인 말씀은 예수의 화법을 가장 잘 보여준다. 그러나 언제나 글자 그대로 적용되어서는 안 된다. 왜냐하면 그것은 '주님의 기도'에서의 복수(複數) 사용에서 가정되고 있는 공동기도를 배제한 것이기 때문이다. 그것이 개인적 기도를 중시하는 것처럼 그것은 경험상 보다 영적인 의미를 시사한다. 누군가의 내밀한 공간에 다가간다는 것은 내적 평정에 대해 말하는 것이다. 문을 닫는다는 것은 우리 자신을 넘는 것으로 고양하기 위하여 외부 세계와 자신의 생각들에 대해 육체적 눈과 정신을 닫고, 그것들이 우리 마음속의 비밀들을 보시며 우리를 당신의 '말씀'에 대한 믿음을 통해 그분 자신의 비밀로 인도하시는 하느님께 향하도록 하는 데에서 성립된다. 이로부터 기도의 특징적인 태도가 최고조에 이르게 된다: 곧 자기 자신과 자신이 할 수 있는 것으로부터 멀어져 우리의 창조주요 구세주이신 하느님께 달아들기. 이것이 바로 (그 안에서 그분 홀로 보시며, 우리를 당신께 결합시키기 위하여 당신 자신을 우리에게 드러내시는) 하느님과의 내밀한 관계에 들어가기 위한 방편(수단)이다. 기도는 그 핵심에 있어서 관상적이다. 순수하게 하느님을 바라봄이고, 우리 자신에게 그러하듯이 그분의 존재에 친숙해짐이며, 아버지로서의 그분의 성질에, 그리고 그분의 자녀로서의 우리의 조건에 익숙해짐이다.

　기도 안에서 자신을 잊어버리고 오직 하느님만 관상하는 것이 바로 그 효력의 조건이다. 예수가 단식과 자선에 관해 말한 것과 관련해서 "숨은 일도 보시는 네 아버지께서 너에게 갚아주실 것이다."(마태 6,4)라고 말할 때 지적하는 것처럼, 하느님의 은총이 우리를 관통하고 우리 삶속에서 그 힘을 드러내는 것은 바로 이런 개방성과 기꺼운 용의 때문이다. 하느님이 그분의 은총으로 우리 안에서 활동하심으로써, 그리고 우리를 제자요 협력자로 삼음으로써가 아니라면, 달리 어떻게 갚아주신단 말인가? 이 때문에 우리의 활동은 다시 솟아오를 것이지만 변화될 것이다: 그것은 우리의 활동이 되는 하느님의 활동이다. 기도는 이리하여 그리스도교적 활동들과 그 결실 풍부함의 주요 원천이다. 이것은 교회 내 수도회들, 특히 관상수도회들의 발생뿐만 아니라, (몸의 기도와도 같은, 금욕주의와 연결된 기도의 정신을 갖춘) 성인들에 의해 성취된 놀라운 업적들에서 볼 수 있다.

그러므로 그리스도교적 기도는 우리를 (하느님의 비밀을 만나게 되고, 우리의 신앙과 사랑을 흔들어 깨우는 하느님의 말씀이 우리 안에서 울려 퍼지는) 우리 마음속 비밀로 안내한다. 이런 것이 신학적 덕 또는 대신덕이 단련(실천)되는 장소이다. 놀라운 일은 바로 이 인격적 고독 안에서 우리가 (하느님이 당신의 말씀에 의해서 우리처럼 부르시고, 그리스도의 은총을 통해서 생명으로 데려오시는) 저 모든 사람들을 만나게 된다는 점이다. 거기서 우리와 함께 '주님의 신비체(神秘體)'를 형성하는 교회적 일치의 뿌리가 발견될 수 있다. 그렇다면 우리 기도의 제1계명은 그것이 오직 (우리 안에서 우리를 보시고 우리의 말을 들으시는) 하느님이 가납하시기까지는 비밀이어야 한다. 바로 거기에 그리스도교적 기도의 심장이라고 불릴 수 있는 것이 자리 잡고 있다.

그럼에도 불구하고 기도는 우리 마음의 비밀 속에 갇혀 있을 수 없다. 참으로 기도는 우리의 영혼과 육체를 교회의 구성원으로서 하느님과 연결시켜준다. 이리하여 기도는 남들과 대화하게 만드는 말에 의해서 물리적으로 드러나야 한다. 이처럼 기도는 합송(合誦)으로 바치는 공동체의 기도가 된다. 그것은 찬송가와 전례뿐만 아니라 특정 동작과 행동들을 통해 경험될 것이다.

그것은 우리에게 [그리스도인이라는] 우리의 칭호를 정당화하는 것으로 남아 있게 된다. 기도의 첫걸음은 우리 자신이 홀로 하느님을 마주하고 그분 앞에서 우리가 쓸모없는 종임을 인정하는 비밀스런 장소에서 침잠(沈潛)하는 시간을 마련하는 것이다. 왜냐하면 그분은 (그분이 우리에게 주시는 힘과 빛에 의해서가 아니라면 우리가 아무런 기여도 할 수 없는) 당신의 일을 완성하는 데 우리 자신을 필요로 하지 않기 때문이다. 우리의 첫 번째 [기도]는 우리의 힘을 유지시켜주는 매일의 빵을 청하는 것이 될 것이다. 그런데 우리가 신적인 활동에 좀 더 쓸모 있게 되고 수용적이 되고, 따라서 우리의 자연적 역량을 넘는 저 일들을 할 수 있게 되는 것은 바로 이 우리의 쓸모없음을 고백함으로써이다. 우리 자신이 쓸모없다는 것을 앎으로써 우리는 결실 풍부하고 모범적인 일들에 기여할 수 있고, 그렇게 함으로써 하느님께 대한 봉사에서 쓸모 있게 된다. 우리의 쓸모없음에 대한 고백이 우리 자신과 주변의 많은 이들에게 쓸모 있는 활동들의 원천이 되는 것이다.

부록

세르베 핑케어스와 가톨릭 윤리신학의 쇄신

크랙 S. 티터스

도입
1. 가톨릭 윤리신학 쇄신에 대한 기여
   2. 역사적 자리매김
   3. 법과 사랑, 계명과 덕
마무리

☦ Craig S. Titus, "Servais Pinckaers and the Renewal of Catholic Moral Theology", *Journal of Moral Theology*, vol.1, No.1, 2012, 43-68.

도입

　세르베 핑케어스(Servais Pinckaers, OP, 1925-2008)의 지성적-영적 유산과 가톨릭 윤리신학 쇄신에 기여한 공로를 조사한다는 것은 결코 만만한 과제가 아니다. 그는 성서학, 교부학, 전례신학의 쇄신에 기여한 '원천으로 돌아가기'(Ressourcement) 운동의 정신 안에서 양성되었다. 더욱이 그는 풍요로운 도미니코회 유산으로부터 도출한 '덕 부흥'(Virtue Revival) 운동의 선구자이다. 이 운동과 이 부흥은 제2차 바티칸 공의회를 준비했고 또 오늘날까지 지속해온 쇄신과정의 핵심부분이다.

　특히 핑케어스는 교회에 만연되어 있는 결의론과 도덕 교본(敎本)들이라는 근대적 틀과 계몽주의적 정신으로부터 탈출해야 할 필요를 역설한다. 그는 단순히 비밀 고해에 도움을 주는 것으로 이해하는, 트리엔트 공의회 이후 축소된 윤리신학의 역할이 참사랑과 다른 덕들의 내면화나 참행복과 성령의 선물들에 대한 주의 기울임은 희생한 채, 책무(duty)와 의무(obligation)에 초점을 맞추는 윤리철학의 추세를 따랐다는 사실을 인정한다. 여러 종류의 결의론이 결과주의(結果主義, Consequentialism)와 공리주의(功利主義, Utilitarianism)의 다양한 형식들 안에서 지속되는데 반해, 핑케어스는 그것이 성경과 교의신학뿐만 아니라 자연철학과 형이상학에 뿌리를 두고 있다는 것을 인정하는 도덕 이론에 대한 비결의론적 접근법을 제시한다. 그렇지만 덕 교육 안에서 의무를 위한 자리나 사례 탐구의 자리를 부정하는 것은 아니다. 그의 전망은 제2차 바티칸 공의회 이후의 가톨릭 윤리신학에, 특히 요한 바오로 2세 교황의 회칙『진리의 광채』[1]와『가톨릭교회 교리서』[2]로 집약되는 '원천으로 돌아가기' 정신을 도입하는 데 도구 역할을 하는 것이었다.

첫째, 나는 이 쇄신 운동에 영향을 미친 핑케어스의 중요성을 알려주는 몇 가지 주제들을 살펴보고 싶다. 그의 기여를 이해함으로써 우리는 그가 어떻게 현대적 무대에 받아들여졌는지를 더 잘 볼 수 있을 것이다. 둘째, 나는 핑케어스의 업적을 역사적 맥락 속에 자리매김함으로써 그의 노력과 이 쇄신 사이의 병행을 입증할 것이다. 마지막으로, 나는 법과 사랑, 그리고 (핑케어스의 이해에서는 1차적으로 하느님과 함께하는 참행복과 우애, 그리고 이웃 사랑을 목표로 삼고 있는) 계명과 덕 사이의 관계에 대한 그의 접근법이 가톨릭 윤리신학에 미친 영향을 탐색할 것이다.

1. 가톨릭 윤리신학 쇄신에 대한 기여

핑케어스 신부의 업적을 [제2차 바티칸] 공의회를 전후한 [시대의 다른 학자들의] 업적과 비교함으로써, 우리는 그가 가톨릭 윤리신학의 쇄신을 이끈 발전을 모델로 삼을 뿐만 아니라, 더욱 흥미롭게도 그가 실제로 그것을 육성하고 그 성장을 촉진한다는 것을 발견한다. 그는 회칙『진리의 광채』와『가톨릭교회 교리서』

---

1. John Paul II, *Veritatis Splendor*, Vatican, Lib. Ed. Vaticana, 1993(『진리의 광채』, 정승현 옮김, 1994).
2. *Catechism of the Catholic Church*, Lib. Ed. Vaticana, 1994; 2a ed. 1997(『가톨릭교회 교리서』, 1994).

의 중심 주제들을 출판 이전에 이미 다루고 있는데, 특히 윤리 신학의 원천들인 그리스도와 성경에 집중할 뿐만 아니라, 덕과 은총의 새 법이라는 핵심 주제들도 발전시키고 있다.

윤리신학의 원천에 관한 그의 관심은 초기 작품들에서부터 명백히 드러난다. 「드 뤼박 신부의 '초자연'」에 관한 그의 신학석사 논문(1952)의 지도교수는 장차 추기경이 될 아머(Jean Jerome Hamer)였다.[3] 그리고 그가 출판한 첫 번째 책은 희망의 덕에 관한 성서적 성찰이었다. 이 논설은 구약에서 희망의 신학을 성경에 대한 그리스도교적 접근법과 대화시키고 있는 성경 연구를 포함하고 있다.[4] 슈뉘 신부는 핑케어스의 첫 번째 작품인 『윤리의 쇄신』[5]에 쓴 '머리말'에서 핑케어스가 성경과 신학 전통의 스승들, 특히 성 토마스 아퀴나스에 관해 다루는 자신의 책에서 역사적 방법을 사용하고 있는 것의 중요성에 주목한다. 프랑스의 '원천으로 돌아가기' 운동을 주도한 가장 주목할 만한 신학자 가운데 하나인 슈뉘는 신학에서 역사적 방법을 활용한 선구자였고, 그 때문에 1942년 로마로부터 제재를 받은 바 있다.[6] 20여 년이 지나 슈뉘는 이 운동과 그것을 윤리신학에 활용하는 핑케

---

3. 이 작품에서 핑케어스는 드 뤼박(De Lubac) 신부의 유명한 작품에 대한 찬사와 비판에서 미묘한 차이를 덧붙이고 있다. 그는 하느님을 알고자 하는 자연적 경향이 신앙, 희망, 참사랑이라는 대신덕들의 형식으로 된 은총의 업적을 통해서 완성된다고 주장한다. 그렇게 해서 그는 자연적인 것과 초자연적인 것을 뒤섞는 것을 피하고 있다.
4. "L'esperance de l'Ancien Testament est-elle la meme que la notre", *Nouveau Revue Theologique* 77(1955), 785-799.
5. M.-D. Chenu, OP, "Preface", in S. Pinckaers, *Le renouveau de la morale: Etudes pour une morale fidele a ses sources et a sa mission presente*, Paris, Tequi, 1979, orig. 1964. 나는 아직 영역되지 않은 이 작품을 인용할 때, 괄호 속에 붙어 제목을 병기할 것이다.
6. 회칙 『인류』(*Humani generis*) 시절에 신학에서 통용되던 역사적 방법의 활용에 관해서는: Cf. R. Guellut, "Les antecedents de l'encyclique 'Humanae generis' dans les sanctions de 1942: Chenu, Charlier, Draguet", *Revue d'histoire ecclesiastique* 81(1986), 421-497.

어스를 얼마든지 예찬할 수 있는 위치에 와 있었다. 슈뉘는 핑케어스가 다양한 수준에서 역사적 방법을 채택한 것이 "순수한 교리적(이론적) 이해를 차려내고, 가장 최근의 연구들을 산출한다."라고 말한다. 그것은 "맥락들이 텍스트의 틀 속으로 들어오는 분석에서 영적 감수성 교육"의 결과이다. "이처럼 위대한 고전 신학의 스승들에게 호소하는 것은 분명 『윤리학 쇄신』의 한 도구이자 한 보증이다."[7]

성서적, 교부적, 중세적 원천들로 되돌아가는 윤리학 쇄신의 의미가 과대평가되어서는 안 된다. 이전 세대에 봉사했던 교본들로부터 단서를 얻는 대신에 핑케어스는 단순히 역사적이기만 한 것이 아니라 현대적이고 엄밀하게 그 의도에 있어서 신학적이기도 한 대화를 위해 1차적 원전(原典)들을 수집한다. 그는 거기서 교본들의 결의론적 접근법의 곤경으로부터 벗어나기 위한 지침을 발견한다. 핑케어스의 초기 작품들에서는 원천들에 관한 관심이 두드러진다. 그의 최초의 논문과 『윤리의 쇄신』은 이미 여러 방식으로 자신의 필생의 작품[*Les sources de la morale chretienne: Sa methode, son contenu, son histoire*]을 개관하고 있다. "그 원천과 현재의 사명에 충실한 윤리 탐구"라는 후자의 부제(副題)는 자신의 '그리스도교적 윤리학의 원천들'에 관한 확장된 연구와 (특히 우애에 기초를 두고 있는 신학적 덕 이론으로서) 가톨릭 윤리신학의 쇄신을 위한 노력을 [미리] 선언하고 있다. 그 주제들이 어떻게 그 작품을 함께 묶는지를 보는 것은 흥미롭다. 의무 윤리학(morale de l'obligation)의 체계에 대한 그의 최초의 비판은 그 체계를 "우정의 윤리"(morale de l'amitie)를 향한 성서적, 교

---

7. Pinckaers, *Le renouveau de la morale*, 8.

도권적, 토미스트적 접근법과 대조시킨다.[8] 나중에 그는 후자를 '행복 또는 참행복의 윤리'라고 부를 것이다.[9] 윤리신학을 위한 덕의 중요성의 제안자로서 그는 요셉 피퍼[10]의 작품들과 더불어 이미 철학에서 시작되었고, 엘리자벳 앤스콤[11]과 좀 더 후대에는 알래스데어 매킨타이어[12]와 더불어 전개될 덕 이론의 쇄신에 참여하였다. 영국 철학자 퍼거스 커는 핑케어스를 신학에서 덕 전통의 "가장 위대한 해설자"(the greatest exponent of this tradition)라고 평가하면서, 그의 강력한 힘은 "성 토마스 아퀴나스의 신학에 대한 깊은 이해와 가톨릭의 그리스도교적 유산 전체에" 의존하고 있는 덕분이라고 지적한다.[13] 덕에 대한 핑케어스의 신학적 접근법은 이미 『윤리의 쇄신』뿐만 아니라 덕 이론에 관한 초창기 논문 네 편 안에서도 명백해졌다. 더욱이 덕에 대한 이 신학적 접근법은 (십자가의 성 요한 같은 신비

---

8. Pinckaers, *Le renouveau de la morale*, 26-43.
9. Pinckaers, *The Sources of Christian Ethics*, Washington, The Catholic University of America Press, 1995, orig. French 1985; *Morality: The Catholic View*, pref. Alasdair MacIntyre, tr. Michael Sherwin, South Bend(IN), St. Augustine's Press, 2001, orig. French 1991.
10. Josef Pieper, *Zucht und Mass: Ueber die vierte Kardinaltugend*, Leipzig, Hegner, 1939. 그의 사추덕에 관한 작품들은 처음 영어로 번역 출판되었다: *Fortitude and Temperance*(1954); *Justice*(1955); and *Prudence*(1959).
11. Cf. Elizabeth Anscombe, *Intention*, Oxford, Blackwell, 1957; "Modern Moral Philosophy", *Philosophy* 33, no.124(1958), 1-19.
12. MacIntyre, *After Virtue: A Study in Moral Theory*, Notre Dame(IN), Notre Dame University Press, 1981(『덕의 상실』, 이진우 옮김, 문예출판사, 1997).
13. Fergus Kerr, cover blurb for J. Berkman and C. S. Titus, eds., *The Pinckaers Reader*, Washington, The Catholic University of America Press, 2005. 보통 표지 뒷면의 홍보문은 인용되지 않지만, 핑케어스의 영향력과 수용이 어떠한지를 전하도록 이 논문에 위탁된 과제를 채우기 위해서 이후에도 가끔 인용될 것이다. 이 내용을 동일한 평가자의 보다 이른 시기의 평가와 비교해 보라: Fergus Kerr, OP, *After Aquinas: An Introduction to His Life, Work, and Influence*, Grand Rapids(MI), Eerdmans, 2003, 111. 여기서 그는 핑케어스가 자연법 문제에 관해 취하는 입장에 대해 확신을 가지고 있지 않았다. 그는 이렇게 말한다: "그렇지만 나는 토마스의 자연법에 관한 문(問)들을 옛 법과 새 법에 관한 문들로부터, 그리고 참행복과 덕에 관한 문들로부터 분리(추상)함으로써 그저 혼란만 낳

가[14]의 경험도 포함하는) 경험, 계시(성서적 원천), 그리고 체계적이고 사변적인 신학적 성찰들[15]을 통해 가능해지는 새로운 연관성을 도출할 수 있었다.

기초윤리신학(fundamental moral theology) 전문가로서 그의 평생의 업적은 특수윤리신학(special moral theology)을 위한 확실한 발판을 마련하는 것이었다.(그는 젊은 교수로서 덕에 초점을 맞춘 특수윤리신학을 강의하기는 했지만, 프리부르대학교에서의 오랜 재임 동안에는 그것을 가르치지 않았다.) 비록 그의 초점이 참된 행복, 도덕적 행위에서의 목적성, 자유의 본성 등에 맞추어져 있었다고 해도, 자연법과 행위 이론 연구에 미친 그의 공헌이 저평가되어서는 안 된다.[16] 핑케어스가 그 특수한 덕들에 관해 체계적인 단행

았다는, 그리고 그의 날이 오기 전에 무슨 일이 벌어졌든지 간에 그는 결코 자연법을 (창조주 외에 다른 것이 아닌) 영원법으로부터 독립적으로 작용하는 것으로 본 적이 없다는 세르베 핑케어스에게 동의하고 싶은 유혹이 인다. 그렇지만 현재 토마스의 업적에서 가장 논란의 중심이 되고 있는 쟁점과 관련해서 다른 많은 이들의 해석이 아니라 어느 한 해석을 선택하는 것은 미숙한 처신이 될 것이다." 그런데 커는 그 날카로운 박식함에도 불구하고(*Twentieth-Century Catholic Theologians*, Oxford, Blackwell, 2007, p.33) (장차 추기경이 될 장 해머와 마리오 치아피, 폴 필립 등과 더불어 핑케어스의 스승들 가운데 하나인) 가리구-라그랑 주(R. Garrigou-Lagrange, OP) 신부를 『페트루스 롬바르두스로부터 성 토마스 아퀴나스에 이르는 희망의 덕』(*La Vertu d'esperance de Pierre Lombard a St. Thomas d'Aquin*, Roma, Angelicum STD Thesis, 1954)이라는 제목의 핑케어스의 논문 지도교수로 잘못 지적하고 있다. 핑케어스의 논문 지도교수는 루이-베어트랑 지용(Louis-Bertrand Gillon)이었다. 이 오류는 『핑케어스 읽기』(*The Pinckaers Reader*, 2005)의 "서론"에서도 반복되고 있다.

14. 핑케어스는 영성신학에 관한 많은 논문들 가운데 기도와 가르멜 신비가들, 특히 십자가의 성 요한, 아빌라의 성녀 데레사, 그리고 아기 예수의 성녀 데레사에 관한 작품들을 출판하였다. 그의 완전한 참고문헌 목록은 핑케어스 문서고 웹사이트(http://www.unifr.ch/tmf/-Archives-Pinckaers)와 조금 오래된 것으로는 『핑케어스 읽기』에서 만날 수 있다.
15. Pinckaers, "Dominican Moral Theology in the 20th Century", in *Pinckaers Reader*, pp.73-89, esp. pp.86-89.
16. 예컨대 윌리엄 메이(William May)와 존 커드백(John Cuddeback)은 핑케어스의 사상에서 법의 위치를 최소화하고 있다. 더욱이 영어로 번역된 핑케어스의 작품들이 행위와 덕의 본성에 관한 그 논거들에 대해 언제나 인정을 받은 것은 아니었다. 나는 그것만 빼면 훌륭한 '서론'인 존 버크만(John Berkman)의 다음과 같은 주장에 동조하고 싶지 않다: "핑케어스는 결국 자연법의 요구들을 이해하거나 행위와 덕의 본성을 해명하는 데에로 정향된 것이 아니라, 인간 인격의

본을 집필하지는 않았지만, 그가 남긴 28권의 저서와 300편의 논문들 도처에서 그 모든 것을 발견할 수 있다.

더 이상의, 그리고 어쩌면 가장 독특한 공헌은 윤리신학에서 성령의 선물들과 은총의 새 법의 복원과 거기에 자리 잡고 있는 자발성을 포함하고 있다.[17] 그의 작품들 속에서는 삼위일체적 전망이 매우 활기차다. 그리스도께 대한 신앙은 덕들의 유기적 조직에 영감을 불어넣고 있다. 그 중심에는 그리스도가 자리 잡고 있다.[18] 복음적 법은 (그리스도를 믿는 이들 안에서 사랑을 통해 작동하는 성령의 은총과 마찬가지로) 덕들의 그리스도론적 차원과 같이, 소홀히 취급된『신학대전』의 통찰들을 복원하고 있는 핑케어스 작품들의 영향의 '쐐기돌'[宗石, keystone]이다.[19]

일부 관찰자들은 현대의 윤리 이론들과 결의론적 접근법 때문에, 그리고 다른 이들은 윤리신학을 교의신학 및 영성신학으로부터 분리시키는 신학의 구분 방식 때문에 신앙인의 유덕한 삶과 그리스도 사이의 연결을 놓치고 있다. 그럼에도 불구하고 핑케어스는 윤리신학에서 덕 이론과 그리스도 중심성의 상호연관

'목적'(telos)에 대한 이해를 상설하는 데로 정향되어 있다."("Introduction", in *Pinckaers Reader*, p.16) 제3절에서 나는 자연법과 도덕적 행위에 관한 핑케어스의 사상에 대한 차이들을 논할 것이다.

17. 다른 곳에서 나는 핑케어스의 작품들 안에서 그리스도론적이고 성령-중심적인 전망의 중요성을 입증한 바 있다: C. S. Titus, "Passions in Christ: Spontaneity, Development, and Virtue", *The Thomist* 73.1(2009), 53-87.

18. 핑케어스는「그리스도의 몸: 아퀴나스 윤리학의 성체성사적이고 교회적인 맥락」("The Body of Christ: The Eucharistic and Ecclesial Context of Aquinas's Ethics", in *Pinckaers Reader*, pp.26- 45)에서, 그의 사상에서 예수 그리스도와 교회가 차지하는 중요성을 보여준다. Cf. *L'Evangile et la morale*, Fribourg, Editions Universitaires, pp.48ff.

19. '새 법'에 관한 그의 논거는 아퀴나스의『신학대전』제2부 제1편 제106문부터 제108문까지에 의존하고 있다. 참조:『신학대전 제30권: 새 법과 은총』, 이재룡 옮김, 한국성토마스연구소, 2022. 새 법의 두 번째 요소는 기록된 하느님의 말씀, 특히 산상 설교이다.

성을 입증해주는, 아퀴나스로부터 도출한[20] 세 가지 날카로운 통찰에 주목한다. 첫째, 핑케어스가 말하는 것처럼 "덕, 선물, 카리스마를 통해 작용하는 그리스도 은총의 충만함이 머리이신 그리스도를 통해 교회 구성원들에게 널리 퍼져나가는 영적 광맥(spiritual reserve)을 구성한다."[21] 둘째, 그리스도는 만민을 위해 이룬 구속을 통해 참사랑을 촉발하고 도덕성을 활성화시킨다.[22] 셋째, 그리스도교적 윤리의 중심인 새 법(lex nova)은 "주로, 그리스도를 믿고"[23] 참사랑을 통해 일하는[24] "이들에게 주어지는 성령의 은총 자체이다." 그리스도는 교회의 머리요 참사랑의 수원(水源, well-spring)으로서 엄밀히 개인주의적인 방식으로 이해되어서는 안 되는 모든 덕들을 결합시키는 데 봉사한다. 더욱이 사회생활을 향한 자연적 경향은 우애, 정의, 그리고 모든 덕들이 친사회적 행위와 관계를 활성화하는 한에서 그것들을 통해 발전한다.

쇄신에 대한 또 다른 중요한 공헌은 의지(voluntas) 개념에 관한 핑케어스의 업적이다. 그는 의지 안에서 "우리 안에 있는 진정한 하느님의 모상"의 표현을 발견한다. "왜냐하면 그것은 우리가 그분의 모상임을 보여주는, 우리의 활동들에 대한 우리의 지배력(dominium)에 있기 때문이다."[25] 핑케어스는 자신의 학술 연구들 상당수에서 도덕적 행위와 윤리 이론의 핵심 요점인 목적(finis)

---

20. 핑케어스는 (제3부의 '머리말'에서 발견되는 것과 같은) 도덕적 분석의 끝에 오는 이 연결의 수많은 다른 사례들을 규정하고 있다. Cf. Pinckaers, "The Body of Christ", in *Pinckaers Reader*, pp.26-45.
21. 이 텍스트(『그리스도의 몸』, 42)에서 핑케어스는 제3부, 특히 제7문과 제8문을 지적하고 있다. 그는 덕들과 교회 사이의 상호연관성을 논한다. 각각의 덕은 고립되어 있기는커녕 그 개인적 차원과 연결되어 있는 교회적 차원을 지니고 있다.
22. III, q.48, a.4.
23. I-II, q.106, a.1(『신학대전 제30권: 새 법과 은총』, 7쪽).
24. I-II, q.108(『신학대전 제30권: 새 법과 은총』, 85쪽 이하).
25. Pinckaers, *The Sources of Christian Ethics*, p.327.

또는 목적성에 초점을 맞추었다. 그는 이렇게 묻는다: 윤리 이론이 1차적으로 의무를 겨냥하느냐 아니면 참행복을 겨냥하느냐 하는 것은 어떤 차이를 내는가? 1차적 차이들 가운데 하나는 이성과 의지 개념과 그로부터 흘러나오는 자유(libertas) 개념에서 발견된다. 비록 인간 본성이라는 보편적 관념이 확립되었다고 하더라도, [그것이] 1차적으로 의무와 연관 지어 해석될 때에는, 자유는 (그것이 선하거나 악하거나와는 상관없이, 그리고 그리스도교적 참행복으로의 소명과는 상관없이) 사람이 원하는 것을 행할 수 있는 역량에 초점이 맞추어지게 된다. 그 결과는 인간 인격을 1차적으로 억압과 강제로부터 자율 또는 자유를 추구하는 자로 해석하는 것이다.[26] 반면에 사람이 원하고 또 그리스도교적 소명을 완수하는 선을 행할 수 있는 역량과 연관 지어 바라볼 때에는, 그것은 탁월함을 향한, 그리고 더 나아가 성성(성덕)을 향한 자유가 된다. 강제로부터의 자유의 필요를 부정하지 않으면서도 "탁월함을 향한 자유"(freedom for excellence)에 초점을 맞추는 것은 도덕적-영적 번영을 의식적으로 추구하는 삶을 포함하고 있다.[27]

핑케어스는 궁극적 행복에 중심을 두고 있는 복음적 윤리를 복원하려는 노력이 자유주의(Libertarianism)와 율법주의(Legalism)라는 상이한 양측 모두로부터 오해되어 왔다는 것을 깨닫고 있다. 첫째, 자유주의적 전망은 한편으로는 인간적 덕과 참된 행복 사이의 상관관계와, 다른 한편으로는 계명과 도덕적 발전, 올바른 행위, 그리고 선한 생활의 소로를 상세히 설명하는 훈계(교훈) 사이의 상관관계를 놓치고 있다. 무관심의 자유에 기초

---

26. Cf. Pinckaers, "Aquinas and Agency: Beyond Autonomy and Heteronomy", in *Pinckaers Reader*, pp.167-184; *The Sources of Christian Ethics*, pp.330-353.
27. Pinckaers, "Ethics in the Image of God", in *Pinckaers Reader*, pp.130-143; *The Sources of Christian Ethics*, pp.327-329.

를 둔 이런 자유는 의무, 법, 계명의 보다 넓은 교육학적 목적을 건너뛰거나 상대화하고 있다. 이런 도덕적 자유주의는 그 사람을, 우리의 천상 아버지가 완전한 것처럼 완전해져야 하는(마태 5,48) 그리스도교적 윤리 생활의 목적으로 안내할 (은총과 성령의 선물들뿐만 아니라 계명과 훈계들까지 포함하는) 접근 가능한 수단들을 차단한다. 둘째, (도덕 교본들을 헤쳐 나온) 율법주의 또는 의무 위주의 윤리는 행복에 대해 의문을 제기하고, 그것이 공리주의(Utilitarianism)적이고 쾌락주의(Hedonism)적인 윤리로 이끈다고 잘못 믿고 있다.[28] 지향과 의무감의 순수성에 의지하고 있는 이 의무 윤리는 칸트주의나 정치적 공리주의의 다양한 형식들의 한 결과이다. 도덕적 행위에서의 의무, 훈계, 지향 또는 감정을 위한 어떤 의미 있는 자리매김을 부정하지 않으면서도, 핑케어스는 참행복의 윤리와 탁월성을 향한 자유(곧 복음적인 성령의 자유)가 그 목적인 그리스도를 모방한다는 것을 인정하고 있다. 『진리의 광채』 제26항을 해설하면서 그는 이렇게 말한다:

> 각각의 그리스도인은 하느님 아드님의 위격에 대한 신앙을 통해 새로운 계약에 들어간다. 각 그리스도인은 사도들과 그 계승자들에게 위탁된 살아 있는 전통으로부터, 역사 전체에 걸쳐 상이한 문화 안에서 충실하게 보존되고 항구하게 실현될 필요가 있는 도덕적 규정을 받는다. 이 훈계는 그리스도를 따르고 모방하는 것으로 요약된다. 사도 바오로의 말에 따르면 "나에게는 삶이 곧 그리스도"(필리 1,21)이다.[29]

---

28. Cf. Pinckaers, "Aquinas and Agency: Beyond Autonomy and Heteronomy", p.177.
29. Pinckaers, "Body of Christ", p.26.

그의 삼위일체적 전망 때문에 핑케어스는 계속해서 "그리스도인의 도덕생활은 성령에 힘입어 당신의 몸인 교회를 형성하는 그리스도의 위격(位格)에 묶여 있다."라고 단언할 수 있다.[30]

그는 자신의 도미니코회 수도생활 초기부터 말씀과 성사(聖事) 안에 현존하는 그리스도를 향한 사랑에 깊은 감동을 받았다. 이 원천은 수도자, 사제, 신학자로서의 삶의 토대가 되고 그것을 조직하는 데 봉사했다. 또한 그로 하여금 도미니코회 전통에 따른 '원천으로 돌아가기' 신학 노선을 따르게 하고, 가톨릭 윤리신학 쇄신에 기여하고 영향을 미칠 토대를 구성하였다.

그는 수련기 피정을 통해 (동방교회와 서방교회 일치 촉진을 위해 설립된) 슈브토뉴 베네딕토회 수도원의 명망 있는 수사 돔 올리비에 루소(Dom Olivier Rousseau, OSB)의 영향을 받았다. 이 수사는 젊은 핑케어스에게 성경의 의미와 그것을 신학적으로 읽을 필요라는 두 가지 점을 각인시켰다. 그리하여 핑케어스는 첫째, 하느님의 말씀이 인간의 말보다 훨씬 더 무게가 있다는 것을 깨닫고 독서의 초점을 성경에 맞추었다.[31] 둘째, 슈브토뉴의 신학적 영향에 의해서 전해진 것처럼 교부들의 신학적 특전을 따라 성경에 대한 "영적 독서"(lectio divina)에 집중하였다.[32]

핑케어스는 자신의 원천 사용 및 자신이 성경에 초점을 맞춘 것과 관련해서 아퀴나스가 자신의 '멘토'(mentor)였다고 단언한다.[33] 그는 아퀴나스를, 주로 성경에 기초해서 구성되고 그리스도교적 삶에 필요한 인간적 요소들을 통합하는 윤리신학의 모

---

30. Ibid., p.25.
31. Pinckaers, "My Sources", *Communio* 26(1999), 913.
32. 동시에 그는 하느님의 말씀과 도덕성에 관한 논문에서 잘 드러나는 것처럼, 역사적 비판적 연구를 대단히 높게 평가하고 있었다: "La parole de Dieu et la morale", *Le Supplement de la vie spirituelle* 200(march 1997), 21-38.
33. Cf. "My Sources", 913-915.

델로 이해한다. 이 성서적 모델은 핑케어스가 단언하는 것처럼, "우리로 하여금 복음서와 성경에 호소하도록 격려하고 돕는다. 그것들로부터 우리는 그리스도교 윤리학을, 우리에게 가용한 특수한 원천들을 활용해서 오늘날에 맞는 유형으로 세울 빛, 영감, 그리고 소재들을 발견한다."[34]

토마스 오미어러[35], 매튜 레버링[36], 트레이시 로울랜드[37]를 비롯한 많은 주요 가톨릭 사상가들이 핑케어스를 '성서적 토미스트'(Biblical Thomist)라고 부른다. 그것은 그가 토미스트 윤리신학의 부흥과 은총과 덕을 해석하는 데 있어서 성경에 큰 비중을 두었기 때문이다. 토마스 오미어러는 이 호칭이 핑케어스가 자신의 첫 번째 논문들(1955년과 1956년)을 성경에 관한 주제로 삼았다는 사실에 의해서 정당화된다고 설명한다. 한 논문은 '희망'에 관한 성서적 이해를 포함하고 있고,[38] 다른 논문은 예언적으로 가톨릭 윤리신학을 쇄신하는 데 '원천으로 돌아가기' 모델을

---

34. *L'Evangile et la morale*, p.10. 그는 더욱이 그리스도교 사상이 교회의 풍부한 유산에 충실한 채로 남아 있으면서도 표현의 차원에서 창조적일 수 있다고 믿는 용감한 신뢰를 요청한다.
35. 토마스 오미어러의 논문「토마스 아퀴나스 해석: 20세기 윤리신학의 도미니코 학파의 여러 측면들」가운데 "성서적 토미스트: 세르베 핑케어스"(363-366쪽)라는 제목을 달고 있는 절을 참조하라: Thomas O'Meara, OP, "Interpreting Thomas Aquinas: Aspects of the Dominican School of Moral Theology in the Twentieth Century", in Stephen Pope(ed.), *The Ethics of Aquinas*, Washington, Georgetown University Press, 2002, pp.355-373(『아퀴나스의 윤리학』, 이재룡 외 옮김, 한국성토마스연구소, 2021, 479-504쪽).
36. Matthew Levering, *Biblical Natural Law*, Oxford, Oxford University Press, 2008. 여기서 레버링은 핑케어스의 자연법에 관한 가르침을 론하이머(Martin Rhonheimer)와 맥칼리어(Graham McAleer)의 가르침과 비교하고 있다. 저자는 또한 핑케어스를 '원천으로 돌아가기 토미스트'(Ressourcement Thomist)라고 부르고 있다.
37. Tracy Rowland, *Ratzinger's Faith: The Theology of Pope Benedict XVI*, Oxford, Oxford University Press, 2008, p.26.
38. "L'esperance de l'Ancien Testament est-elle la meme que la notre?", *Nouvelle Revue Theologique* 77(1955), 785-799(repr., in *Renouveau de la morale*, 1964).

사용할 것을 요청하고 있다.[39] 핑케어스는 하느님의 말씀이 교회의 신학적이고 윤리적인 기획의 구전적(俱全的, integral) 부분이고, 윤리신학의 쇄신은 성경의 사용을 복원할 필요가 있다고 논한다. 그는 이와 관련해서 성경에 대한 역사적 탐구가 도움이 된다는 것을 인정한다.[40] 애브리 덜레스 추기경은 핑케어스가 아퀴나스 윤리신학의 성서적이고 교부적인 정초를 현대 그리스도교적 윤리학을 위한 한 모델로 삼고 있음을 관찰하였다.[41]

핑케어스는 말씀뿐만 아니라 성사, 특히 성체성사 안에도 현존하는 그리스도에 대한 가톨릭의 강조에 있어서의 전례적 쇄신을 살았다. 그는 그리스도가 자신의 교회를 성사, 특히 성체성사를 통해 세운다는 입장을 옹호한다.[42] 핑케어스는 사도 바오로의 로마서 성찰(12,1)에 기대어 이렇게 말한다: "윤리는 직접적으로 주님의 몸과 피의 성사인 성체성사를 상기시키는 일종의 산 제물로 나타난다."[43] 그 안에 있는 그리스도의 실재적 현존 때문에 핑케어스는 성체성사를 성사들의 정점이자 도덕생활의 시작으로 인정한다. 사도 바오로를 따라 그는 전례적 도덕성에 대해 말한다: "전례적 기도와 도덕생활 사이에는 밀접한 유대[와] 생생한 접촉이 있다. 모든 이론과 교리 이전에 도덕생활

---

39. "Le renouveau de la theologie morale", *Vie intellectuelle* 27(October 1956), 1-21.
40. 특히 논문 모음집인 『복음과 도덕』(*L'evangile et la morale*, 1990)을 보라. 성경에 관심을 기울이지 않는 논문이나 책을 발견하기 어렵다.
41. Avery Dulles, "John Paul II and the Renewal of Thomism", in *John Paul II and St. Thomas Aquinas*, ed. Michael Dauphinais and Matthew Levering, Ann Arbor(MI), Sapientia Press, 2006, pp.15-29, at p.16.
42. Pinckaers, "The Body of Christ." 그의 윤리신학에서 성체성사의 중요성에 관해서는 1955년의 첫 논문들과 다음 글들을 참조하라: *Renouveau de la morale*(1964); *The Sources of Christian Ethics*(orig. 1985); *La vie selon l'Esprit: Essai de theologie spirituelle selon saint Paul et saint Thomas d'Aquin*(Luxembourg, Editions Saint-Paul, 1996), esp. pp.249-259; *Spiritualite du martyre*(2000); "My Sources".
43. "The Body of Christ", p.32. 여기서 핑케어스는 1코린 10,16-17을 참조하고 있다.

은 먼저 성체 안의 그의 현존인 그리스도의 몸에 의해서 양육된다."[44] 그는 계속해서 "도덕생활은 이처럼 우리 일상생활에서 세례에 의해 결합된 그리스도의 몸 안에서 소통하는 성체성사적 전례의 연장과 활성화가 된다."라고 설명한다.[45] 핑케어스는 또한 성체성사와 (그리스도교적 용기의 축소판인) 순교자들의 신앙의 상관관계를 인정한다.

성체 안에 있는 그리스도께 대한 헌신은 그가 심층적으로 관상적이었다는 사실을 입증한다. 그는 "관상한 것을 남들에게 전하라"(contemplata aliis tradere)라는 모토를 성 토마스가 이해했던 것처럼[46] 관상의 결실을 남들과 나누라는 것으로 이해하고 살았다. 핑케어스의 사도적 활동들과 대학 교육은 관상적 기도와 연구로부터 자라났다. 그의 저술은 이 네 가지 모두로부터 자라났다. 그는 철학적이고 신학적인 모든 것들에 대해 기도로 충만하고 면학적인 관상을 향하고 있었다. 월식(月蝕)에 관한 논문은 그가 규칙적으로 계절과 자연의 요소들과 접촉하게 해주는 프리부르의 시골길을 걸었던 것처럼 자연에 대한 그의 경탄을 보여준다.[47] 그러나 그는 무엇보다 성체 안의 그리스도와의 사귐과 그에 대한 흠숭이 도덕적 힘과 덕의 원천임을 발견했다. 그는 죽기 직전에 출간된 마지막 작품들 가운데 하나에서 이렇게 말

---

44. "Conscience and Christian Tradition", in *Pinckaers Reader*, p.325.
45. Ibid. 핑케어스는 「그리스도의 몸」(p.45)에서 신학을 위한 성체성사의 중요성을 다음과 같이 요약하고 있다: "이처럼 우리는 감히 성체와 그분의 교회적 몸 안에서의 그리스도의 몸에 대한 신앙과 신심이, 그 가장 강한 의미에서, 성 토마스 신학의 1차적 영감이자 원천이라고 말하고 싶다. 그것은 마치 (성령이 우리 안에서 그것들을 형성하기 때문에) 기도와 영적 매력의 영역에 속하는 성찰이라는 토양 아래 숨겨져 있는 1차적 경험과 같다."
46. II-II, q.188, a.6.
47. Pinckaers, "L'eclipse ou le reveil de l'admiration", in *A l'ecole de l'admiration*, Versailles, Saint-Paul, 2001, pp.7-12.

한다: "주님의 독특한 현존에 아직도 주의를 기울이는 가운데, 침묵의 신앙 안에서, 흠숭은 뚜렷이 그리고 확실하게 그리스도인의 도덕생활과 그 덕들을 일깨우고 활성화한다."[48] 성체 안에 위격적으로 현존하는 그리스도에 대한 이 헌신은 그가 「나의 원천들」에서 증언하는 것처럼, 젊은 시절부터의 영감이었다.[49]

도미니코회 사제요 신학자로서 핑케어스는 그리스도교 전통의 원천들을 함께 읽는다. 곧 성경을 그 맥락 속에서, 다시 말해 교부들의 성경 해석과 교회 교도권을 포함하기도 하는 그리스도교적 전통의 일부로서 읽는다.[50] 핑케어스는 일관되게 더 나아가, 가톨릭 윤리신학이 교의신학(삼위일체론, 그리스도론, 은총론), 영성, 그리고 교도권과 분리될 수 없다고 논한다. 그것은 또한 역사적 탐구나 철학적 연구(그리고 과학)와도 분리될 수 없다.[51] 그는 학문의 구분이 유명주의(Nominalism), 계몽주의(Enlightenment), 바로크 신학(Baroque Theology)의 영향으로 과장되었다는 사실을 입증하였다. 현대신학에 대한 그의 주요 비판 가운데 하나는 그것이 분석된 것들의 종합화를 희생한 대가로 구획하는 특수화 때문에 활력을 상실했다는 것이다.

이와는 대조적으로, 그는 교부적이고 교도권적인 전통뿐만 아

---

48. Pinckaers, *Plaidoyer pour la vertu*, Paris, Paroles et Silence, 2007, p.56.
49. Pinckaers, "My Sources", 913-915.
50. 핑케어스는 또한 성경이 가톨릭 윤리신학에서 펼쳐야 하는 주요 역할을 강조한다: "The Sources of the Ethics of St. Thomas Aquinas", in *The Ethics of Aquinas*, ed. Pope, pp.17-29(『아퀴나스의 윤리학』, 23-39쪽).
51. 핑케어스는 「나의 원천」(p.915)에서 자신이 회칙 『진리의 광채』(1993) 및 『신앙과 이성』(1998)과 일치한다는 것을 보여준다. 성체, 성경과 아퀴나스의 작품들에 대한 연구 안에서 든든하게 토대를 다진 다음에, 그는 자신의 연구들이 통용되도록 철학 연구로 넘어간다. 그는 이렇게 말한다: "나의 신앙을 든든히 유지한 채 나는 고대 철학 및 근대 철학에 대한 연구에 착수할 수 있었다. … 이 연구는 만일 누가 경험에 의해서 풍요로워지고 인간적인 모든 것에 개방되어 있는 정신을 획득하기를 갈망한다면, 꼭 필요하다."

니라 거의 8세기에 이르는 도미니코회 전통도 조직적이고 영성적인 신학과 윤리적으로 고찰되고 있는 실천적 쟁점들을 통합한다는 것을 보여주었다.[52] 핑케어스는 성서적, 신학적, 역사적인 분과들에 대한 기여를 칭찬하는 한편, 이 신학 분과들을 그리스도교적 윤리학 작업 속에 철저히 통합할 것을 요청하고 있다. 제2차 바티칸 공의회 이전의 도덕 교본들에서 발견되는 건조한 논설 이후에 오늘날의 윤리학자와 교회 지도자들은 윤리신학이 단적으로 영성으로부터 분리될 수 없다는 그의 확신을 새롭게 확인하게 되었다.[53] 『진리의 광채』와 그 안에서 논의되고 있는 새로운 복음화의 상당 부분인 이 통찰은[54] 윤리신학의 참으로 신학적인 본성과 특히 그리스도가 말씀과 성사 안에서 스승이자 교사 역할을 담당하고 있는 그 위치를 인정한다.[55]

---

52. Pinckaers, "L'enseignement de la theologie morale a Fribourg"(p.433). 베네딕트 애슐리(Benedict Ashley, 1915–2013) 신부는 편안하게 그리고 경쟁력 있게 과학과 대화하는 리버 포레스트(River Forest) 토미즘 학파와 긴밀히 연결되어 있다. 그렇지만 핑케어스는 근대 과학에 대한 광범위한 논술 없이 근대 철학을 다룬다.
53. 예컨대 프랜시스 조지 추기경(Francis Card. George, OMI)은 핑케어스의 작품들이 "제2차 바티칸 공의회에 의해서 요청되는 윤리신학의 쇄신에 … 건전하고 본질적인 기여"를 한다는 것을 인정한다.(『핑케어스 읽기』 책뒤 홍보문) 그는 핑케어스가 "복음의 새 법이 얼마나 그리스도교 윤리에 신선한 마음과 통찰을 주는 (전통적이면서도 미래적인) 필요한 재발견인지를 보여준다."라고 단언한다. 조지 추기경은 한걸음 더 나아가 핑케어스가 "도덕과 영성을, 윤리신학의 교사를 안내하고 사변 신학자를 위한 새로운 길을 제시하는 방식으로 통합하고 있다."라고 지적한다.
54. 요한 바오로 2세 교황은 『진리의 광채』(제21항)에서 다음과 같이 말한다: 그리스도인들의 "도덕생활이 성사들, 특히 성체성사 안에서 발견되는 하느님의 성성과 영광화가 저 소진될 수 없는 원천으로부터 흘러나오고 그 원천에서 자양분을 얻는 '영적인 경배'(로마 12,1; 참조: 필리 3,3)의 가치를 지니고 있다": "십자가의 희생제사에 참여함으로써 그리스도인은 그리스도의 자기-증여적 사랑에 참여하고, 그의 모든 사상들과 업적들 안에서 이 동일한 참사랑을 살 수 있는 역량을 갖추고 있고, 그것에 투신한다."(『진리의 광채』, 5, 26, 107항 참조. 그 가운데 107항은 새로운 복음화를 도덕성 및 성사들, 특히 성체성사와 연결시킨다.)
55. 핑케어스는 예컨대 『그리스도교 윤리학의 원천들』 359–374쪽과 120–122쪽, 그리고 「『진리의 광채』: 미래를 위한 회칙」에서 그리스도를 '스승'으로 다루고 있다: "An Encyclical for the Future: Veritatis Splendor", in *Veritatis Splendor and the Renewal of Moral Theology*, ed. J. A. DiNoia & Romanus Cessario(eds.),

우리는 이처럼 핑케어스가 작품의 주요 주제들(이것들은 모두 그 쇄신에 핵심적이다)에 대한 면밀한 검토를 통해서 가톨릭 윤리신학의 쇄신에 기여한 공헌의 일부를 포착할 수 있다. 특히 영향력을 발휘한 주제들은 가톨릭 윤리신학의 원천 복귀, 예수 그리스도와 덕의 중심성, 성령의 은총과 선물들이라는 새 법의 필요성, 무관심의 자유와 탁월성의 자유 사이의 구별, 윤리신학의 실천을 위한 말씀과 성사의 중요성을 포함한다. 여기서 설명된 것들 외에도 그는 또한 그 쇄신에 기여하고 좀 더 면밀한 검토를 필요로 하는 다른 주제들, 곧 '하느님의 모상', 인간 인격과 존엄성, 궁극 목적과 참행복, 성화(聖化)와 참행복, 그리고 사랑과 법이라는 주제(이 법에 대해서는 이 논문의 제3절에서 다룰 것이다)도 다루었다.

2. 역사적 자리매김

위에서 언급된 주제들과 그에 대한 핑케어스의 기여는 가톨릭 윤리신학의 쇄신을 위해 대단히 중요했다. 핑케어스의 지적-영적 유산과 (제2차 바티칸 공의회 이전뿐만 아니라 『진리의 광채』와 『가톨릭교회 교리서』에 이르는 시기의) 쇄신을 위한 업적의 중요성을 평가하기 위해서, 나는 그의 업적을 역사적 맥락 속에 자리매김함으로써 그의 노력과 그 쇄신 사이의 병행을 입증할 것이다. 먼저 저명한 사상가로서 그의 업적이 끼친 영향에 대해 좀 더 일반적인 평가를 검토하고, 그 다음에 그의 업적이 가톨릭 윤리신학 쇄신에 어떻게 병행했는지를 추적할 것이다.[56]

Princeton(NJ), Septer Publications, 1999, pp.11-71, spec. pp.20-22.
56. 이 과제에 대한 커다란 기여는 체사리오 신부(Romanus Cessario, OP)의 다

수많은 현대 사상가들은 핑케어스의 작품에 커다란 비중을 두었다. 조지 웨이겔과 리처드 노이하우스는 탁월함을 위한 자유에 대한 핑케어스 해석의 적시성을 집중 조명하였다.[57] 특히 후자는 핑케어스의 "그리스도교 윤리학의 역사와 다른 작품들이 (그리고 특히 '무관심의 자유'와 '탁월함의 자유' 사이의 날카로운 구별이) 토미스트 가운데뿐만 아니라 가톨릭을 넘어 그리스도교권 전체에 강력한 영향을 미쳤다."라고 단언한다.[58] 매킨타이어도 윤리신학에 핑케어스가 미친 공헌의 지속되는 중요성과 특히 현대의 지나친 단순화와 오류들에 대한 그의 저항을 묘사하였다.[59] 로마 누스 체사리오 신부는 윤리신학을 바티칸 공의회 이전의 종교적 법체계 형식으로부터 해방시키는 핑케어스의 역할에 초점을 맞춘다.[60] 이 영향은 핑케어스의 업적에 대한 스탠리 하우어워스의 관

섯 가지 매우 다양한 출판물에 의해 제공되었다: "On the Place of Servais Pinckaers(+7 April 2008) in the Renewal of Catholic Theology", *The Thomist* 73(2009), 1-27; "Homage au Pere Pinckaers, OP: The Significance of His Work", *Nova et Vetera*(English Edition) 5.1(2007), 1-15; "Forword", in *The Sources of Christian Ethics*, 1995; "Theology at Fribourg", *The Thomist* 51(1987), 325-366; *A Short History of Thomism*, Washington, The Catholic University of America Press, 2005, pp.78-79. 「핑케어스에 대한 헌사」는 벨기에 신학자의 80세 생신기념 학술대회의 기조강연이었고, 이 행사에서 배부된 논문들은 프랑스에서 기념논총으로 출판되었다: M. Sherwin and C. S. Titus(eds.), *Renouveler toutes choses en Christ: Vers un renouveau thomiste de la theologie morale*, Fribourg, Academic Press, 2009.

57. Cf. George Weigel, "A Better Concept of Freedom", *First Things* 121(March 2002), 14-20.
58. Richard John Neuhaus, "A Giant Moves On", *First Things*(April, 2007).
59. Cf. Alasdair MacIntyre, "Preface", in Pinckaers, *Morality: The Catholic View*. Cf. Michael Sherwin, OP, "Eulogy for Fr. Theodore Pinckaers, OP", *Nova et Vetera*(English Edition) 7.1(2009), 549-553.
60. 체사리오는 이렇게 말한다: "핑케어스는 결의론이 윤리신학의 새로운 형식으로 부상한 것이 성 토마스 아퀴나스의 가르침으로부터의 완전한 결별을 구성한다는 것을 명백히 보여주었다."(*A Short History of Thomism*, pp.78-79) 그리고 「세르베 핑케어스의 위치」(On the Place of Servais Pinckaers)에서는 핑케어스의 업적을 퍼거스 커(Fergus Kerr)가 그의 『20세기 가톨릭 신학자들』에서 선정한 주요 신학자들의 업적과 대조하고 있다.

심에 의해서 명료화되는 것처럼 가톨릭의 범위를 넘어선다.[61] 국제적 영향의 증거로서 핑케어스의 작품은 현재 영어 외에도 스페인어, 이탈리아어, 폴란드어를 비롯한 일곱 개 언어로 번역되었다.[62] 그의 작품은 두 권의 축제기념 논총과 두 권의 학술지 특집에서 조명받았다.[63] 핑케어스의 영향력에 대한 이런 증거는 그의 작품들이 왜 오래 지속되는 유산인지를 시사해준다.

핑케어스 자신도 「20세기 도미니코회의 윤리신학」[64]과 「나의 원천들」[65]이라는 두 편의 자전적 논문을 통해 윤리신학 쇄신에서 자신의 역사적 위치와 관련된 언급을 하고 있다. 거기서 그는 자신의 멘토들과 자신의 지적-영적 원천들을 규정하고 있다. 핑케어스는 공의회가 개막되던 1961년에 36세로 비교적 젊은 나이였지만, 이미 자신의 관구신학교, 곧 벨기에 위(Huy) 지역의 라 사르트 도미니코회 신학대학에서는 튼튼한 입지를 다지고 있었다. 비록 '전문가'(Peritus)로 참가하기에는 너무 젊었지만, 그

---

61. 하우어워스는 "세르베 핑케어스의 작품은 윤리신학의 쇄신에 본질적이고, 가톨릭 윤리신학뿐만 아니라 개신교 윤리신학을 위해서도 중요하다."라고 평하고 있다.(책등 홍보문) 그는 또한 통찰력 있게 지적한다: "핑케어스는 참행복과 덕에 대한 아퀴나스의 이해에 대한 심층적 복원으로, 가톨릭 윤리신학에서 최근 논쟁들에서 바람직하지 못한 대안들을 매우 단호하게 회피하고 있다." Cf. Stanley Hauerwas's Review of *The Sources of Christian Ethics*, in First Things(May 1996).
62. 우리는 또한 2000년에 핑케어스가 로마 라테란대학교에서 대학교 총장인 카밀로 루이니 추기경(Camilo Card. Ruini)과 바티칸 국무성 장관인 안젤로 소다노 추기경(Angelo Card. Sodano)의 임석 하에 "혼배 및 가정 신학"(Theology of Marriage and Family) 명예박사 학위(Honoris Causa)를 받았다는 점에 주목해야 한다.
63. Cf. Festschrifts for his 65th Birthday: *Novitas et Veritas Vitae: Aux sources du renouveau de la morale chretienne*, ed. Carlos-Josephat Pinto de Oliveira, Fribourg, Ed. Univeritaires, 1991; for his 80th Birthday: *Renouveler toutes choses en Christ: Vers un renouveau thomiste de la theologie morale*, Sherwin and Titus(eds.); *The Thomist* 73.1(2009); *Josephinum Journal of Theology* 17.2(2010).
64. 이 논문은 원래 『토미스트지』(Revue Thomiste) 100주년 기념 학술대회 때에 발표되었고, 「프리부르대학교에서의 윤리신학 교육」이라는 제목으로 출판되었다: "L'enseignement de la theologie morale a Fribourg", *Revue Thomiste* 93(1993), 430-442.
65. Pinckaers, "My Soueces", 913-915.

는《윤리에 관한 헌장(초안)》(*De re morali*)에 관해 자문을 하였다.[66] 그것은 공의회 당시 윤리신학이 처했던 상황과 공의회 교부들이 윤리 문제에 관한 헌장을 끝마칠 수 없도록 사전에 진행되고 있던 쇄신 유형을 알려주는 지표이다. 핑케어스는 자신이 멀리서 따랐던 이 이야기의 핵심을 말해준다.[67] 윤리신학 내 새 법의 복원이라는 관점에서《윤리에 관한 헌장(초안)》의 실패를 보는 것은 특히 흥미롭다. 핑케어스는 영리하게, 도덕성(윤리)에 대한 트리엔트 공의회 이후의 고정 개념을 극복하는 작업이 공의회 교부들의 숙고에서 (불충분하기는 하지만) 어떤 진전이 있었다는 것을 인정한다. 당시 성숙하지 못했던 한 문헌을 공표하기에는 기초윤리신학과 특수윤리신학의 중요성이 너무도 컸다. 쇄신을 향한 공의회와 다른 노력들의 영향[68]은 25년 이상이 지난 뒤에야 비로소 권위 있게 윤리 문제들을 다룬 교도권의 두 문헌, 곧 『진리의 광채』와 『가톨릭교회 교리서』를 통해 맛보게 되었다.

이 문헌들에 대한 핑케어스의 결과적인 영향력은 상당 부분, 공의회가 윤리신학 쇄신의 필요성을 표명한 세 가지 방식에 그의 작품이 미친 영향을 통해 확인될 수 있다. 첫째, 그는 『계시 헌장』에서 성경을 모든 그리스도인들이 충만하게 접근할 수 있

---

66. 《윤리에 관한 헌장(초안)》(*Constitutio de re morali*)에 관한 그의 주해 기록들은 프리부르대학교의 핑케어스 문서고에서 찾아볼 수 있다.
67. Pinckaers, "The Return of the New Law to Moral Theology", in *Pinckaers Reader*, pp.369-384. 피에르 도르넬라스는 기각된《윤리에 관한 헌장(초안)》에 대한 논쟁을 둘러싼 사건들의 보다 충분한 역사를 전해주고 있다: Pierre D'Ornellas, *Liberte, que dis-tu de toi-meme? Une lecture des travaux du Concile Vatican II, 25 janvier 1959 - 8 decembre 1965*, Saint Maur[Paris], Paroles et Silence, 1999.
68. 이 사례들은 1981년 장 아머(Jean Jerome Hamer)를 간사로 신앙교리성 주관 하에 다양한 전망을 가진 주요 윤리신학자들을 함께 불러 모은 실패한 회의를 포함하고 있다. Cf. Pinckaers, "Un symposium de moral inconnu", *Nova et Vetera* 76(2001), 19-34.

도록 만들라는 호소를 발견한다.[69] 이 호소는 성경이 전승(傳承, Traditio)과 더불어, 그리스도에 관한 지식의 1차적 원천임을 인정한다.[70] 둘째, 핑케어스는 『사제양성교령』을 안내로 삼는데, 그 텍스트는 이미 핑케어스 자신의 학술 작업을 안내했고 그의 마지막 말까지도 그렇게 할 윤리신학의 세 가지 주제를 강조하고 있다: 곧 모두 윤리신학을 "완성시키는" 데 봉사하는 것들인 그리스도께 대한 신앙, 성경에 대한 사랑, 그리고 결실 풍부한 참사랑이다.[71] 셋째, 그는 공의회의 교회에 관한 두 헌장에서 윤리신학의 쇄신을 위한 추가 지침들을 발견한다. 한편, 『기쁨과 희망』(사목헌장)은 덕 이론과 행위에 관한 규범적 이해에 그토록 중요한 현명(prudentia)의 덕에 관한 핑케어스의 이해를 활성화시키고(inform) 있는 (하느님이 인간의 마음속에 설정하신 법으로서의) 양심(conscientia)에 관한 전승의 가르침을 강조한다.[72] 다른 한편, 『인류의 빛』(교회헌장)은 윤리신학과 영성을 하나로 유지하는 것에 관한 지침을 제공한다. 핑케어스는 『인류의 빛』(40항)의 다음과 같은 관찰에서, 도덕성을 금욕주의 및 신비주의(신비신학)로부터 분리한 트리엔트 이후의 관행을 극복할 지주(支柱)를 발견한다: "어떠한 신분이나 계층이든 모든 그리스도인이 그리스도교

---

69. 『계시헌장』(*Dei Verbum*), 제21항과 제24–25항.
70. 『계시헌장』(25항)은 윤리신학과 사제 및 신학생 양성 과정에서 성경을 좀 더 많이 활용할 것을 요구하고 있다. Cf. Pinckaers, *The Sources of Christian Ethics*, pp.292–293.
71. 핑케어스는 『사제양성교령』(*Optatam Totius*, 1965, no.16)에서 거듭거듭 영감을 길어내고 있다: "특히 윤리신학을 보완하는 데에 특별한 관심을 기울여, 그 학문적 해설을 성경의 가르침으로 더욱 풍요롭게 하고, 그리스도를 믿는 신자들의 고귀한 성소를 깨우쳐주며, 세상의 삶을 위하여 참사랑의 열매를 맺어야 할 신자들의 의무를 밝혀주어야 한다." 이 텍스트에 대한 그의 활용 사례들: *The Sources of Christian Ethics*, pp.293 & 302; "The Return of the New Law to Moral Theology", p.372.
72. 양심(conscientia)에 관해서는: Cf. *Gaudium et Spes*(『사목헌장』), no.16; Pinckaers, "Conscience and the Virtue of Prudence", in *Pinckaers Reader*, p.347.

생활의 충만함[plenitudo; 국역본: 완성]과 참사랑의 완덕으로 부름 받고 있다는 것은 누구에게나 자명한 일이다."[73] 비록 『인간 생명』과 교황 레오 13세의 『새로운 사태』 이래로 가톨릭 사회교리에 관한 회칙들에서 발견되는 교도권의 다른 가르침들이 당면한 사회 쟁점들에 대해 그때마다 적절히 대응하며 계승해 왔지만, 핑케어스는 1993년의 『진리의 광채』 이전까지는 기초윤리신학이 교도권의 가르침으로부터 분명한 지침을 받지 못했다는 것을 인정하였다.

핑케어스의 작품을 연구하고 그 문헌들의 역사를 알고 있는 학자들은 핑케어스가 회칙 『진리의 광채』와 『가톨릭교회 교리서』 편찬에 내밀하게 연관되어 있었음을 깨닫게 된다.[74] 예컨대 『가톨릭교회 교리서』 제3부 제1편(국역: 제3편 그리스도인의 삶, 제1부 그리스도인의 소명은 성령 안에 사는 삶)은 핑케어스의 강좌와 저술의 구조 안에서 감지되었던 기초윤리신학의 구조를 그대로 지니고 있다.[75] 더욱이 『진리의 광채』와 『가톨릭교회 교리서』 안에서 발견되는 중심 주제들은 핑케어스의 책들에서, 교도권 문헌들에서보다 더 발전된 상태로 출판되었다. 그의 논문들에서

---

73. 『교회헌장』 제40항. Cf. Pinckaers, "The Return of the New Law to Moral Theology", p.381.
74. 웨이젤은 그의 『희망에의 증언』(p.691)에서 회칙 『진리의 광채』에 미친 핑케어스의 영향을 규명하고 있다. 『진리의 광채』와 『가톨릭교회 교리서』에서 핑케어스의 부분과 관련된 상세한 내용을 밝히는 논문들: John Corbett, "Pinckaers et le nouveau catechisme", in *Renouveler toutes choses en Christ*, Fribourg, Academic Press, 2009, pp.173-189; John Berkman, "Introduction", in *Pinckaers Reader*; Articles of Romanus Cessario(앞의 각주 56), 『가톨릭교회 교리서』는 부분적으로 프리부르에서 초안이 만들어졌다. 크리스토프 쉔보른 추기경(Christoph Card. Schönborn, OP)은 당시 프리부르대학교 윤리신학 교수이자 『교리서』 초안작성위원회 간사였다. 두 교수 사이의 친밀성과 (1990년 국제신학위원회에 그가 초대받은 사실과 그의 점증하는 국제적 영향력에서 명백히 드러나는 것처럼) 핑케어스의 작품들에 대한 교회 안팎에서의 존중이 교도권의 이 기획에 핑케어스를 연관시키는 도구가 되었다는 데에는 의심의 여지가 없다.
75. Cf. especially "Conscience and the Christian Tradition"; "Conscience and the Virtue of Prudence", in *Pinckaers Reader*, pp.321-341; pp.342-355.

발견되는 특수한 연구 외에도, 핑케어스의 책 세 권이 기초윤리신학에 관한 그의 사상을 완전히 소개하는 역할을 하고, 『진리의 광채』와 『가톨릭교회 교리서』에서 발견되는 가르침에 선행하여 그에 기여했다는 분명한 표지 역할을 한다. 첫째, 1985년에 초판이 출간된 그의 주저(opus magnus) 『그리스도교 윤리학의 원천들』은 1995년의 영역본과 더불어 그가 미국 무대에 등장하도록 촉진하였다. 왜냐하면 그것은 가톨릭 윤리신학의 지혜적 특성을, 도덕적 행위자를 인간의 완전한 참행복이자 궁극 목적으로서의 하느님 아버지께 인도하는 그리스도의 능력 및 성령의 영향과 연관 지어 말했기 때문이다. 둘째, 1990년에 초판이 출간된 『복음과 도덕』은 복음서의 내용을 윤리학, 법, 특별히 성령의 새 법, 산상 설교, 참행복, 사랑, 교회, 그리고 양심과 연결시켜 제시한다. 셋째, 『도덕성: 가톨릭의 관점』에서 발견되는 대가적인 짧은 개관은 가톨릭 윤리신학을 좀 더 대중적인 형식으로 제시하고 있다. 더욱이 『핑케어스 읽기』(Pinckaers Readers)는 『원천들』 이후에 출판한 것으로, 쇄신에 기여한 그의 공헌과 기초윤리신학에 관한 성숙한 성찰들의 수집본이다. 이 작품들은 그의 사상의 넓이와 깊이, 그리고 함축에 관한 감각을 제공한다. 『진리의 광채』와 『가톨릭교회 교리서』에 미친 그의 영향력의 또 다른 특수한 측면은 동시에 이제 다루려고 하는 특정 문제들을 제기하기도 하는 법과 사랑, 계명과 덕에 관한 그의 논설에서 발견된다.

3. 법과 사랑, 계명과 덕

『진리의 광채』와 『가톨릭교회 교리서』를 가톨릭 윤리신학 쇄신의 요약이자 핑케어스의 업적과 영향의 모범으로 제시하는 것은 어딘가 이상하게 보일지 모른다. 특히 덕의 부흥과 핑케어스의 작품들을 멀리서 추적한 일부 사람들이 『진리의 광채』와 『가톨릭교회 교리서』 양측의 구조를 보고 깜짝 놀랐을 때가 그러했다. 회칙과 관련해서, 그 제1장 "교회 생활과 세계 생활을 위한 도덕적 선"은 제2장 "교회와 현대 윤리신학의 일부 경향들에 관한 식별"과 연결되지 않는 것처럼 보였다. 제1장에서의 자유와 진리에 관한 강조는 제2장의 규칙과 계명과는 거리가 먼 것처럼 보인다. 그래서 그 논거가 제시된다. 『교리서』와 관련해서는 그리스도교 윤리에 관한 제3부의 두 편, 곧 제1편 "인간의 소명: 성령 안에서의 삶"과 제2편 "십계명"도 비슷한 긴장을 보여주는 것 같다. 만일 핑케어스가 제1편에 어떤 영향을 미쳤다면, 왜 제2편은 핑케어스가 노골적으로 비판한 교본 전통에 그토록 흔했던 십계명의 구조를 따랐단 말인가? 왜 『신학대전』에 있는 아퀴나스의 성숙한 윤리적 논고인 도덕 부분의 제2편의 구조, 곧 대신덕들에서 출발하고 나중에 추요덕들을 다루며, 주요 덕들에 관한 논고의 끄트머리에 가서야 계명들을 배치하는 구조를 따르지 않은 것일까?[76] 이것은 핑케어스를 도덕적 의무와 순종을 희생하면서 단적으로 성격(character)에 초점을 맞추는 덕 이론가로 읽은 사람들에게는 괴로운 지점이다.[77] 이 텍스트들의 구조가,

---

76. 자넷 스미스는 『핑케어스 읽기』에 대한 서평(p.641)에서 이 긴장(그리고 어쩌면 핑케어스가 『교리서』에 영향을 미치는 데 실패한 사정)에 대해 이렇게 말하고 있다: "그는 『가톨릭교회 교리서』의 도덕 부분의 구조를 제공하는 데 있어서 계명들을 활용할 수 있다는 데에 마지못해 동의하기는 하지만, 끊임없이 법과 의무보다는 참행복, 덕, 은총, 영성, 그리고 성령의 선물들이 그리스도교 도덕성을 규정한다고 강조하였다."(Janet E. Smith, "The Pinckaers Reader: Renewing Thomistic Moral Theology", *American Catholic Philosophical Quarterly* 80.4(2006), 638-641.)
77. 이 전망은 예컨대 로저 크리스프와 마이클 슬로트가 편집한 논총에서 발견된다: Roger Crisp and Michael Slote(eds.), *Virtue Ethics*, Oxford, Oxford University Press, 1997, p.2.

핑케어스의 작품에 들어 있는 명백한 비일관성 또는 불완전한 쇄신 단계, 또는 심지어 그 작품에 대한 비난을 드러내는 것일까? 이 반론들의 뒤에는 두 가지 연결된 가정이 있는데, 하나는 덕 윤리학에 법과 계명들을 위한 의미 있는 자리가 없다는 것이고, 다른 하나는 윤리신학이 덕에 관한 문제라기보다는 법에 관한 문제라는 것이다. 철학자와 신학자들 가운데에는 덕 윤리학 일반과 관련해서 연관된 공통의 가정이 있다. 그들은 그것을, 규범적 이론에 대한 확실한 발판이 없이 상대주의를 향해 기울고, 윤리신학에서 계명과 자연법의 중요한 역할에 적대적인 것으로 본다. 도덕성(윤리)에 관한 이 완화된 접근법은 50년 이상 전에 엘리자벳 앤스콤에 의해서 인정된 이유들 때문에 법과 사랑, 계명과 덕에 대한 핑케어스의 신학적 접근법에 대한 오해로 이끌었다.[78] 핑케어스는 '내밀하게 악한 행위들'에 관한 그의 작품에서 엿보이는 것처럼,[79] '의무'와 '올바른' 개념과 그의 행위를 희생하고 그 행위자와 그의 성품에 초점을 맞추려는 경향을 바르게 세우려고 하고 있다. 그는 (신앙, 지식, 자연법, 그리고 참사랑을 형상화시키는 현명한 판단이 없지 않으면서도) 참사랑-우정의 우위와 효과적인 도

---

78. Cf. Elizabeth Anscombe, "Modern Moral Philosophy", 1-19. 앤스콤이 1950년대에 마주했던 근대 윤리철학은 적절한 심리철학을 결(缺)하고 있었다. 특히 그녀는 도덕성을, 인간적 행위들과 실재적 세계와는 동떨어진 '의무', '옳음', '잘못' 같은 개념들 분석으로 해석하려는 경향을 배격한다. 이 개념들은 배타적으로 마음속에 현상이나 심리적 사실들로 실존하는 것이 아니다. 그녀는 부분적으로는 비트겐슈타인에 힘입어서, 심리학이 사고와 느낌들로 환원될 수 없고, 지향적 행위들과 도덕적 덕들의 상호관계 안에서 인간 심리학, 행위, 태세들 사이의 상호관계를 고찰해야 한다고 지적한다. Cf. also Kevin Flannery, "Anscombe's Philosophy of Psychology", in *Philosophical Psychology: Psychology, Emotions, and Freedom*, ed. C. S. Titus, Arlington(VA), The Institute for the Psychological Sciences Press, 2009, pp.38-54.
79. 『핑케어스 읽기』에 들어 있는, 내밀하게 악한 행위들에 관한 그의 논문 두 편 참조: "A Historical Perspective on Intrinsically Evil Acts"(pp.185-235); "Revisionist Understanding of Actions in the Wake of Vatican II"(pp.236-270).

덕적-영적 동인이자 참행복을 향한 그리스도교적 소명의 중심으로서 탁월함을 위한 자유를 강조한 것으로 잘 알려져 있다.[80] 그의 관점에서 볼 때, 엄격한 의무에 바탕을 둔 도덕 체계들은 복음 메시지(특히 산상 설교와 참행복들)에 참되지 않을 뿐만 아니라 인간 심리에도 참되지 않다. 핑케어스와는 달리 도덕적 체계들과 덕 사이에는 어떤 내재적인 갈등이 있다고 주장하는 사상가들은, 한편으로는 십계명과 도덕적 훈계를 가르고 다른 한편으로는 산상 설교와 신약의 파라클레시스(paraclesis: 권고) 사이를 가르는 구분을 본다.[81] 자연법을 덕 이론과 대립시키는 추론은 가끔 도덕성에 대한 근대적 반목적론적 접근법들 안에 뿌리를 두고 있다.[82] 특히 어떤 자연법 옹호자들은 핑케어스의 작품들 안에서 윤리신학의 가벼운 번안, 곧 윤리적 상대주의에 직면할 수 없는 덕 이론을 발견할 수 있다고 생각하였다.[83] 마찬가지로 다른 이들은 핑케어스가 덕, 선물들, 참행복들, 은총의 새 법

---

80. II-II, q.23. a.1. Cf. Michael Sherwin, *By Knowledge and By Love: Charity and Knowledge in the Moral Theology of St. Thomas Aquinas*, Washington, The Catholic University of America Press, 2005.
81. Pinckaers, "An Encyclical for the Future", p.27.
82. 러셀 히팅거는, 고대와 고전의 목적론적 이론들에서 자연법 분석이 인간 행위들 안에 포함된 선들과 덕들 안에서의 그 완성을 조명하고 있다고 논한다. 고전적 목적론적 사고에 대한 배격이, 올바른 이성의 숙고가 자연적 선들과 가치들에 관심을 기울이는 것을 제한한다. Cf. Russell Hittinger, "Natural Law and Virtue: Theories at Cross Purposes", in *Natural Law Theory: Contemporary Essays*, ed. Robert P. George, Oxford, Oxford University Press, 1995, pp.42-70. 매튜 레버링은 자신의 『성경의 자연법』(*Biblical Natural Law*, p.43)에서 자연법과 덕 사이의 양립가능성과 상호의존성을 규명하였다.
83. 여러 비판들이, 핑케어스가 도덕적 규범들과 의무를 (유명주의와 율법주의를 비판하는) 가톨릭 윤리신학에 대한 그의 전망 속으로 통합할 길을 찾지 못한다는 사상에 대해 도전장을 냈다. 특히 『그리스도교 윤리학의 원천』에 대한 윌리엄 메이의 서평이 그러하다: William May, "Recent Moral Theology: Servais Pinckaers and Benedict Ashley", *The Thomist* 62.1(1998), 117-131. 이 서평은 벨기에 윤리신학자의 업적에는 공감과 경의를 표하면서도 그의 『원천』의 도덕적 강세(robustness)에 대해서는 비판하고 있다. 하지만 메이의 서평이 직접적으로 핑케어스의 자연법 사상을 겨냥하고 있는 것은 아니다.

에 할당하고 있는 관심을 자연법에 대한 거절 또는 적어도 경시라고 오해하였다.[84] 이 입장들은, 덕의 규범적 성격을 이해하고 또 『진리의 광채』와 『가톨릭교회 교리서』가 왜 그런 방식으로 구조화되어 있으며 또 왜 그것들이 핑케어스의 윤리신학과 전혀 긴장관계에 있지 않은지를 이해하는 데 요구되는 핑케어스 사상의 주요 요소들을 놓쳤다.

첫째, 우리는 회칙에 초점을 맞출 것이다. 핑케어스는 "삶에서 선이란 무엇인가?"라는 도덕성(윤리)의 가장 기본적인 질문이, 무엇이 허용되거나 금지되는지에 초점을 맞추는 한정된 결의론적 접근법을 벗어나는 지평을 열어젖혔다.[85] 산상 설교와 교부들의 작품들, 성 토마스, 교황 요한 바오로 2세, 『가톨릭교회 교리서』(1716-29)에서 발견되는 것처럼, 이 선에 대한 질문은 남자와 여자를 하느님의 모상으로 창조하시고 예수가 복음서에서 참행복들로 요약한(마태 5장과 루카 6장) 참행복으로 우리를 부르시는 하느님께 그 기원을 두고 있다. 이 토대 위에서 핑케어스는 용감하게, 규칙에 의해서만 도덕적으로 행동하는 것은 "선이란 무엇이냐?"라는 질문과 참된 행복에 관한 질문에 적절하게 대답하지 못할 것이라고 단언한다. 하느님께 대한 숙고와 하느

---

84. 존 커드백의 논문은 『그리스도교 윤리학의 원천』에서, 핑케어스가 윤리신학에 대한 그의 "간결한 정의"에서 법을 언급하지 않는다는 점을 지적한다: John Cuddeback, "Law, Pinckaers, and the Definition of Christian Ethics", *Nova et Vetera* 7.2(2009), 301-326. 그렇지만 핑케어스는 자연법을 광범위하게 다루며 (*The Sources of Christian Ethics*, pp.327-456), 윤리신학에 대한 자신의 좀 더 긴 정의에서 법의 중요성을 명시적으로 언급하고 있다. 그의 긴 정의는 다음과 같이 끝난다: "그리스도교 윤리학은 … 하느님의 길을 우리에게 밝히는 '행위의 법'과 계명들에 의해서 충족된다."(p.44) '행위의 법'에 관한 불어 원어의 표현("le loi morale")이 명백히 보여주는 것처럼, 핑케어스는 이 '행위의 법'이 그 기원에 있어서 신적이고, 사람들이 해야 하는 것에 적용되는 데 있어서는 도덕적이라고 가르친다. 핑케어스의 자연법 논고를 직접적으로 다루고 있는 레버링의 최근 책이 윌리엄 메이와 존 커드백의 서평을 부드럽게 교정하는 데 도움이 될 것이다: Matthew Levering, *Biblical Natural Law*, Oxford, Oxford University Press, 2008.

85. Pinckaers, *The Sources of Christian Ethics*, pp.327-353.

님의 사랑과 심지어 순교에서 생명을 내어놓으라는 호소 역시 필요하다.[86] 『진리의 광채』를 논하면서 핑케어스는 이렇게 말한다:

사실상 하느님은 무엇이 선이냐는 질문에 대해 대답하실 수 있는 유일한 분이시다. 왜냐하면 그분은 '하느님 이외에는 아무도 선하지 않다'라는 예수의 말에 따르면 선 자체이시기 때문이다. 이리하여 회칙은 도덕성(윤리)을 '인간의 행복이자 … 인간적 활동의 궁극 목적'인 하느님 사랑과 연결시킴으로써 그것에 그 종교적 차원을 복원시키고 있다.(『진리의 광채』, 제8-9항)[87]

선과 참사랑 사이의 상호관계 때문에 '선이란 무엇인가?'라는 질문은 법을 포함한 그리스도교적 윤리학 전체를 위한 맥락을 설정한다.

"자연법을 이성적 피조물 안에 영원법이 참여한 것"으로 보는 핑케어스의 논고는 1) 숙고와 고찰, 2) 결단, 3) 활동으로 움직이라는 실천적 명령을 포함하는, 자연적 경향들과 현명의 덕에 의존하고 있다.[88] 그렇지만 신학적 행위(agency)는 참사랑이나 교도

---

86. 순교의 영성에 관한 핑케어스의 책: *La spiritualite du martyre*, Versailles, Editions Saint-Paul, 2000. 여덟 번째 참행복과 순교 사이의 상호연관성에 대한 그의 논술에 관해서: Cf. Patrick M. Clark, "Servais Pinckaers's Retrieval of Martyrdom as the Culmination of Christian Life", *Josephinum Journal of Theology* 17.2(2010), 1-27.
87. Pinckaers, "An Encyclical for the Future", pp.21-22.
88. 아퀴나스는 그의 자연법과 자연적 경향들에 관한 수많은 논술들에서 이 인용문(I-II, q.91, a.2)뿐만 아니라 제94문 제2절에도 의존하고 있다: *The Sources of Christian Ethics*, pp.327-456; "Conscience and the Virtue of Prudence", pp.342-355(여기서 그는 『진리의 광채』 제51항을 인용하고 있다); "The Sources of the Ethics of St. Thomas Aquinas"(in *Pinckaers Reader*, pp.10-11: 여기서는 『진리의 광채』 제43.2항이 인용되고 있다); "Esquisse d'une morale chretienne. Ses bases: Le Loi evangelique et la loi naturelle", *Nova et Vetera* 55(1980), 102-125.

권에 대한 충실과 동떨어져서 이해될 수 없다.[89] 핑케어스는 이처럼 만일 그것이 자연적 경향, 이성, 자연법뿐만 아니라, 또한 (십계명과 성경의 나머지 도덕적 가르침을 포함하는) 신법, (은총의) 새 법, (현명, 정의, 참사랑을 포함하는) 덕들, 그리고 성령의 선물들(특히 슬기[consilium])까지 다루는 논고를 포함하지 않는다면, 도덕적 판단이 완전하게 이해될 수 없다고 주장한다.

핑케어스에 따르면, 『진리의 광채』는 "우리로 하여금 참사랑의 결정적 우위를 보장하기 위해서 십계명에 대한 재독(再讀)에 힘입어 우리의 도덕성(윤리) 관념을 수정하도록" 초대한다.[90] 이 십계명 해석은 참사랑을 출발점으로 삼는다. 궁극적으로 규칙과 계명에 정초되는 대신에, 이 참사랑은 성경과 특히 (그 심장부에 그리스도의 위격이 자리 잡고 있는) 복음서에 뿌리를 내리고 있다. 그것은 "바로 예수의 위격에 매달려 … 아버지의 뜻에 자유와 사랑으로 바친 그의 순종에 동참하고자" 한다. 핑케어스는 "그리스도를 따르는 것이 그리스도교 윤리의 본질적이고 본래적인 기초"라는 요한 바오로 2세의 단언을 지지한다.[91] 마태오복음서(19,16)의 부유한 청년은 예수께 원초적인 도덕적 질문을 던진다: "영원한 생명을 얻으려면 제가 무슨 선한 일을 해야 합니까?" 궁극적 선에 대한 인간의 갈망을 전해주는 부유한 청년의 이야기는, 십계명이 도덕생활에 핵심적이지만 그 내면적인 역동성을 다 소진하지 못한다는 것을 이해하게 해준다. 그리스도교적 완덕의 길은 소유의 포기와 그리스도를 따름으로 계속 이어

---

89. Pinckaers, "An Encyclical for the Future", pp. 60-67.
90. Ibid., p. 23. 여기서 핑케어스는 『진리의 광채』 제22,3항을 인용하면서 "『가톨릭 교회 교리서』도 똑같은 일을 한다."라고, 다시 말해 그것이 우리의 도덕성 관념을 교정한다고 지적한다.
91. *Veritatis Splendor*, no. 19.

지는 하느님 사랑과 이웃 사랑으로 인도한다. 그러므로 삶의 충만한 의미는 규제 자체에 있는 것이 아니라, "인간 삶의 기원이자 목표인" 하느님 사랑에 있다.[92]

핑케어스는 율법주의적 주의주의에 대한 수정이, 자연법을 "하느님에 의해서 우리 안에 주입된 지성의 빛"으로 보는 성 토마스의 정의에 대한 회칙의 활용에서 발견된다고 주장한다.[93] 그는 법을 하느님이 당신 백성과 맺으신 계약이라는 성서적 배경으로 되돌려 보내려고 한다. 계명은 이리하여 악에 대한 확실한 방책과 하느님 나라를 향한 지침을 둘 다 제공한다. 노예적 복종 대신에 자녀적 순종의 전망은, 의무를 복종의 심장부에 놓는 전망을 뒤집는다. 성경은 한편으로는 계명들이 두려움이 아니라 사랑에 닻을 내리고 있다는 것을 이해하고, 다른 한편 새 법을 종이 아니라 친구들 사이의 자발적인 활동을 낳는 자유의 법으로 이해할 수 있는 길을 제공한다. 사랑의 2중 계명은, 사도 요한과 공관 복음서들의 가르침에 그토록 소중한, 예수가 하느님 사랑과 이웃 사랑으로 요약한 두 돌판(tablets)에 의해서 상세히 드러난다.[94] 더욱이 『진리의 광채』는 핑케어스가 말하는 것처럼, 법에 대한 교육학적 접근법을 취하고 있다:

회칙은 영적 자유를 향한 여정에서, 도덕적 인격성의 발달 첫 단계에 십계명의 역할이 얼마나 필요한지를 설명해준다. 성 아우구스티

---

92. Ibid., no.7.
93. Pinckaers, "An Encyclical for the Future", p.22.
94. 참조: 신명 6,4-5; 요한 13,34; 마태 22,37-40; 마르 20,39-40; 루카 20,39-40. Cf. Pinckaers, "An Encyclical for the Future", pp.23-25. 이 맥락에서 핑케어스는 요한 바오로 2세가 회칙에서 채택하고 있는 인격주의적 주제들(cf. *Veritatis Splendor*, no.13.2; Pinckaers, "An Encyclical for the Future", p.24)에 특별히 주목한다. Cf. also *Veritatis Splendor*, nos.10&14.2; *Catechism*, 1965-1974.

누스가 단언하는 것처럼 계명에 의해서 금지된 중대한 죄들을 피하는 것은 우리 안에 '자유의 실마리'를 형성한다. '하지만 이것은 완전한 자유가 아니라, 단지 자유의 시작에 불과하다.'(Augustinus, *In Joan. evang.*, 41, 10: CCL 36, 363. Cf. VS 13,4)[95]

핑케어스는 윤리신학이 십계명을 산상 설교 및 (근본적으로 내면적 법인) 은총의 새 법과 재통합할 때에만 쇄신을 달성하게 될 것이라고 설명한다. 성령이 그리스도의 은총을 전하는 수단인 2차적이고 물질적인 요소들은 성사들과 성경 텍스트들을 포함한다. 십계명 외에도 윤리신학을 위한 기본적인 성서적 원천들은 특히 주님의 설교(마태 5-7장; 루카 6장)와 사도 바오로의 서간들(로마 12-15장, 코린토 1서, 갈라 5장, 에페 4-5장, 필리 2-3장, 콜로 3장, 1테살 4-5장)을 포함한다. 핑케어스는 신약이 도덕적 권위를 지니고 있는 권고(paraclesis)를 제공하고, 더 나아가 십계명과 자연법의 1차적 계명들을 완성한다고 설명한다.[96] 그에 따르면, "새 법 또는 복음의 법은 … 바로 의화시키고 성화시키는 참사랑을 통해 작용하는, 그리스도께 대한 신앙을 통해 수용되는 성령의 은총이다."[97] 새 법은 십계명을 채우고 완성함으로써 "인간의 내면적 행위를 (신앙과 참사랑이 다른 덕들과 함께 작용하는) 그 '심장'의 차원에서 규제하는 데 반해, 십계명은 외적 행위를 직

---

95. Pinckaers, "An Encyclical for the Future", p.24.
96. Pinckaers, *The Sources of Christian Ethics*, pp.164-167; "An Encyclical for the Future", p.27. Cf. Aquinas, I-II, q.97, a.4, ad3; q.100, a.8; John Corbett, OP, "The Functions of Paraclesis", *The Thomist* 73(2009), 89-107. 아우구스티누스의 것(*Commentary on the Sermon on the Mountain*)과 같은 교부들의 가르침도 성경에 대한 이 도덕적 독법을 위한 중요한 원천을 제공한다.
97. "An Encyclical for the Future", pp.25-26. 그는 성화의 원천으로서의 성령에 초점을 맞추고 있다. 왜냐하면 "이 법의 모든 에너지는 성령으로부터 오기" 때문이다. "이리하여 의화와 성화, 용서와 완성의 능동적 원리는 우리 안에 있다."(Pinckaeres, "The Return of the New Law to Moral Theology", p.378.)

접적으로 담당한다."⁹⁸ 이 '심장'의 차원은 핑케어스가 도덕적 행위와 현명의 덕과 양심에 관한 그의 작품들에서 입증한 것처럼, (인식과 사랑이 상호의존적이고 도덕적 판단과 행위를 위해 함께 작용하는) 토미스트적인 완전한 인간학을 연관시킨다.⁹⁹

둘째, 회칙에 대한 이 논설 외에도 법과 사랑, 계명과 덕 사이의 관계에 관한 동일한 질문이 『가톨릭교회 교리서』의 구조와 교육학의 맥락에서도 제기되었다. 십계명이 규칙적으로 교회의 옛 교리교육 전통의 결실 풍부한 중핵 역할을 했다는 사실은 최근의 『가톨릭교회 교리서』의 중심 구조 역할을 하는 한 가지 근거를 제공한다.¹⁰⁰ 그런데 우리는 도덕적 발전에 관한 핑케어스의 작품에 비추어서 『가톨릭교회 교리서』를 검토할 때, 그 전통을 계속하는 또 하나의 이유를 발견하게 된다. 그 이유는 내가 『진리의 광채』를 다루면서 설명한 것처럼, 핑케어스가 의무와 복종이 윤리신학에서 적극적인 역할을 한다고 주장한다는 사실이다.¹⁰¹ 그는 신적 교육학이 그리스도인의 도덕적-영적 성장에서 십계명, 참행복, 성령의 선물, 그리고 덕들 사이에 어떤 질서를 설정했다는 점을 관찰한다. 이 질서는 세 단계를 거쳐 전개

---

98. Pinckaers, "An Encyclical for the Future", p.26. 그는 여기서 성 토마스의 『신학대전』 제2부 제1편 제106문 제1절과 제107문, 그리고 제108문 제1절과 제3절에서 발견되는 새 법에 관한 성 토마스의 논설을 활용한다.
99. 『핑케어스 읽기』에 들어 있는 현명과 양심에 관한 두 편의 논문 외에 핑케어스는 『신학대전』에 대한 자신의 불어 번역본에 실은 광범위한 각주에서 도덕적 행위에 관해 다룬다: *Les actes humains. Somme theologiques*, I–II, qq.6–17(vol.I); qq.18–21(vol.II), Paris, Cerf, 1965.
100. 확장된 번역본은 십계명 외에도 참행복, 성령의 선물들, 주님의 기도, 그리고 덕들을 포함시키고 있다. Cf. John Corbett, OP, "Pinckaers et le nouveau catechisme", p.188.
101. 그는 다음의 연구들에서, 덕의 발전에서 순종과 의무의 적극적 역할에 관해 논하고 있다: *The Sources of Christian Ethics*, pp.354–378; *L'Evangile et la morale*, pp.30–34. Cf. C. S. Titus, "Moral Development and Making All Things New in Christ", *The Thomist* 72,2(2008), 233–258.

되는 참사랑의 성장에 관한 그의 논고에서 명백하다.[102] 첫째, 초심자는 훈련과 정화를 통해 참사랑을 무너뜨리는 죄와 경향들에 맞서 싸워야 한다. 핑케어스는 이렇게 설명한다: "십계명의 부정적 계명들은 특히 우리 안에 이식된 하느님 사랑과 이웃 사랑의 씨앗이 미래의 성장을 위해 보호를 필요로 하는 도덕생활의 이 초기 단계 동안에 적합하다."[103] 둘째, 중급자들은 산상설교의 지도 아래 있는 덕분에 진보한다. 마지막으로, 성숙한 이들은 성령의 새 법에 의해 지도되는 영적 자발성의 유형에 도달한다. 성숙의 단계는 (내면화된) 십계명과 (하느님을 향한 보다 깊은 사랑과 그분과의 결합 안에서 완성되는) 덕에 대한 지속적인 의존을 연관시킨다.

핑케어스는 이처럼 계명의 적극적인 역할을 단언한다. 그는 반복해서 다음과 같이 말한다: 첫째, 계명과 의무들은 덕의 힘과 자유의 진리를 보장하기 위해서 처음부터 (그리고 내내) 요구된다. 둘째, 의무 없이 또는 죄에 대한 인정 없이, 그리스도교 윤리를 구성하려 시도하는 것은 하나의 착각일 것이다. 셋째, 아퀴나스를 따를 때 계명들은 이성의 한 행위로서, 그 다음으로는 의지의 한 행위로서, 의무의 충만한 힘을 지니고 있다. 그럼에도 불구하고 의무는 그것이 도덕생활의 초기 교육 단계에서 중요 역할을 하는 한에서, 덕에 예속되어 있다.[104] 그것의 목적은 그 사람으로 하여금 (은총의 도움을 받아, 다시 말해 복음적 법 또는 성령의 새 법의 도움을 받아) (사회적이고 개인적인) 무질서한 경향들

---

102. Pinckaers, *The Sources of Christian Ethics*, pp.362–368. 그는 아퀴나스의 『신학대전』 제2부 제2편 제24문 제9절에 들어 있는 참사랑의 덕에서의 성장에 관한 논고에서 자신의 영감을 길어 올린다.
103. Ibid., p.363.
104. Pinckaers, *L'Evangile et la morale*, p.33.

에 맞서 싸우고, 사랑과 행복 문제에 응답하는 적극적인 도덕적 덕들과 신학적인 덕들을 발전시키도록 도와주는 것이다.[105] 그러므로『가톨릭교회 교리서』의 질서는 보다 넓은 가톨릭 전통에서 지지를 발견할 뿐만 아니라, 또한 (한편으로는 우리를 아버지께로 인도하는 그리스도를 따르는 데 있어서 신앙, 희망, 참사랑과 성령의 움직임의 우위를 인정하면서도) 십계명에 대한 지속적인 충실함 속에 포함되어 있는 도덕적-영적 교육학에 대한 핑케어스의 전망 안에서도 지지를 발견한다.[106]

요컨대, 이 영적이고 신학적인 원천들과 그 교회적 사명에 충실한 가톨릭 윤리신학을 통해서 핑케어스는 참행복, 참사랑, 그리고 덕들과 성령의 선물들을 거슬러 계명, 의무, 그리고 복종을 내세우는 경향들을 바로잡고자 하였다. 이 맥락 속에는 하느님이 인간의 마음속에 각인시키신(로마 2,15) 자연법과 "생명의 길을 보여주고 그리로 인도하시는" 하느님의 선물인 십계명에 대한 영속적이고 교육학적인 중요성이 자리 잡고 있다.[107] 그것들은 둘 다 하느님께 기원을 두고 있다. 자연법은 피조물과 창조주 사이의 계속적인 관계 속에 확립되어 있다.(그리고 인간 인격을 하느님과 이웃을 향해 질서지우는 것과도 연관된다.) 십계명은

---

105. 그리스도교 윤리학과 도덕적 훈계들에 관한『복음과 도덕』(*L'Evangile et la morale*) 제5장도 보라. 그는 아퀴나스의『신학대전』과 (덕이 아니라 계명에 우선권을 두는) 프란치스코 회원인 알렉산더 할레스의『신학대전』사이의 차이에 주목한다.(66쪽)
106. 핑케어스는 이렇게 말한다: "나는 채택된 (계명들에 따른 구분들을 보존하는) 해결책이 궁극적으로 보편 교회에 적용되고 따라서 상이한 전통들을 해명할『교리서』를 위한 최선책이었다고 느낀다. 무엇보다 먼저,『교리서』는 교회가 그토록 오랫동안 그리스도교 도덕적 가르침의 주춧돌을 구성해온 십계명을 포기하고 있다는 인상을 줄 수 없다. 더욱이 지나치게 정적이고 부정적으로 변해버린 계명들에 대한 이해를 재활성화할 필요가 있었다. 이처럼『교리서』는 십계명을 다시 한 번 그것들에 상응하는 덕들과 접촉하도록 만듦으로써 그것에 대한 해명 속에 새로운 활력을 주입하려고 시도하였다."("The Return of the New Law to Moral Theology", pp. 381-382)
107.『진리의 광채』, 제12항 제2절.

'거룩한 민족'으로서의 이스라엘 백성을 존재로 부르신 하느님의 계약의 선물이다. 그 백성에게 하신 하느님의 약속은 영원한 삶을 상징하는 '약속된 땅'으로 한정되지 않는다. 그렇지만 계명들은 그 백성을 극단들로부터 보호할 뿐만 아니라, 하느님 나라에 이르는 길을 가리키는 적극적인 역할을 수행하기도 한다. 이렇게 해서 십계명은 더 이상 제2차 바티칸 공의회 이전의 교본과 교리서들의 경우에 그러했던 것처럼 의무, 명령, 금지의 요약으로 간주되지 않는다. 이 맥락 속에서 우리는 결의론에 대한 핑케어스의 저항이, 현명의 덕과 양심의 훈련에서 사례들이나 계명들의 연구에 대한 저항으로 이해되어서는 안 된다는 것을 이해할 수 있다.[108]

마무리

매킨타이어에 따르면, 핑케어스의 주저인 『그리스도교 윤리학의 원천들』은 "가톨릭 교회공동체 내에서의 지난 40년간의 논쟁에 새로운 빛을 비추었고, 저 논쟁들의 오해들을 극복한 그리스도교 윤리학의 대안적 길을 제공하였다."[109] 그는 핑케어스가 "부적절하게 대안들이라고 간주된 것들 사이에 [어느 한쪽 편을

---

108. Pinckaers, "An Encyclical for the Future", p.17. 핑케어스는 자신의 글들을 (그의 가르치는 직분 때문에) 1차적으로 기초윤리신학에 초점을 맞추고 있다. 특수윤리신학 또는 응용윤리신학에서는 (배타적으로까지는 아니더라도) 특히 사례들의 활용이 요구된다. 법과 순종의 중요성에 대한 그의 단언에서와 마찬가지로, 그는 현명의 덕을, 단지 이론적으로뿐만 아니라 실천적으로 평화냐 전쟁이냐, 충직함이냐 간통이냐, 출산이냐 낙태냐, 삶이냐 죽음이냐 같은 실재적 쟁점들과 관련해서 사용할 필요도 단언한다. 이런 사례들에 대한 쇄신된 전망에의 호소에 관해서는: Cf. Edward T. Oakes, "A Return to Casuistry?" *Nova et Vetera*(English Edition) 2.1(2004), 182–204.
109. Alasdair MacIntyre, "Preface", in Pinckaers, *Morality: The Catholic View*, pp. vii-viii.

드는] 현대의 거짓 선택들"에 떨어지지 않았음을 지적한다:

> 도덕적 삶은 규칙에 관련되는가, 아니면 결과에 관련되는가? 권위와 자율 가운데 과연 어느 것이 우위를 점하고 있는가? 우리의 언어는 교부적인 것인가, 아니면 스콜라학적인 것인가? 우리는 스콜라학과 교부들의 가르침을 따라야 하는가, 아니면 그것들을 버리고 신약성경으로 돌아가야 하는가? 우리는 제2차 바티칸 공의회를 따라야 하는가, 아니면 그 이전의 가르침을 따라야 하는가? 핑케어스 신부가 제공한 것은 (교부들이든 스콜라 학자들이든 아니면 근대 사상가들이든) 후대의 그리스도교 사상가들이 우리의 성경 읽기에 기여하고 그것을 풍요롭게 만드는 것으로 이해된 역사적 전망이다. 그의 논거의 절정은 인간의 자유와 자연법 사이의 관계에 대한 대단히 조명적인 탐구이다.[110]

바로 그렇기 때문에 핑케어스의 작품에 대한 연구는 제2차 바티칸 공의회 이후 윤리신학 쇄신의 모범으로서 그리고 한 자극으로서 많은 이들에게 큰 도움이 되고 있다. 또한 그의 작품이 전 세계, 특히 영어권에 잘 받아들여지는 이유이기도 하다.

핑케어스는 그리스도, 법, 그리고 교회에 중심을 둔, 덕 이론에 대한 신학적 접근법에 대한 기여 덕분에 영어권 가톨릭 윤리신학의 무대에 갑자기 등장하였다. 법에 관한 그의 논고는 은총의 새 법에 초점을 맞추고 있지만 자연법이나 교도권을 배제하지 않는다. 그의 작품은 제2차 바티칸 공의회를 준비하는 데 도움을 주었고 『진리의 광채』와 『가톨릭교회 교리서』에서 그 요약(epitome)을 발견하게 되는 '원천으로 돌아가기'적 쇄신 운동의

---

110. Ibid.

모범이다. 마지막으로 성서적, 교부적, 교도권적, 그리고 철학적 원천들을 읽는 핑케어스의 '원천으로 돌아가기'적 방법은 인간적 행위의 지혜적, 인격적, 사회적 차원들을 삼위일체적 전망 안에 통합하는 기초윤리신학과 그리스도교적 덕 윤리를 위한 가톨릭 접근법의 한 강력한 모범을 제공하고 있다.

참고문헌

주요 저작

01. *Le 'Surnaturel' du P. De Lubac*, S.T.L. Thesis, La Sarte, 1952.
02. *La Vertu d'esperance de Pierre Lombard a St. Thomas d'Aquin*, S.T.D. Thesis, Angelicum, 1958.
03. *Le renouveau de la morale*, Tournai, Castermcan, 1964. (tr. Italian: Torino, Boral, 1968; tr. Spanish: Estella, Verbo Divino, 1971).
04. *Le faim de l'Evangile*, Paris, Tequi, 1977.
05. *La quete du bonheur*, Paris Tequi, 1979. (=*The Persuit of Happi-ness. God's Way: Living the Beatitudes*, New York, Alba House, 1998)
06. *La Morale: Somme di doveri? legge d'amore?*, tr. ital. P. Cozzupoli, Roma, La Guglia, 1982.
07. *Les sources de la morale chretienne*, Fribourg, Editions Universi-taires, 1985. (=*The Sources of Christian Ethics*, Washington, CUA Press, 1995)
08. *La justice evangelique*, Paris, Tequi, 1986.
09. *Ce qu'on ne peut jamais faire*, Fribourg, Editions Universitaires, 1986.
10. *La priere chretienne*, Fribourg, Editions Universitaires, 1989.
11. *La grace de Marie*, Paris, Mediaspaul, 1989.
12. *L'Evangile et la morale*, Fribourg, Editions Universitaires, 1989.

13. *La moral catholique*, Paris, Cerf, 1991. (=*Morality: The Catholic View*, Pref. A. MacIntyre, St. Augustine, 2001)
14. *La Vie selon l'Esprit*. Essai de Theologie spirituelle selon saint Paul et saint Thomas d'Aquin, Luxembourg, Saint-Paul, 1996. (tr. Italian: *La Vita spirituale del cristiano*, Milano, Jaca Book, 1995)
15. *Un gran chant d'amour. La Passion selon saint Matthieu*, Saint-Maur, Secomed Madiation, 1997.
16. *La Spiritualite du martyre*, Versailles, Editions Saint Paul, 2000.
17. *A l'ecole de l'admiration*, Versailles, Editions Saint Paul, 2001.
18. *La beatitude* (Thomas d'Aquin, *Somme Theologique* I-II, qq.1-5. Traduction francaise, notes et appendices). Paris, Cerf, 2001.
19. *The Pinckaers Reader: Renewing Thomistic Moral Theology*, (eds.) John Berkman and Craig S. Titus, Washington, Catholic University of America Press, 2005.
20. *Plaidoyer pour la vertu* (=*A Plea for Virtue*), Paris, Parole et Silence, 2007.
21. *Passion et vertu*, Paris, Parole et Silence, 2009.

핑케어스에 관한 연구

01. Pinto de Oliveira, C.-J.(ed.), *Novitas et veritas vitae: Aux sources du renouveau de la morale chretienne: Melanges offerts au Professeur Servais Pinckaers a l'occasion de son 65e anniversaire*, Paris, Cerf; Fribourg, Editions Universitaires, 1991.
02. Cessario, R., OP, "On the Place of Servais Pinckaers(+7 April 2008) in the Renewal of Catholic Theology", *The Thomist* 73 (2009), 1-27.
03. Cessario, R., OP, "Theology at Fribourg", *The Thomist* 51 (1987),

325-366.

04. Titus, Craig S., "Servais Pinckaers and the Renewal of Catholic Moral Theology", *Journal of Moral Theology* 1.1(2012), 43-68.

05. Cloutier, David and William C. Mattison III, "The Resur-gence of Virtue in Recent Moral Theology", *Journal of Moral Theology* 3.1(2014), 228-259(esp., 238-241).

06. Mattison III, William C. and Matthew Levering, "A Peek at Renewal in Contemporary Moral Theology: The Pinckaers Symposium", *Journal of Moral Theology* 8, spec. issue 2(spring 2019), 1-12.

07. Levering, M., "Pinckaers and Haring on Conscience", *Journal of Moral Theology* 8, spec. issue 2(spring 2019), 134-165.

08. Schumacher, Michele M., "The Reunification of Naturalism and Personalism in the Conjugal Act: A Contribution of Servais Pinckaers", *The Thomist* 84(2020), 435-465.

| 인명색인 |

가리구-라그랑주(Reginald Garrigou-Lagrange, OP) 172
강디약(Maurice de Gandillac) 92
그레고리우스 마뉴스(Gregorius Magnus) 102, 105
그리스도(Christus) 14, 25, 32, 38, 39, 40, 65, 70, 91, 105, 123, 133, 136, 143, 144, 147, 156, 163, 169, 173, 174, 176, 177, 179, 180, 181, 182, 187, 189, 195, 197, 200, 202

네메시우스(Nemesius de Ephesus) 23, 67, 105
노블(H. D. Noble, OP) 17
노이하우스(Richard J. Neuhaus) 184

다코(Pierre Daco) 151, 152, 154, 155, 156
덜레스 추기경(Avery Card. Dulles, SJ) 179
데루엔(Christian Derouesne) 96
데모크리투스(Democritus) 100
도피네(Michael Dauphinais) 179
드 뤼박(Henri De Lubac, SJ) 169
디노이아 대주교(Joseph A. DiNoia, OP) 182
디오니시우스 아레오파지타(Dionysius Areopagita) 92

라자로(Lazarus) 66
락탄티우스(Lactantius) 107
레버링(Matthew Levering) 178, 192, 193
로울랜드(Tracy Rowland) 178
론하이머(Martin Rhonheimer) 178
롬바르두스(Petrus Lombardus) 14, 56, 172

루소(Dom Olivier Rousseau, OSB) 177
루이니 추기경(Camilo Card. Ruini) 185

마르타(Martha) 143
마리아(Maria) 143
맥칼리어(Graham McAleer) 178
매킨타이어(Alasdair MacIntyre) 171, 184, 201
메스나르(P. Mesnard) 18
메이(William May) 172, 192, 193
모세(Moyses) 36, 108,
바오로 사도(Paulus, Ap.) 39, 49, 66, 91, 133, 147, 160, 176, 179, 197
버크만(John Berkman) 172
베네딕투스(Benedictus) 93
베르그송(Henri Bergson) 81
베르나르두스(Bernardus) 16
보쉬에(Jacques-Benigne Bossuet) 40
보에티우스(Boethius) 24
빌라도(Pilatus) 91

셔륀(Michasel Sherwin, OP) 9
소다노 추기경(Angelo Card. Sodano) 185
소크라테스(Socrates) 11, 86, 100
쉔보른 추기경(Cristoph Card. Schönborn, OP) 188
슈뉘(Marie-Dominique Chenu, OP) 169, 170
스미스(Janet E. Smith) 190
슬로트(Michael Slote) 190
십자가의 성 요한(Johannes a Sancta Cruce) 171, 172

아기 예수의 성녀 데레사(Theresa a Infante Jesu) 172
아리스토텔레스(Aristoteles) 15, 41, 69, 96, 97, 98, 101, 105, 148
아브라함(Abraham) 31, 32, 53
아빌라의 성녀 데레사(Theresa d'Avila) 172
아우구스투스 황제(Augustus Imperator) 100
아우구스티누스(Augustinus) 22, 23, 25, 49, 50, 66, 67, 70, 92, 104, 116, 118 →
  히포의 주교
아풀레우스(Apuleus) 23

안드로니쿠스(Andronicus) 88
애슐리(Benedict Ashley, OP) 182
앤스콤(Elizabeth Anscombe) 191
야훼(Jahweh) 36
예수(Jesus) 38, 40, 66, 87, 91, 106, 109, 114, 135, 136, 146, 160, 161, 162, 173, 193, 194, 195, 196
오미어러(Thomas O'Meara, OP) 178
오크스(Edward T. Oakes) 201
요나(Jona) 37
요한 다마세누스(Johannes Damaecnus) 23, 67, 101, 103
요한 바오로 2세(Johannes Paulus II) 168, 182, 193, 195, 196
요한 크리소스토무스(Johannes Chrisostomus) 105
웨이겔(George Weigel) 184, 188
위-그레고리우스 니쎄누스(Pseudo-Gregorius Nissenus) 105
이사야(Isaiah) 91

조지 추기경(Francis Card. George, OMI) 182
조지(Robert P. George) 192
지용(Louis-Bertrand Gillon) 172
'천사적 박사'(Doctor Angelicus) 26, 42, 54, 57, 68, 88, 101 → 토마스 아퀴나스
체사리오(Romanus Cessario, OP) 183, 184

커(Fergus Kerr, OP) 171, 184
커드백(John Cuddeback) 172, 193
코르베즈(M. Corvez) 18
코르벳(John Corbett) 188, 197, 198
크라크(Patrick M. Clark) 194
크리스프(Roger Crisp) 190
키케로(Cicero) 22, 45, 97, 101, 118

테르툴리아누스(Tertullianus) 40
테오도시우스 황제(Theodosius Imperor) 146
토마스 아퀴나스(Thomas Aquinas, OP) 13, 14, 15, 16, 17, 18, 21, 22, 23, 24, 25, 26, 27, 28, 32, 41, 45, 46, 52, 53, 55, 56, 57, 58, 61, 64, 65, 67, 68, 69, 70, 71, 72, 78, 96, 101, 102, 103, 104, 105, 107, 110, 115, 117, 118, 119, 120, 121, 122, 123, 124, 127, 131, 132, 134, 140, 142, 143, 169, 171, 172, 173,

174, 177, 178, 180, 181, 185, 193, 184, 198, 199, 200 → 천사적 박사
티터스(Craig S. Titus) 165

포프(Stephen J. Pope) 178, 181
플랜너리(Kevin Flannery) 191
피퍼(Josef Pieper) 171
핀토 데 올리베이라(Carlos-Josephat Pinto de Oliveira) 185

하우어워스(Stanley Hauerwas) 184, 185
호세아(Hosea) 37
히팅거(Russell Hittinger) 192
'히포의 주교' 66 → 아우구스티누스

| 사항색인 |

가족 유대(bonds of family) 159
가족(familia) 21, 30, 52, 115, 118, 119, 123, 159
가치(valor) 15, 23, 25, 34, 60, 63, 65, 66, 80, 133, 153, 156, 192
『가톨릭교회 교리서』(*Catechism of the Catholic Church*) 121, 168, 183, 186, 188, 189, 190, 193, 195, 198, 200, 202
가톨릭 사회교리(Catholic Social teaching) 188
가톨릭 윤리신학의 원천 복귀(return to the sources of Catholic moral theology) 183
가톨릭 윤리신학의 지혜적 특성(Catholic moral theology's sapiential character) 189
갈망(desiderium) 10, 15, 16, 21, 22, 23, 24, 28, 33, 34, 41, **45-50**, 51, 52, 53, 55, 57, 65, 66, 68, 70, 101, 102, 103, 105, 122, 143, 146, 147, 160, 195
감각(sensus) 10, 13, 14, 16, 17, 24, 27, 33, 51, 57, 59, 60, 61, 62, 67, 68, 74, 78, 81, 113, 114, 121, 122, 124, 127, 156, 189
감각 기관((sensible faculties) 68, 107, 140, 155
감각적 선(bonum sensitivum) 34, 48, 49
감각지각(感覺知覺, perceptio sensitiva) 15, 146
감정(sentiment) 9, 22, 34, 36, 47, 51, 56, 66, 96, 104, 107, 109, 113, 122, 176
감정 또는 정감(affectus) 22
강제(coercion) 175
개방성(openness) 162
개신교(Protestantism) 185
개인주의(Individualism) 158, 174
거짓, 거짓말(mendax, lying) 34, 61, 109, 203
건강(sanitas) 9, 70, 146, 148, 149, 153, 155, 160
걷기(walking) 147

걸작(傑作, masterpiece) 133
게으름(segnities, lazy) 23, 91, 127
격분(furor) 108
견습(apprenticeship) 155
견습생(apprentice) 133
결과주의(Consequentialism) 167
결의론(決疑論, casuistica) 17, 137, 167, 170, 184, 201
결점(fault) 68, 95, 99
결핍(缺乏, privatio) 29, 68, 103, 105
겸손(himilitas) 39, 73, 106, 147
경건(pietas) 10, 35, 109, **113-125**
경건은 부모와 국가에 바쳐진 헌신이다 117
경건의 선물(gift of piety) 118, 119, 124
경기(playing) 58, 59, 146, 147, 149
경기자(athlete) 147
경멸(disgust) 33, 35, 45
경배(敬拜, latria) 105, 116, 118, 123, 182
경악(stupor) 23
경이(驚異, wonfer) 79
경쟁심(zelum, competition) 41, 147
경쟁자(rival) 31
경청(careful listening) 89, 143, 144
경탄(驚歎, admiratio) 19, 56, 57, 79, 139, 140, 180
경탄적 관상(contemplatio admirativa) 57
경향(inclination) 16, 21, 22, 42, 46, 70, 78, 80, 113, 114, 139, 169, 174, 190, 191, 195, 199, 200
경험(experientia) 9, 18, 21, 23, 27, 28, 29, 32, 35, 47, 49, 50, 51, 53, 57, 57, 58, 59, 60, 61, 62, 63, 64, 65, 72, 73, 74, 84, 86, 87, 91, 105, 106, 114, 120, 132, 134, 135, 138, 142, 144, 146, 152, 153, 158, 159, 162, 163, 172, 180, 181
계명(praeceptum) 31, 34, 39, 43, 120, 138, 140, 145, 153, 168, 175, 176, 189, 190, 191, 192, 193, 195, 196, 197, 198, 199, 200, 201
계몽주의(Illuminism) 167, 181
계시(revelatio) 33, 36, 61, 92, 93, 120, 131, 133, 173
계약(pactum) 37, 176, 196, 201
계층(ordo) 52, 187
고뇌(agonia) 23

고대(ancient) 155, 146, 192
고문(tortura) 70, 128
고전(古典, classic) 17, 18, 22, 29, 96, 121, 148, 192
고통(dolor) 9, 14, 15, 24, 26, 33, 34, 40, 41, 45, 48, 53, 57, 58, 62, **65-75**, 98, 128, 147, 158
곤경(arduitas) 41, 53, 170
공감(sympathia) 81, 192
공동기도(common prayer) 162
공동선(共同善, bonum commune) 63
공동체 생활(community life) 93
공로(meritum) 14, 30, 50, 104, 157, 158, 167
공리주의(功利主義, Utilitarianism) 167, 176
공부(studium, studies) 10, 16, 146
공유(共有, half-measures) 30, 42, 95
공정한 경기(fair play) 149
과도함(excesses) 16
과학(scientia) 151, 152, 153, 181, 182
관념주의(Idealism) 19
관대함(generosity) 42
관상생활(vita contemplativa) 68, 93
관상수도회(ordo contemplativa) 158, 163
관상적 경청의 우위(primacy of contemplative listening) 143
관심(interest) 10, 16, 17, 46, 47, 61, 68, 71, 89, 121, 130, 134, 137, 145, 152, 153, 169, 170, 187, 192, 193
광고(廣告, advertisement) 148
광분(mania) 23
교과서(vademecum) 9
교도권(magisterium) 170, 181, 186, 188, 202, 203
교리교육(catechism) 121, 198
교만(superbia) 80, 102, 133
교부 시대(Patristic period) 107, 113
교수(professor) 129, 172, 188
교육(educatio) 99, 151, 156, 168, 180, 185
교육의 원초적 역할(primordial role of education) 151
교육학(pedagogy) 176, 196, 198, 200
교의신학(dogmatica) 173, 181

구송(口誦)기도(vocal praise) 119
구약성경(Vetus Testamentum) 36, 108
구원(salvatio) 90, 109
국제적 영향력(international influence) 188
궁극 목적(finis ultima) 183, 189, 194
권고(paraclesis) 192, 197
권투(boxing) 147
귀(aurium) 86, 92, 142
귀찮음(molestia) 23
규율(disciplina) 29, 51
규칙(rules) 88, 130, 145, 147, 190, 193, 195, 202
그리스도교적 인간학(anthropologia christiana) 23
그리스도를 따르는 것이 그리스도교 윤리의 본질적이고 본래적인 기초 195
그리스도를 따름(sequela Christi) 195
그리스도의 사랑(love of Christ) 32-33
그리스도의 은총(gratia Christi) 25, 143, 156, 163, 197
극기(克己, ascesis) 29
근대적 반목적론적 접근법(modern anti-teleological approaches) 192
근심(achthos) 67
근육(muscles) 18
금욕적 실천(ascetical practices) 29
금욕주의(asceticism) 50, 147, 163, 189
금육(abstinentia) 63
금지(prohibition) 131, 137, 138, 146, 153, 193, 197, 201
기관(機關, facultas) 14, 29, 33, 47, 68, 107, 140, 155
기도(oratio, prayer) 38, 39, 83, 90, 93, 109, 117, 119, 121, 122, 123, 135, 143, **158-164**, 172, 179, 180
기도는 그 핵심에 있어서 관상적이다 162
기쁨(laetitia) 9, 21, 22, 23, 24, 26, 27, 28, 29, 41, 44, 51, 53, 54, **55-64**, 68, 70, 71, 73, 74, 80, 81, 82, 106, 114,122, 132, 139, 140, 142, 158, 159
『기쁨과 희망』(*Gaudium et Spes*, 사목헌장) 187
기쁨에 찬 신뢰(joyful confidence) 51
기억(memoria) 23, 24, 57, 102, 138
기예(技藝, ars) 124, 133, 136
기예적 일(artistic work) 136
기적(miraculum) 37

기질(temperament) 99, 103, 151
기초윤리신학(fundamental moral theology) 172

나눔(sharing) 30
'나는 존재자는 자'(Qui sum) 74
나약함(infirmitas) 14, 54, 60, 103
나환자(癩患者, leprosus) 38
난폭함(furies) 22
낭만주의(Romanticism) 113
낮(day) 84
낯붉힘(erubescentia) 23
내면성(interioritas) 89
내면적 말(verbum internum) 85, 84, 89
내면화(internalization) 115, 167, 199
내밀하게 악한 행위들(Intrinsically Evil Acts) 191
네 이웃을 네 몸처럼 사랑하라 159
노고(勞苦, labor) 127, 129, 147
노예적 복종(oboedientia servilis) 196
놀이(ludus, play) 77, 78, 99, 145, 146
농담(jocosa) 78, 101
뇌(brain) 18
눈(occulus) 43, 86, 87, 93, 140, 142, 162
눈먼 이(caecus) 38
눈물(tears) 66, 69
느낌들(feelings) 10, 13, 174, 25, 26, 28, 29, 30, 32, 33, 45, 49, 50, 51, 63, 64, 66, 69, 70, 84, 111, 113, 115, 122, 124, 160, 191
능동적 순종(oboedientia activa) 134

단식(jejunia, fast) 63, 162
달리기(currere, running) 69, 147
담즙(bile) 18, 97, 101, 102
대담함(audacia) 41
대상(objectum) 21, 33, 34, 37, 42, 45, 46, 58, 59, 62, 67, 68, 70, 78, 81, 88, 99, 102, 110, 113, 117, 119, 122, 129, 130, 131, 140, 141, 145, 155
대신덕(virtus theologicus) 51, 52, 53, 118, 120, 122, 123, 131, 136, 163, 169
대조(對照, contast) 77, 78, 79, 80, 81, 98, 171, 181, 184

대죄(사죄, peccatum mortale) 53
대중라틴어 성경(Vulgata) 115 → 불가타
대중매체(mass media) 83
더러운 짓(iniquitas) 36
덕(virtus) 9, 10, 13-19, 22, 25, 26, 29, 30, 33, 36, 37, 39, 41, 42, 43, 46, 48, 49, 50-52, 54, 58, 60, 62-64, 66, 73, 74, 77-82, 83-93, 95-111, 114, 116, 117, 118, 119, 120, 121, 122, 124, 125, 127-136, 141, 142, 145-149, 151-156, 160, 163, 167, 168, 169, 170, 171, 172, 173, 174, 175, 178, 180, 181, 183, 185, 187, 189-201, 202, 203
덕 교육(pedagogy of virtue) 85
덕 윤리(Virtue Ethics) 128, 131, 132, 191, 203
덕 전통의 가장 위대한 해설자(the greatest exponent of this [virtue] tradition) 171
덕들에 있어서 진보(progress of the virtues) 30, 130
덕들의 역동성(dynamic of virtues) 29
덕에 관한 그[토마스]의 탐구(his study of the virtues) 15
덕에 집중된 도덕성(value-centered morality) 14
덕은 실행된다고 해서 피곤해지는 것이 아니다 141
덕은 오히려 예술보다 더 어렵고, 더 많은 것을 요구한다 62
'데스포르트'(desport) 145
도덕 교본(moral manuals) 167, 176, 182
도덕생활(vita moralis) 49, 60-62, 71, 79, 96, 114, 134, 177, 179, 180, 181, 182, 195, 199
도덕 철학자(moralista) 18
도덕성(moralitas) 13, 14, 17, 43, 49, 57, 60, 61, 67, 71, 80, 83, 101, 124, 128, 130, 135, 147, 148, 152, 153, 154, 174, 177, 179, 182, 186, 187, 190, 191, 192, 193, 194, 195
도덕적 권위(auctoritas moralis) 197
도덕적 낙관주의(Moral Optimism) 81
도덕적 노동(moral work) 129
도덕적 삶(vita moralis) 16, 202
도덕적 생활(moral life) 13
도덕적 설계(moral plan) 17
도덕적 악(malum morale) 26
도덕적 일(moral work) 130-133, 135, 136, 140
도덕적 일은 심지어 육체노동까지도 인간화하는 가장 인간적인 일이다 130

도덕적 진보(moral progress) 16-17
도덕적 질서(ordo moralis) 14, 138, 140
도덕적 창조(creatio moralis) 74
도덕적 휴식(moral rest) 140-142
도덕적-영적 교육학(moral-spiritual pedagogy) 200
도덕적-영적 성장(moral-spiritual growth) 198
독성(저주, blasphemia) 102
돈(pecunia) 18, 100, 116, 148
동굴학(speleologia) 151
동의(assensus) 29, 31, 32, 48, 59, 62, 72, 73, 98, 134, 172, 190
동정심(miseratio) 25, 26, 36-44
되찾은 아들(Prodigal Son) 39
되찾은 양(Lost Sheep) 39
되찾은 은전(lost drachma) 39
두려움(metus, timor) 14, 15, 21, 22, 23, 24, 27, 41, 48, 66, 72, 116, 196
등돌림(aversio) 33, 34
등산(climbing) 147
땀(sweat) 62

'**라트레이아**'(latreia) 116 → 경배, 하느님 섬김

마음에서 우러나오는 동정(viscera misericordiae) 39
말다툼(brawling) 102
말의 발설(spoken word) 83
말하고 가르치는 것은 스승의 일이고, 침묵하고 듣는 것은 제자의 일이다 93
맑은 정신(sobrietas) 45, 93
'메니스'(menis) 102 → 잔류
메달(medal) 121
멘토(mentor) 177, 185
명령(imperium) 13, 21, 29, 30, 61, 103, 131, 138, 143, 153, 157, 159, 194, 201
명령의 질서(order of imperatives) 152
명상(meditatio) 56, 66, 70, 98, 101, 143
모국어(mother tongue) 86
모델(model) 125, 139, 157, 168, 178, 179
모범(exemplum) 14, 100, 109, 135, 189, 202, 203
모욕(offense) 98, 99, 100, 102, 104, 105, 109

목마름(sitio) 46, 57
목소리(vox) 33, 57
목수(carpenter) 129
목욕(baths) 70
목이 뻣뻣한(stiff-necked) 108
목적(finis) 11, 14, 17, 34, 35, 52, 53, 74, 117, 118, 129, 130, 131, 138, 140, 141, 155, 157, 172, 173, 174, 176, 183, 189, 194, 199
목표(aim) 17, 28, 132, 140, 147, 168, 196
무감동(apatheia) 66
무관심의 자유(freedom of indifference) 175, 183, 184
무능력(inability) 68
무신론(atheism) 34
무의식(unconscious) 151
무절제한 갈망(desiderium inordinatum) 22, 45
무질서한 경향들(disordering tendencies) 199
묵주기도(默珠祈禱, rosarium) 121
문제의 실태(status quaestionis) 22
문화(cultura) 132, 146, 176
문화생활(cultural life) 146
물리학자(physicus) 18
물질주의(materialism) 19
미각(味覺, gustus) 63
미신(迷信, superstitio) 118
미움(odium) 21, 24, 27-34, 41, 90, 103
미움은 사랑의 부정적인 [반대편] 얼굴이다 33
미움이 크게 자라나면 선에 대한 사랑의 정반대, 곧 일종의 악 그 자체에 대한 사랑이 된다 34

바로크 신학(Baroque Theology) 181
바리사이(Pharisai) 25
반복(repetitio) 62, 79, 82, 122, 131, 172, 199
발언(enuntiatio) 84, 85, 88
발언의 숙련(mastery of speech) 84
밤(nox) 32, 84, 87, 161
배우자(spouses) 159
번민(angustia) 23

법(lex) 13, 14, 36, 49, 50, 62, 75, 144, 147, 169, 168, 171, 172, 173, 174, 176, 183, 187, 189-201, 202
법적 명령(legal imperatives) 61
법적 의무(obligatio legalis) 13, 135, 137, 145
'벙어리 황소'(bos mutus) 88
변화(mutatio) 28, 92, 99, 159, 161, 163
복수(revenge) 98, 104, 105, 162
복음 전체의 요약이라 할 수 있는 '주님의 기도' 121
복음서(evangelium) 25, 40, 52, 114, 142, 144, 161, 178, 189, 193, 195, 196
복음적 덕(virtus evangelicus) 39
복종(oboedientia) 16, 17, 29, 31, 34, 48, 60, 66, 87, 114, 144, 153, 196, 198, 200
본분(duties) 13
본성(natura) 14, 18, 31, 36, 40, 47, 50, 56, 58, 84, 95, 96, 98, 99, 102, 131, 139, 172, 175, 182
본질(essentia) 21, 29, 79, 103, 114, 154, 182, 185, 195
봉헌 생활(vita consecrata) 120
부끄러움(verecundia) 23
부대현상(附帶現狀, epiphenomenon) 79
부러움(invidia) 23
부르심(vocatio) 131, 134
부모나 국가에 바치는 헌신(worship given to parents or country) 115
부부 사랑(conjugal love) 31
부정(不貞, impuritas) 109
분개(indignatio) 97, 102, 105
분노(ira) 14, 15, 23, 24, 36, 37, 38, 141, **95-111**
분노는 다른 정념들보다 더 우리를 뒤집어놓기 때문에, 불[火]에 비교할 수 있다 103
분노는 앙갚음하려는 열망이다 101
분노는 영혼의 깊은 구렁이다 100
분노는 정념들 가운데 가장 무섭고 맹렬하여 일종의 일시적 미침과 같다 97
'불가타'(불가타역본, Vulgata) 90, 116 → 대중라틴어 성경
불경(不敬, impietas) 113
불완전함(imperfectum) 60
불의(injustitia) 42, 98, 102, 103, 109
불쾌감(displeasure) 33, 41
불행(unhappiness) 26, 98, 132, 141

비겁(cowardice) 109
비극(tragic play) 68
비밀 고해(auricular confession) 167
비의도적인 감각 충동(non voluntary impulses of the senses) 13
비존재(non-esse) 73, 74
비탄(achos, maeror) 23, 66, 67
비호감(disgust) 27
빛(lux) 18, 22, 33, 34, 87, 109, 122, 124, 137, 154, 164, 178, 196, 201
빛나는 침묵의 어두움(luminous Darkeness of silence) 93
빛남(lucidity) 81

사기(fraus) 59
사도적 활동(apostolic activity) 180
사람 치고 분노가 없는 사람은 없을 것이다 97
사랑(amor) 10, 14, 15, 16, 17, 21, 23, 24, **27-34**, 41, 45, 47, 50, 51, 52, 55, 66, 67, 68, 69, 70, 74, 75, 82, 89, 104, 108, 109, 110, 116, 177, 120, 123, 124, 131, 141, 142, 144, 147, 156, 158, 159, 160, 163, 168, 173, 177, 182, 183, 187, 189, 191, 195, 196, 198, 199, 200
사랑의 2중 계명(double commandment of love) 196
사랑의 충동(impuls of love) 28
사랑의 폭압(tiranny of love) 30
사마리아 사람(Samaritanus) 25
사실의 질서(order of fact) 152
사유(thought) 92, 143
『사제양성교령』(*Optatam Totius*) 187
사회정의(justitia socialis) 35
산(mountain) 31, 36, 108, 161
산상 설교(Sermon on the Mountain) 52, 73, 87, 189, 192, 193, 197
삶은 단지 그것이 고통의 바다[苦海]일 뿐이라면, 과연 살 만한 가치가 있는 것일까? 65
삼위일체적 전망(Trinitarian perspective) 173, 177, 203
상대주의(Relativism) 191, 192
상실(privation) 33, 71, 72, 73, 181
상처(wound) 49, 72, 109
새 법을 종이 아니라 친구들 사이의 자발적인 행동을 낳는 자유의 법으로 이해할 수 있는 길을 제공한다 196

새로운 복음화(nova evangelizatio) 182
『새로운 사태』(Rerum Novarum) 188
생각(thoughts) 10, 29, 36, 47, 59, 60, 61, 62, 69, 71, 77, 80, 84, 85, 86, 87, 92, 97, 98, 106, 110, 113, 128, 138, 152, 156, 162, 192
생계(living) 127, 128, 129
생리학(physiologia) 18, 84, 97
생명(vita) 47, 48, 51, 69, 73, 74, 84, 87, 116, 163, 195, 194, 200
서원(誓願, votum) 117, 119
선(bonum) 16, 22, 24, 27, 28, 29, 33, 34, 36, 42, 44, 48, 50, 55, 56, 58, 59, 60, 61, 52, 63, 64, 67, 68, 70, 71, 72, 73, 79, 95, 97, 101, 102, 104, 108, 111, 122, 131, 133, 136, 141, 147, 156, 160, 175, 190, 192, 193, 194, 195
선물(donum) 15, 17, 74, 114, 115, 117, 118, 119, 122, 123, 124, 130, 134, 135, 139, 156, 167, 173, 174, 176, 183, 190, 195, 198, 200, 201
선의 결핍(privatio boni) 68
선택(electio) 30, 31, 32, 39, 46, 47, 48, 50, 59, 64, 75, 79, 86, 114, 118, 133, 136, 140, 141, 143, 154, 161, 172, 202
선택된 백성(the Chosen People) 31
성(性, sex) 151
성격(character) 17, 18, 23, 25, 32, 43, 56, 57, 60, 82, 104, 136, 147, 148, 151, 154, 155, 190, 193
성경(Bible) 15, 30, 31, 36-40, 52, 78, 89-91, 96, 108, 115-117, 121, 137, 139, 167, 169, 177, 178, 179, 181, 187, 195, 196, 197, 202
성덕(聖德, sanctitas) 175
성령(Spiritus Sanctus) 15, 17, 32, 74, 89, 114, 115, 117, 118, 119, 120, 122, 123, 124, 131, 133, 134, 135, 136, 142, 143, 144, 156, 167, 173, 174, 176, 177, 182, 183, 188, 189, 190, 195, 197, 198, 199, 200
성령의 열매들(fructus Spiritus Sancti) 15
성령의 충동(instinctus Spiritus Sancti) 17, 50, 124, 134, 156
성모 신심(Marian devotion) 121
성사(聖事, sacramentum)63, 116, 121, 123, 177, 179, 182, 183, 197
성사 생활(sacramental life) 121
성삼위(聖三位, Trinitas) 144
성서적 토미스트(Biblical Thomist) 178
성숙도(progress) 16
성숙한 이들(the mature) 199
성인(sanctus) 53, 106, 114, 120, 143, 146, 163

성장(growth) 43, 62, 71, 73, 75, 132, 148, 198, 199
성적 충동(sexual instinct) 151
성조(聖祖, Patriarch) 31, 36
성지순례(pilgrimage) 121
성찰(reflection) 25-26, 36, 41, 42-44, 65, 69, 71-75, 84-87, 89, 95, 99, 109, 121-125, 128, 129, 130, 131, 139, 140, 143, 152, 157, 169, 172, 179, 180, 189
성체(聖體, Eucharistia) 63, 180, 181
성체거동(聖體擧動, processio Eucharistica) 121
성체성사(Eucharistia) 173, 179, 180, 182
성체조배(adoration of the Blessed Sacramentum) 121
성화(聖化, sanctificatio) 183, 197
세계관(conception of the word) 73, 161
세상(mundus) 9, 37, 43, 53, 63, 70, 71, 73, 123
'셉투아진타'(Septuaginta) 115 → 칠십인역본
소명(vocatio) 68, 175, 190, 192
소요학파(Peripatetics) 104
소유(possessio) 45, 55, 63, 72, 73, 134, 195
소유의 포기(detachment from possessions) 195
소통 수단(the means of communication) 83
속량(贖良, redemptio) 32
속죄(penance) 40, 50, 70, 127
쇄신(innovation) 9, 79, 113, 114, 154, 167-171, 174, 177-179, 183, 185-187, 189, 191, 197, 202
수도원 제도(monasticism) 93
수동성(passibilitas) 143
수영(swimming) 59, 146
수용성(receptivitas) 143
숙련(mastery) 84, 132
순교(martyria) 194
순교자(martyr) 53, 70, 180
순종(obedience) 134, 190, 195, 196
스콜라학(Scholastica) 101, 122, 202
스토아주의(Stoicism) 14, 108
스포츠(Sports) **145-149**
스포츠 정신(sportivity) 148
슬기(consilium) 195

슬픔(aegritudo) 22
슬픔(tristitia) 14, 15, 21, 23, 24, 27, 33, 41, 45, 55-58, 65-71, 100, 104, 105
슬픔의 치유책(remedium tristitiae) 69
습관(habit) 57, 83, 99, 131, 132
습성(habitus) 15, 132, 141
시간낭비(waste of time) 148
시계공(watchmaker) 129
시련(trial) 9, 31, 32, 52, 70
시샘(phthonos) 67
시종(servus) 16
시험(exam) 157
신경(nerves) 18
신경질(nueroses) 151
신법(神法, lex divina) 49, 195
신분(status) 187
신비(mysterium) 32, 34, 75, 86, 93, 124, 144
신비가(mysticus) 171
신비주의(Mysticism) 49, 187
신비체(神秘體, corpus mysticum) 163
신성모독(神性冒瀆, blesphemia) 105
신심(pietas, devotion) 113-117, 119-123
신심은 달콤함의 왕관, 덕들의 여왕, 참사랑의 완성이다 120
신앙(fides) 31, 39, 51, 53, 87, 89, 116, 118, 120, 124, 131, 133-135, 142, 160, 161, 163, 173, 176, 180, 181, 187, 197
신앙인(fidelis) 36, 50, 121, 123, 133, 136, 173
신약성경(Novum Testamentum) 38
신적 섭리(providentia divina) 71
신적 휴식(divine rest) 142, 144
신학자(theologian) 17, 24, 25, 106, 113, 169, 177, 181, 191
신학적 성찰(reflectio theologica) 25, 41, 109, 172
신학적 전망(theological perspective) 25
신학적 행위(theological agency) 194
실수(mistakes) 80, 98
실재(reality) 48, 65, 72, 73, 77, 79, 107
실재주의(實在主義, Realism) 43, 54
실천 이성(ratio practica) 140

심리학(psycologia) 17, 18, **151-155**
심리학자(psychologist) 10, 151
심리학적 활력(psychological vigor) 155
심신병행 치료법(psychosomatic medicine) 151
심장(cor, heart) 11, 18, 69, 101, 104, 163, 197, 198
심정(heart) 28, 29
심층적으로 신비로운 성격(the deeply mysterious character) 32
심판(judgement) 157
십계명(Ten Commandments) 190, 192, 195-201
십자가(crux) 32, 52, 65, 75, 121, 136
십자가의 길(stations of the Cross) 121
쐐기돌(宗石, keystone) 173
쓸모없는 종(useless servant) **157-164**
쓸모없음(uselessness) 164

'아가페'(agape) 32
아리우스주의(Arianism) 116
아타락시아(ataraxia) 96
아파테이아(apatheia) 23
악습(vitium) 10, 66, 74, 80, 98-100, 102, 104-106, 110, 111, 153, 154
악행(scelera) 36
야욕(coveousness) 45
약속(peomissio) 30, 31, 43, 52, 53, 70, 119, 201
약속된 땅(Terra Promessa) 201
약속의 유산(heir to the promise) 31
얀센주의(Jansenism) 50
양성(formation) 155, 167
양심(conscientia) 59, 60, 140, 187, 189, 198, 201
양심의 가책(vermen conscientiae) 59, 60
어둠(darkness) 34, 84
어린이(child) 99, 146, 147
억압(constraint) 49-51, 82, 96
억제하기 힘든(overmastering) 13
언어(language) 35, 36, 78, 86, 92, 132, 154, 185
언어 유희(language game) 78
'에우세베스'(eusebes) 115

'에우세베이아'(eusebeia) 115
'에우트라펠리아'(eutrapelia) 78 → 재치
에피쿠로스주의(Epicureanism) 58
여가(leisure) **137-144**
역사(Historia) 31, 36, 52, 91, 176, 184, 188
역사적 맥락(historical context) 183
역사적 방법(methodus historicus) 169, 170
연구(studium) 25, 26, 42, 56, 60, 65, 67, 69, 71, 83, 96, 101-103, 113, 117, 119, 139, 152, 156, 169, 170, 172, 174, 181, 188, 189, 201, 202
연민(eleos) 67
연민(憐憫, compassion) 37, 38, 40, 41, 42
열정(passio) 105, 145
염세주의(Pessimism) 73
염증(厭症) 27
영감(靈感, inspiratio) 30, 38, 52, 53, 67, 124, 134, 135, 147, 160, 173, 181
영광(glory) 119, 123
영성(靈性, spiritualitas) 32, 45, 49, 74, 114, 181, 182, 187
영성생활(vita spiritualis) 115
영성신학(theolgia spiritualis) 91, 173
영예(honor) 118, 123
영원법(lex aeterna) 194
영적 갈망(spiritual desire) 48
영적 감수성(spiritual sensibility) 170
영적 강인함(spiritual strength) 111
영적 광맥(spiritual reserve) 174
영적 단죄(damnatio spiritualis) 111
영적 독서(lectio divina) 177
영적 배고픔(spiritual hunger) 63
영적인 빛(spiritual light) 87
영적 선(bonum spirituale) 34
영적 존재(esse spirituale) 73
영적 휴식(spiritual rest) 142, 143
영적 분노(ira spiritualis) 110, 111
영적인 일(labor spiritualis) 134, 135, 142
영지주의(Gnoticism) 116
영혼(anima) 10, 15, 16, 18, 22-24, 29, 31, 38, 45, 48, 51, 57, 66, 67, 69, 90, 92, 95,

　　　　96, 99-102, 135, 163
영혼의 움직임(motio animae) 15, 23
'영혼의 질병'(morbus animae) 22, 48
예배(禮拜, worship) 124, 125
예술(ars) 62, 151, 155,
예술품(a work of art) 47
온화 (gentleness) 106, 107
올림픽 경기(Olympic Games) 146
옹졸함(narrowness) 43
완성(충만, fulfillment) 28, 30, 34, 114, 120, 122, 188
완성자(the perfect) 16
완전한 인간학(complete anthropology) 198
욕망(concupiscentia) 15, 16, 34, 41, **45-54**, 68, 98, 103, 127
욕망은 갈망으로 표현된다 45
욕설은 분노의 한 자발적 표출이다 95
욕심(greed) 22
용기(fortitudo) 28, 53, 97, 109, 131, 152
용서(perdona) 38, 39, 42, 43
우리 영혼의 원수들(inimici nostrae animae) 16
우애(amor amicitiae) 32, 52, 174 → 우정
우정(amicitia) 41, 99, 123, 158, 159
우정의 윤리(morale de l'amitie) 170
웃음(riso) 77, 78, 81
원전(原典, primary texts) 170
원죄(原罪, peccatum originale) 25, 45, 49, 50
원천(fontes) 15, 21, 28, 30-32, 43, 45, 59, 60, 79, 80, 85-87, 96, 127, 129, 132,
　　　　143, 160, 161, 163, 164, 167-170, 177, 178, 180-183, 185, 187, 197, 200, 202,
　　　　203
'원천으로 돌아가기' 운동(Ressourcement Movement) 167, 169, 177, 178, 202,
　　　　203
월식(eclipse) 180
위로(consolatio) 39, 70
유기체(organum) 138
유머(Humor) 10, **77-82**, 100,
유머가 없는 곳에는 자유도, 덕도 없다 82
유머는 덕의 미소라고 말하는 편이 더 낫다 81

유머는 인간의 자유의 표지이다 82
유명주의(Nominalism) 181
유아기(childhood) 16
유쾌한 것(delectabile) 34, 62
유해(遺骸)공경(veneration of relics) 121
육체(corpus) 10, 17, 18, 38, 45, 51, 57, 68, 69, 116, 130, 135, 146, 163
육체노동(manual labor) 127, 128, 129, 132, 138
육체적 갈망(bodily desire) 48
육화(肉化, Incarnatio) 38, 53, 124
윤리신학 내의 새 법의 복원(return of the New Law to moral theology) 186
《윤리에 관한 헌장(초안)》(*De re morali*) 186
윤리적 상대주의(Moral Relativism) 192
율법주의(Legalism) 175, 176
은총의 법(lex gratiae) 49
은총의 새 법(lex nova gratiae) 169, 173, 192, 195, 197
음료(drink) 46
음식(cibum, food) 46, 47, 63, 103, 160
음식에 적합한 풍미에 대한 지각(perception of flavors proper to food) 47
의도적인 법 준수(voluntary observance of the law) 14
의로운 분노(ira justa) 105
의무 윤리학(morale de l'obligation) 170
의사(medicus) 38, 98, 100
의인(Justus) 38
의지(voluntas) 10, 14, 17, 23, 26, 28-30, 33, 48, 49, 51, 57, 70, 79, 82, 103, 105, 111, 122, 130, 133, 140, 144, 149, 151, **154-156**, 160, **174-176**, 199
이 [침묵의] 덕은 발언과 침묵 사이의 일종의 균형에서 성립된다 88
이[쾌락에 관한] 논고는 천사적 박사의 진정한 창안물이다 57
이기심(selfishness) 43, 73
이방인(gentiles) 25, 39, 90
이성(ratio) 13, 16, 22, 26, 42, 46, 49, 57, 68, 70, 78, 79, 96, 98, 99, 102-105, 109, 110, 113, 122, 124, 134, 154, 175, 195, 199
이완(relaxation) 78
이웃(neighbor) 30-32, 38, 52, 105, 106, 159, 168, 196, 199, 200
이웃사랑(love of neighbor) 31, 32, 52, 168, 196
이원주의(二元主義, Dualism) 18
이해(understanding) 33, 36, 80, 116, 131, 160

익살(buffonery) 78
인간 본성(natura humana) 131
『인간 생명』(*Humanae Vitae*) 188
인간 주체(sujectum humanum) 130
인간의 완전한 참행복 189
인격 완성(human perfection) 151
인격과 존엄성(human dignity) 183
인격(persona) 17, 28, 30, 51, 59, 74, 130, 148, 151, 175
인권(ius humanum) 35
인내(patientia) 30, 39, 116
『인류의 빛』(*Lumen Gentium*, 교회헌장) 187
인생관(vision of the human life) 81
인식(cognitio) 15, 79, 116, 144, 154, 198
일(Labor) 10, **127-136**, 137-140, 142
일(업적)이 아니라 오직 신앙만으로(sola fide) 의화된다 133
일종의 일시적 미침(a kind of temporary madness) 98
일탈(逸脫, deviatio) 79
입맛(taste) 47

자기 발견의 길(path of self-discovery) 86
자기이해(自己理解, *Gnoti seauton!*) 11
자기결정능력(power of free self-determination) 153
자기사랑(amor sui) 32
자기-제어(self-mastery) 132
자녀적 순종(oboedientia filialis) 196
자녀적 효심(pietas filialis) 115
자동주의(自動主義) 154
자발성(spontaneity) 156
자비(misericordia) 23, 25, 26, **35-44**, 108, 110
자비가 하느님께 이르는 길이다 43
자선(eleemosyna) 127, 162
자아(self) 43, 74
자연(nature) 84, 97, 122, 180
자연법(lex naturalis) 172, 191-197, 200, 202
자연법을 '하느님이 우리 안에 주입하신 지성의 빛'으로 보는 성 토마스 196
자연법을 영원법에 참여하는 것으로 보는 핑케어스 194

자연적 경향(natural inclination) 194, 195, 174
자유(freedom) 120, 123, 133, 175, 176, 183, 184, 195, 199, 202
자유의 실마리(initial freedom) 197
자유재량(liberum arbitrium) 13, 28-30, 49, 154
자유주의(Libertanianism) 175, 176
자율(autonomia) 175, 202
잔류(to remain) 102
잠, 수면(somnus, sleep) 46, 69, 70
잠재의식(subconscious) 151
잡음(noise) 83, 84, 86
잡음을 향한 정념(a passion for noise) 84
장년기(maturity) 16, 17
재치(eutrapelia) 77, **78-79**
재화(riches) 46, 70
적(adversaries, enemy) 97, 99
적시성(適時性, timeliness) 184
전례(典禮, liturgia) 25, 35, 113, 114, 121, 123, 137, 163, 167, 180
전문가(Peritus) 185
전승(Traditio) 187
전쟁(戰爭, bellum) 46, 98, 100, 109
전통(traditio) 27, 49, 50, 91, 92, 101, 114, 154, 169, 171, 176, 177, 181, 182, 190, 198, 200
절도(節度, modestia) 39, 48, 62, 78, 88, 100
절제(temperantia) 63, 78, 88, 116, 131, 132, 147, 148, 152
정감 22 → 감정 또는 정감
정념(passio) **21-27**, 28, 41, 42, 45, 48-51, 56, 57, 66, 67, 69, 80, 83, 84, 95-97, 101-104, 107, 109, 113, 127, 145
정념론(tractatus de passionum) 14, 17, 18
정념은 '정서적 상태 또는 현상'이다 13
정념의 목록(table of the passions) 21
정서(emotion) 13, 21, 42
정서적 기관(affective faculties) 14
정신이상(psychoses) 151
정신적 놀이(mind game) 78
정신적이고 심리적인 균형(mental and psychic equilibrium) 151
정의(justitia) 36, 37, 90, 99, 103-107, 109, 110, 116-118, 120, 131, 152, 174, 195,

196
정통교리(orthodoxia) 116
제1원리들(primi principii) 131
제2차 바티칸 공의회(Vatican II Concilium) 114, 167, 168, 182, 201, 202
제관(祭官, sacerdos) 40, 117
조급함(impatience) 43
조명(illuminatio) 74
존재(esse) 49, 72-75
존중(regard) 61, 81, 103, 149
종교(religio) 34, 35, 52, 113-115, 117-119, 121, 122, 124
종교적 느낌(religious feeling) 114
좌절(depression) 151
죄(peccatum) 16, 17, 26, 37, 40, 42, 43, 49, 50, 70, 96, 98, 108, 110, 111, 118, 131, 133, 136, 148, 197, 199
죄악(peccatum) 36, 68
죄인(peccator) 38
주관주의(Subjectivism) 62
주님의 기도(Lord's prayer) 39, 121, 162
주의주의(Voluntarism) 49, 196
죽음(mors) 74, 136
준성사(準聖事, sacramentals) 121
중급자(progressives) 199
중세(Medium Aevum) 113, 115, 116
중용(中庸, measure, midpoint) 78, 88, 148
즐거움(gaudium) 41, 44, 55, **58-61**, 63, 64, 68, 69, 71-74, 80, 86, 104
즐거움과 고통은 하느님이 우리를 당신께 인도하시기 위해 사용하시는 두 손이다 71
즐거움이 그 원인을 어떤 외부적 선에 두고 있는 데 반해, 기쁨은 내면적인 요인에서 기인한다 58
즐거움은 주체가 애정 안에 막 소유하게 된 선의 방사(放射)와 같다 55
지각(perceptio) 33, 47
지나침(excess) 13, 29, 96, 148
지배력(dominium, mastery) 16, 155, 156
지상순례(earthly pilgrimage) 9
지성(intellectus) 10, 29, 43, 79, 80, 82, 130, 144, 146, 160
지성적 덕(virtus intellectualis) 77

지속되는 정서적 상태 13
지적 노동(intellectual labor) 129
지적 양성(formatio intellectualis) 139
지체(membrum) 49, 69
지평(horizont) 193
지향(intentio) 30, 59, 137, 138, 161, 176
지향성(intentionality) 17
지혜(sapientia) 11, 66, 69, 81, 86, 91, 92, 116, 118, 131, 157, 160
지혜 사랑(amor sapientiae) 70
직관(intuitio) 79
직업(job) 86, 128, 157
진급자(those making progress) 16
진노(fel) 23, 108, 109
진리(veritas) 29, 33, 40, 46, 59, 60, 61, 68, 87, 98, 104, 111, 129, 140, 141, 156, 199
진리관상(contemplatio veritatis) 69
『진리의 광채』(*Veritatis Splendor*) 168, 182, 183, **188-196**, 198, 202
진리의 봉사자(servus veritatis) 111, 140
질료형상설(hylomorphism) 14, 18
질병(infirmitas) 48, 52, 57, 95, 96, 151
질서(ordo) 14, 16, 22, 58, 64, 67, 68, 86, 93, 105, 113, 119, 129, 130, 138, 140, 152, 198, 200
질투(invidia) 41, 102
짜증(repugnance) 33, 109

착한 사마리아인(bonus samaritanus) 39
찬송가(chant) 163
참다운 선이란 무엇인가?(Quid est bonum verum?) 33
참된 사랑(real love) 32, 33
참사랑(caritas) 16, 17, 26, 32, 41, 42, 44, 51, 56, 57, 66, 81, 116, 120, 122-125, 133, 135, 144, 161, 167, 174, 187, 188, 191, 194, 195, 197, 199, 200
참사랑의 성장(growth of charity) 199
참사랑의 완성(caritatis perfectio) 122
참행복(beatitudo) 15, 26, 39, 52, 53, 55, 56, 70, 143, 167, 168, 171, 175, 176, 183, 189, 192, 193, 198, 200,
창녀(publicans) 38

창의성(創意性, inventiveness) 78
창조주(Creator) 74, 119, 162
책임에 대한 존중(respect for obligations) 61
처벌(punishment) 49, 98, 105, 107
천국(Kingdom of heaven) 53
천상 행복(felicitas caelestis) 50
철학(philosophia) 11, 19, 65, 86, 171
철학자(philosopher) 18, 87, 107, 128, 171, 191
청년기(youth) 16
청원기도(prayer of petition) 160
체육(athletic) 149
초심자(incipiens, the beginner) 16
초자연적(supernaturalis) 52, 169
촉각(tactus) 57
촌스러움(boorishness) 78
최후심판(最後審判, Last Judgement) 111
추요덕(樞要德, virtus cardinalis) 78, 88, 190
출산(childbirth) 73, 89, 128
충만함(plenitudo) 188
충실(fidelity) 36, 195
충효(경건, pietas) 118
치유(治癒, sanatio) 38, 43, 135, 161
친구(amicus) 17, 21, 52, 69, 88, 146, 196
친절(kindness) 36, 96, 107
칠십인역본(Septuaginta) 115
침묵(silentium) 10, **83-84**
침묵은 바로 말의 원천에 있다 86
침묵은 텅 빔(emptiness)이 아니다 84
침묵할 줄을 모르는 수다쟁이(chatterboxes who are incapable of being quiet) 88

카르투시오회(Cathusians) 93
칸트주의(Kantianism) 176
'코토스'(kothos, 휴식) 102
'콜레'(chole) 101 → 담즙
쾌락(delectatio) 15, 21-23, 34, 41, 45, **55-64**, 65, 67-69, 71

쾌락이나 재산에 대한 지나친 갈망(excessive desire for pleasure, for welth) 45
쾌락주의(Hedonism) 58, 176
'키리에 엘레이손'(Kirie eleison) 25

탁월성의 자유(freedon for excellence) 183
탁월함(excellentia) 103, 146, 175, 184, 192
탄식(groaning) 69
탄원(entreaty) 108, 119
탈중심화(decentering) 52
탐구(research) 15, 113, 118, 122, 139, 140, 151, 168, 179, 181, 202
탐욕(cupiditas) 23, 50
탕자(prodigal son) 25
태세(dispositio) 132
토마스는 고통을 악의 포착으로 정의한다 67
토미즘(Thomism) 182
투쟁(struggle) 46, 48, 51, 62, 70, 72, 73, 81, 160
'트라바예'(travaillier) 128
트리엔트 공의회(Concilium Tridentinum) 114, 167, 186
트리팔리움(tripalium) 128
특수윤리신학(special moral theology) 172

'파라클레시스'(paraclesis) 192
'파테'(pathe) 22
평등원리(principle of equality) 149
평온(calm) 22, 69, 100
평온한 양심(conscientia tranquilla) 140
평화(pax) 22, 26, 41, 46, 98, 100, 101, 111, 141
포상(prize) 157
폭력(violentia) 90, 100, 104
폭풍우(storm) 21
표면적 사랑(a surface kind of love) 33
피로(fatigue) 68, 151
핑케어스는 성체성사를 성사들의 정점이자 도덕생활의 시작으로 인정한다 179
핑케어스의 사도적 활동들과 대학 교육은 그의 관상적 기도와 연구로부터 자라났다 180

하느님 사랑(love of God) 31, 34, 194, 196, 199,
하느님(Deus) 31, 33, 34, 43, 50, 93, 107, 108, 110, 114, 116, 117, 194, 196, 199, 201
『하느님의 말씀』(Dei Verbum, 계시헌장) 187
하느님의 모상(imago Dei) 174, 183
학문(sientia) 18, 113, 151, 181
학습(learning) 68
합리적 명령(rational imperatives) 13
합리주의(Rationalism) 113
합숙 훈련(team discipline) 147
항구함(perseverantia) 147
행복(felicitas) 27, 34, 50, 57, 60, 61, 64, 65, 98, 122, 131, 137, 141, 142, 143, 160, 171, 172, 175, 176, 193, 200
행위(actus) 11, 18, 19, 28, 47, 53, 59, 73, 79, 80, 83, 89, 103, 107, 109, 117-119, 132, 140, 142, 148, 151, 153-155, 172, 174-176, 187, 191, 194, 197, 199, 203
→ 활동
허무성(nothingness) 74
허물(peccatum) 39, 96
현대(modern worlds) 13, 115
현대의 거짓 선택들(current false choices) 202
현명(prudentia) 81, 131, 148, 152, 187, 195, 198, 201
현혹(mirages) 74
혐오(detestatio) 33
형이상학(metaphysica) 167
호감(a tast for) 27
호의(benignitas) 39
혼란스러움(perturbationes) 22
화관, 화환(花環, crown) 9, 147
환대(歡待, welcome) 144
환희(rejoyce) 66
활동(actio, actions) 46, 51, 56, 57, 58, 59, 65, 83, 84, 86, 120, 124, 127, 128, 130, 136, **138-144**, 145-148, 154, **158-164** → 행위
활력(rigor) 111, 147, 181
황금 송아지(golden calf) 108
후회(remorse) 68, 70
훈육(disciplina) 16

훌륭한 싸움(good fight) 116
휴식(quies, rest) 102, **137-144**
휴식하고 있다(keinai) 102
흠숭(欽崇, adoratio) 117, 119, 180, 181
희망(spes) **50-54**, 57, 89, 101, 120, 131, 133, 169, 178
희망은 갈망의 피어남이다 53
희망은 활동의 영혼과 같다 51
희생(sacrificium) 31, 32, 59, 60, 62, 117, 119
희생제사(sacrificium) 31, 32, 37, 182

| 역자후기 |

이 책은 벨기에 도미니코회 소속 세르베 핑케어스(Servais Pinckaers, OP, 1925-2008) 신부의 생애 마지막 작품인 *Passions et vertu*, Saint-Maur(Paris), Parole et Silence, 2009의 완역이다. 도미니코 회원으로서, 중세 스콜라학을 체계적으로 종합 완성한 대스승 성 토마스 아퀴나스의 사상을 평생 연구하고 본받으며 살아온 원로 윤리학자의 화룡점정(畵龍點睛)이라 할 수 있을 것이다.

저자는 자신의 윤리신학을 전개하는 데 있어서 '천사적 박사' (Doctor Angelicus)의 모범을 충실히 따르고 있다. 그가 한편으로는 성경과 교부들의 가르침에 깊이 의존하면서도, 다른 한편으로는 그리스의 철학 전통에 대해 편견 없이 개방적인 자세를 취하기 때문에, 동료 학자들과 제자들은 그의 작업 노선을 '성서적 토미즘'(Biblical Thomism) 또는 '원천으로 돌아가기 토미즘'(Ressourcement Thomism)이라 규정하고 있다.

실상 그의 작업은 도덕성에 관한 성경의 가르침, 곧 그리스도인 생활의 활동적 원천들인 성령과, 구세주이면서 동시에 순교의 모범인 예수 그리스도의 행적과 가르침, 특히 산상 설교와 은총의 새 법 등에 확고하게 뿌리박고 있을 뿐만 아니라, 또한 그리스도교 이전의 그리스 철학자들로부터 흘러나와 특히 아우구스티누스와 토마스 아퀴나스를 통해 계승 발전된 '덕 윤리'(Virtue Ethics) 전통을 계승 발전시키고 있다.

최근(2018)에 노트르담대학교에서 열린 《제1차 핑케어스 심포지엄》의 주최자들은 핑케어스를 "제2차 바티칸 공의회 이후 가장 중요한 가톨릭 윤리신학자"라고 평가하며 계속해서 이렇게 말한다: "그는 공의회 이후 사반세기에 회칙 『진리의 광채』(*Veritatis Splendor*, 1993)와 더불어 한 단계 도약하였고 오늘날까지도 계속되고 있는 [교회] 쇄신 작업을 위한 미래 청사진을 설정하는 데 있어서 '열쇠'가 되는 인물(key figure)이다."[1]

이 소책자가 저자의 생애 마지막 작품이기는 하지만, 우리나라 독자들에게 처음으로 소개되는 낯선 저자의 작품이라는 점을 감안하여, 저자의 사상의 발전 경로와 폭, 그리고 가톨릭 윤리신학의 쇄신을 위한 일관된 노력과 그의 업적이 차지하는 가톨릭 윤리신학 권내에서의 위치 등을 전반적으로 균형 있게 소개하고 있는, 그의 한 제자의 최근 논문 한 편을 골라 "부록"으로 첨부하였다. 저자의 인품과 그의 작업의 특성, 그리고 가톨릭 윤리신학계에서의 위상을 가늠하는 데 도움이 되었으면 좋겠다.

널리 알려져 있다시피, 성 토마스의 윤리학은 방대한 『신학대전』 가운데에서 절반 이상이나 되는 엄청난 분량을 차지하고 있기 때문에, 그의 윤리학적 통찰 전체를 조감(鳥瞰)할 수 있도록 도와주는 연구서를 만나기가 어려워 아쉬워하던 중에, 영미권 학자들을 중심으로 27명의 분야별 전문가들이 논고별, 또는 주제별로 집중 분석하고 있는 귀중한 연구논총(Stephen Pope[ed.], *Ethics of Aquinas*, Georgetown University Press, 2002)을 발견하고 4명이 나누어 번역 출간한 적이 있다. 바로 2년 전에 우리 연구소에

---

1. William Mattison III and Matthew Levering, "A Peek at Renewal in Contemporary Moral Theology: The Pinckaers Symposium", in *Journal of Moral Theology* 8(special issues 2, spring 2019), p.3.

서 간행한 『아퀴나스의 윤리학』이다.[2] 그것은 성 토마스의 윤리학 관련 가르침 전체를 한 손에 들고 여기저기 뒤져보며 탐구해 들어갈 수 있도록 도와주는 참으로 고마운 도구임에 틀림이 없지만, 세계적인 전문 학자들의 압축된 학술적 연구 모음집이어서 읽기가 그리 쉽지 않을 뿐만 아니라, 크라운판 2단 668쪽이나 되는 방대한 분량이다.

해서 또다시 그보다 훨씬 더 쉽게, 전체를 누구나 글자 그대로 독수리의 눈처럼 '조감'하며 접근할 수 있도록 안내하는 입문서가 절실했는데, 이 책이 바로 그 필요를 어느 정도 충족시켜줄 수 있다고 확신한다. 여기서 '어느 정도'라고 표현한 것은, 충족시켜주는 정도가 모자라서가 아니라, 다루고 있는 범위가 윤리학 전체가 아니라 그 기초적인 일부로 한정되어 있기 때문이다.

이 책에서 다루고 있는 내용은, '덕 윤리학'(Virtue Ethics)이라고 성격 규정될 수 있는 토마스 아퀴나스의 웅장한 윤리신학 체계 전체가 아니라, 그 체계적 전개의 출발점이자 바탕을 이루는 '정념'(情念, passio)과 '덕'(德, virtus)에 관한 일반적인 설명으로 한정되어 있다. 이 소책자는 영속적인 의미를 지니고 있는 중요 주제에 관한 (학술적 연구서라기보다는) 깊은 통찰력이 번득이는 개인적 성찰이라 할 수 있을 것이다. 워낙 대가답고 친절하게, 그리고 편안하게 서술하고 있어서, 따로 별도의 설명이 불필요할 지경이다. 그러기에 이 책을 성 토마스의 윤리학 전반에 대한 '입문서' 또는 '안내서'라고 불러도 무방할 것이다. 신학교와 가톨릭 윤리신학이 가르쳐지는 곳이라면 어디에서나 유용한 도구 역할을 할 수 있을 것으로 기대한다.

---

2. 스테픈 포프(편), 『아퀴나스의 윤리학』, 이재룡·김도형·안소근·윤주현 옮김, 한국성토마스연구소, 2021.

이번에도 부정확한 부분들을 날카롭게 지적하며 거친 원고를 매끄럽게 다듬어준 제자 손윤정 마리아 자매와 아름다운 디자인과 장정으로 깔끔하게 작품을 완성해주신 오엘북스 옥두석 사장님께 감사의 뜻을 전하고 싶다.

2023년 4월 30일 비오 5세 교황 축일
횡성 정금산 자락에서, 옮긴이